JN075152

公共性と協働性を支える学習／教育空間

日本教育政策学会・編

2022｜日本教育政策学会年報　第29号

刊行にあたって

日本教育政策学会年報第29号をお届けします。

今号の特集テーマは、「公共性と協働性を支える学習／教育空間」としました。今、学習／教育空間が大きく変わろうとしています。2019年末以来の新型コロナウイルスによるパンデミックの危機が加速したGIGAスクール構想により、一人一台端末の環境が整備され、遠隔・オンライン教育が可能となり、学習／教育空間が拡張するとともに、学校の空間配置も見直され、対面とオンライン、アナログとデジタル、個別と協働のハイブリッド化など、境界の曖昧化も生じています。また、地方創生政策以降、学校に地域再生の役割も期待されるようになり、新たな学校施設や学校の在り方が模索されています。そこで、学習者、教職員、学校と地域の公共性や協働性を確保する学習／教育空間の設え方を俎上に載せ、新たな学校像に迫ることとしました。

シンポジウム報告の「EBPM時代における教育実践と制度改革の枠組みの構築」は、昨年度、静岡大学が実施校となってZoomにより開催された研究大会の公開シンポジウムを土台にした論稿です。二つの自治体の特徴的な取り組みを踏まえて、学校改革支援の政策、制度のあり方を探っています。旧号までの特集2にあたります。

課題研究報告の「With／Afterコロナ時代の教育と教育政策／統治」は、公開シンポジウムと同様にZoomにより開催されたもので、第10期課題研究の1年目の論稿です。コロナ禍における教育政策や地方自治、教育実践の状況を踏まえて、今後の教育政策／統治のあり方を探っています。旧号までの特集3にあたります。

ご執筆をいただいた方々をはじめ、編集委員、幹事の皆様の支えがあって、ようやく刊行にこぎつけることができました。新型コロナの影響は続き、今年度の大東文化大学での大会も遠隔開催となる予定です。

本年報が、教育政策研究のさらなる活性化に資することを、編集担当者として強く願っています。最後になりましたが、本誌刊行にご尽力いただいた学事出版のみなさまに感謝申し上げます。

2022年4月20日

日本教育政策学会年報編集委員会 委員長　佐藤修司

日本教育政策学会年報2022（第29号）
―公共性と協働性を支える学習／教育空間―　目次

Ⅲ 課題研究報告 With ／ After コロナ時代の教育と教育政策／統治

Ⅳ 投稿論文

Ⅴ 研究ノート

Ⅵ 内外の教育政策・研究動向

I

特集

公共性と協働性を支える学習／教育空間

特集　公共性と協働性を支える学習／教育空間　企画趣旨

日本教育政策学会年報編集委員会

特集１のテーマは「公共性と協働性を支える学習／教育空間」である。

新学習指導要領は、教育の力点をコンテンツからコンピテンシーに置き、主体的・対話的で深い学びの実現を求め、教育方法について規定する一方、社会に開かれた教育課程を提唱し、地域とともにある学校への転換を促し、地域との連携・協働を推進する仕組みとして、学校運営協議会や地域学校協働本部を位置づけた。これまでの学校内で完結する教育体系からの変換、すなわち学習/教育空間の拡張を促すものであった。さらに、COVID-19の感染拡大を追い風にSociety5.0に向けた人材育成を目指すGIGAスクール構想が一気に進み、空間の拡張はデジタル空間にも及んでいる。

これらの空間拡張は、武井会員らが指摘するように、フォーマル／インフォーマル／ノンフォーマル教育、教育／福祉、学校／地域、官／民の境界を揺るがす結果となっている。しかし、境界のゆらぎは、子ども、教職員、学校と地域の公共性や協働性を再構築する契機も孕んでいる。特集では、再構築の可能性を考究するために、４つの観点からアプローチすることにした。

第一は、建築学のハードの観点から、非会員の横山俊祐氏に寄稿して頂いた。横山氏は、学校空間は多様な学習メディアのひとつだとし、「学校に関わる人」「学校の機能や活動」の拡張や深化を促すための学校施設の計画・しつらえを論じている。「個別・グループ・少人数・学年・異年齢集団・地域やネットが媒介する相手などの多様な集団編成」など、多様でオープンエンドな学習展開を支える空間づくりに関する具体例をあげて、これまでの完結的な体系や機能を転換させ、学校の公共性や協働性を高める可能性が示されている。

第二は、デジタル空間の観点から、坂本旬会員に論じて頂いた。ソーシャルメディアが市民社会のインフラとなるなかで、デジタル・デバイドの解消が市民の経済的機会や社会的、政治的参加といった基本的人権を保障するために欠かせない施策となっている。そこで注目されるのがデジタル・シティズンシップ教育である。同教育は、民主主義や基本的人権を追求する市民運動として推進されてきた。ところが、GIGA スクール構想が一気に進むなかで、文科省の政策ではないにもかかわらず、学校や教育委員会のなかに、行動抑止的な従来の情報モラル教育からデジタル・シティズンシップ教育へと取組みを展開しているところが生まれている。坂本会員は、デジタル技術が、若者たちの市民社会への関わり方に変化を生み出しており、デジタル・シティズンシップ教育はそうした動向を後押しするとともに、国家の教育政策ではなく、学校、地域や労働組合によって支持されつつある市民の教育運動である側面を捉えて、デジタル空間における新たな公共性と協働性の可能性をみる。

第三は、社会教育学の観点から、荻野亮吾会員に論じて頂いた。荻野会員は、学校運営協議会と地域学校協働本部の一体的運用を求め学校－地域間関係の再構築が目指される政策動向について、①熟議の場、②「参加」と「協働」の関係、③母体となる地縁組織の変容の３つの問題点を捉える。同時に、市町村合併や学校統廃合など、地域や学区の再編を逆手にとり、学校と地域の間に新たな関係性を築き、地域社会全体で、教育の枠組みを再構築する動きも捉えて、ミクロレベルと地域社会レベルでの熟議の充実を図る戦略とその実現に向けたコミュニティ・エンパワメントの枠組みを示す試みをしている。

第四は、排除と包摂という観点から、武井哲郎・矢野良晃・橋本あかね・竹中烈・宋美蘭会員に論じていた。社会的に不利な立場にある子や学校文化になじまない・なじめない子を包摂するために、多職種・多機関による協働が進められ、校外に学びの場を保障する施策が文部科学省や厚生労働省によって実施され、教育空間の拡張をもたらしてきた。こうした教育空間の拡張の一翼を担っているのが、NPO や塾などの民間事業者である。武井会員らは、官／民などの境界のゆらぎが、公教育の民営化や市場化を促し、また「政治」が持ち込まれ、教育の公共性の溶解を引き越す負の側面を踏まえつつ、民間事業者が社会や学校から排除されるリスクが高い子のセーフティネットの役割を果たしてきた側面を捉え、セーフティネットとなりうる民間事業者の特質、官／民の進めるべき協働のあり方について、フリースクールの事例から論じている。

学習／教育空間をめぐる新たな潮流のなかで生まれている地域の教育実践・教育政策がある。４つの論考から、その成否が公共性と協働性の実現と深く関わっていることが示唆されている。　　　　（文責：尾﨑公子年報副委員長）

特集：公共性と協働性を支える学習／教育空間

教育の変革を支える学校施設の計画・しつらえ

横山　俊祐

■はじめに／学びの変革

学校活動に関する新たな動きを概観すると、①生きる力の育成を基軸にした「主体的・対話的で深い学び」、並びに、プログラミング学習・外国語をはじめとする新たな学習内容や情報活用能力の育成を重点化した学習指導要領の改訂、一人一台の端末と高速通信ネットワークの整備を図り、「個別最適化」された学習、クラス単位の一斉形式を基本とする従来の固定的な学習形態の弾力化、STEAM 教育の推進などを進める GIGA スクール構想などによる個別最適で協働的な学びの推進、②義務教育学校・一貫校などの創設による教育方法の変革や学校体系の複線化、③コミュニティスクール・地域学校協働活動・社会に開かれた教育課程など、学校運営や学校活動に地域が主体的・多元的に参加し、地域全体で子どもの学びや成長を支えるとともに、学校を拠点にした生涯学習や地域づくりの推進など、学びの内容や方法・運営の転換を図る方策が展開されている。

それらが目指す教育は、①マスを前提にした均一・平等な教育から子ども一人一人の興味・関心・能力の違いを踏まえた学習の個別化・個性化（個別最適な学び）②知識吸収の受動的な「教育」から子ども自らが主体的・能動的に知識体系を構築する「学習」への転換、③社会で生きる力の育成、④国際化・情報化への対応、などである。それを達成するには、固定的・完結的な教室空間・集団編成における一斉形式での教育では限界があり、学習活動において、集団編成・内容・方法・進度・学習材など、学習形態や指導方法を大きく変革し、その弾力化・多様化・個性化を図ることが求められる。

そうした個別的・主体的・協働的な学びを支えるのは、新たな方策によって拡張、深化する「学校に関わる人」・「学校の機能や活動」・「学校という（社会的・物理的）空間・領域」の三つの要素であり、ヒト・モノ・コトの総体としての広義の「学習メディア」の多様化と高度化である。特に、「学校に関わる人」の拡張、多様化は、●コミュニティ・スクールを基盤とした地域学校協働活動に関わる地域の多様な人材や組織（地域住民（若年層から高齢者まで）、保護者、自治会や地域組織、NPO、民間企業、団体・機関等）、●義務教育学校や一貫校における（これまではなかった小学生と中学生が同じ学校で学ぶことによる）子どもの年齢の幅の拡張、小中一体による多様な教員集団の編成、●ネットを介した遠隔地との交流・指導によってつながる人材などに及ぶ。

公共性を学校に関わる人的・機能的な広がり、協働性を学校に関わるヒト・モノ・コトのつながりと重なりと捉えるならば、変革の動きは、学校の公共性や協働性を高めることと言え、学校活動の活性化、多様化、高度化などが期待され、学校の姿が大きく変わる可能性がある。そうした学びの改革に向けて、ここでは、多様な学習メディアの一つに位置付けられる（べき）学校空間を取り上げ、「学校に関わる人」・「学校の機能や活動」の拡張や深化と関連づけながら、そのありようについて考えてみたい。

■「ユビキタスな学びの場／学校全体が多様な学びの場」の計画

[LS（Learning Style）＝nTC（Teaching class）⇨ TC＝LS/n]

この式は、これまでの学習形態（LS：Learning Style）は、クラス単位での一斉形式を基本とした授業（TC）がn個のクラスで展開されることで成立していたが、これからは、一斉形式の授業は、多様な学習形態の一つ（1/n）である（に過ぎない）ことへの転換を意味する。

一方、それに対応する学びの場のありようは、以下のように考えられる。

[LP＝nCR ⇨ CR＝LP/n]

これまでの学びの場（LP：Learning Place）はn個の教室（CR）のみで構成されていたのが、これからは、教室は学びの場の一つ（1/n）である（に過ぎない）ことを意味する。主体的で、個別最適な学び、協働的な学びが生起する学習形態の多様化・弾力化に対応した学習環境には、教室と廊下による画一的で単調な構成から脱却し、変化と多様性と場所性に満ちた、知性を刺激する環境、さらには、「いつでも」「どこでも」「どんなことも」学ぶことのできる、いわゆるユビキタスな学びの機会が求められる。それに対応すべく、従来、普通教室や特別教室中心に構成されていた学びの場は、多目的スペース（オープンスペース・ワークスペースなど）、廊下やアルコーブ、空き教室、図書室、多目的室（ランチルーム・多目的ホールなど）、階段周り、体育館、半戸外空間や屋外等々、学校のあらゆる場所、学校全体へと拡張、展開する必要があろう。加えて、学びの場が開放的に相互連関的に繋がり、重なり合うことで、立ち寄りやすさや学びのシークエンス（連続性や展開性）を高める。

あわせて学習環境の質は、空間計画だけでなく、教材や教具の整えられ方が大きく影響する。学ぶ意欲や意識を触発し、主体的な学びを展開するための刺激として、それぞれの場や当該教科に相応しい学習メディア（図書・ICT・具体物・資料・掲示・作品）や適切な家具をしつらえる。

ここで、学習形態の多様化に対応した学校の各スペースの計画としつらえの考え方や具体的な方法を紹介する。

（1）教室まわりに多様な場をつくる

一斉形式から脱却し、個別最適・協働的な学び、主体的・対話的・深い学びなどをスムーズに展開できるような学習を展開するには、限られた面積に机や鞄棚が並ぶ普通教室では制約がある。教室周りに計画された（計画する）多目的スペースや普通教室並びの使途が曖昧な空き教室は、多様で弾力的な学習形態を展開する場として、一斉形式の授業の場である普通教室と役割を分担しつつも、連続的・一体的なスペースとしての捉え方が求められる。そこでは、●個別・グループ・少人数・学年・異年齢集団・地域やネットが媒介する相手などによる多様な集団編成、●同一進度・同一内容から、個別進度・個別内容へ、知識伝授型から調べ学習・情報活用・対話型・体験型へ、動的・静的、地域協働などの多様な学習方法、●クラス・教科担任に加えて、チームティーチング・ピアティーチング・地域協働・ネットを介した遠隔指導などの多様で専門性の高いグループ指導体制など、オープンエンドに学習が展開される。

そのために、以下のような教室廻りの計画やしつらえの考え方、並びに、多様なアフォーダンスを備えた空間づくりが求められる。

a. 多様な活動に対応するよう、まとまった広さを確保したうえで、教室との連続性・一体性を確保し、全体を一つの学年に対応した学びのエリアとする。

b. 他学年などの通過動線や教室出入りの動線と重ならないように計画し、場の安定化を図る。

c. 多目的スペースや空き教室に、静的（静けさと落ち着き）・動的（広さと平滑さ）、囲まれた（閉ざされた）・開かれた、見通しの良い・見通し難い、面的な広がり・子どものスケールに応じた狭さ、明るい・暗い、高い・低いなど

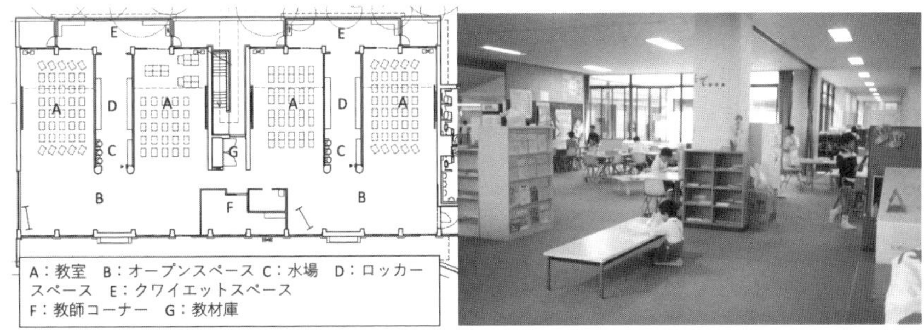

Fig.1　教室廻りの多様な場

Fig.2　オープンスペースのしつらえ

の多様な性格を有する場を用意する（Fig1）。

d. 特に多目的スペースは、学年全体で使う場所としてクラス相互の共用領域と捉えて活用する。

e. そのために、全体に吸音性の高い仕様とするとともに、音や視線による教室へのディスターブを避けるために、多目的スペースの位置・形状を工夫する。また、教室と多目的スペースとの間に、ロッカー（鞄棚）スペースやデン（穴倉）などの緩衝帯やガラス戸などの間仕切りを設ける。

f. 教室周りに少人数学習を兼ねたクワイエットスペース（遮音性のある室）やデン・アルコーブ（窪み）などの多様な場を配置する。

g. 空間計画に加えて、その場所に相応しい、協働や個別などの活動内容に合わせた家具／可動テーブル（大型・個人・組み合わせ）・椅子、可動の展示・収納棚、ホワイトボード・掲示・可動間仕切りなどを配置して、活動の場やコーナーを構成し、また空間の分節化を行う（Fig.2）。

h. 図書・PC・印刷物・資料・具体物・教具などの学習材を十分に配備する。

i. 学習・生活（食事・休憩）・収納・掲示などが混在し、混乱していた教室機能の分化を図り、例えば、カバン棚などのロッカースペースや学習の雰囲気を阻害しがちな水周り（流し台）を教室とは別に計画する。

j. あるいは、教室を従来の60数 m^2 から $80m^2$ を超えるサイズに拡張して（$100m^2$ も可）、教室内にも多様な場を用意するとともに、個人机の大型化や収納物の増加に対応することで、学習・生活環境を整える。

（2）メディアスペースの開放と連続／メディア・ネットワーク

主体的に学ぶ、情報活用能力の育成などのためには、学習メディアの量的・質的な充実が必須の要件となる。新規に整備するだけでなく、例えば、学習メディアの宝庫である特別教室・準備室、教材室や資料室をメディアスペースの一つに位置付けて、そこに眠っている既存の（危険物を除く）実験器具・実習機器や教材などを児童・生徒の目に触れやすく、気軽に手に取りやすいように特別教室や準備室廻りにオープンに展示・配備して常時使用可能とする。また、図書の保管・閲覧の場であり、中休み・昼休み・放課後に開館時間が限定されているような図書館を、具体物や資料などが配備されたメディアセンターとして常時開放して利用の機会を高めるなど、学校全体に多様な学習メディアが連続的に、開放的に、場の特性に応じて配備されることで、学びのネットワークをつくり出すことが効果的である。

①図書メディアセンター

図書室は、学習メディアの集積拠点として、気軽に随時利用できるよう学校の中心に、至る所からの視認性の高い空間として開放的に計画する。また、多様な読書形態・過ごし方に対応できるよう豊かな環境を創り出すとともに、読書の場に加えて、調べ学習・教科学習やグループ学習などの学び、ICT 教育、放課後学習、創作など、多様な活動形態や異学年間のフォーマル・インフォーマルな交流の場になるようなしつらえを心掛ける。即ち、図書にとどまらない具体物や資料などの多様な学習材を配備したメディアセンターとして捉える。それに連動して、図書室に隣接して配置されることの多いパソコン教室の見直しを図る。一人一台の端末整備によって利用が低下している（デスクトップ型に対応した一斉的で固定的なテーブル配置が主流の）パソコン室を改め、対話形式や調べ学習、グループ学習、ICT 教育、交流活動などの多様な学習形態や自由時間の過ごし方に柔軟に対応できるよう、図書室と一体化したラーニング・コモンズとして再生を図る。そのために、可動式の家具（椅子・テーブル・棚類）やホワイトボード・掲示板、スクリーンなどを用意し、使い方に応じて自由にしつらえを変更できるような仕様が求められる（Fig.3）。

Fig.3　図書メディアセンター＋ラーニングコモンズ

②特別教室廻りの計画

特別教室は、これまで一般的には、器が同じで中身だけが異なるというように、同じつくりの教室に、教科に対応した教材や備品・家具、設備をしつらえることで、はじめて特定の教科の教室たり得ていた。これに対して、例えば、音楽室は音楽ホールのようなステージ・音響設備・観覧席を備えた形状やしつらえにする、図工室・美術室はアトリエのように安定的な採光や自由に汚せる床仕上げ、展示ギャラリーを備える、技術室は町工場のように等、各教科の特性に応じた個性的なつくり方によって、環境の質的向上を図る。

加えて、特別教室は、実験・実習器具や標本、楽器、作品など、子どもの興味を引く具体物・教材の宝庫である。特別教室廻りに多目的スペースやアルコーブ空間を配置し（廊下を代用しても可）、各教科独自の具体物・教材や作品、資料、図書、パソコンなどの学習メディアをオープンに並べたメディアコーナー（MC）をしつらえる（Fig4.）。具体物・教材が子どもの目に触れやすく、興味を引きやすくなることで、日常的で気軽な立ち寄りや利用が進み、カジュアルな学びにつながる。それは何も大掛かりな計画を要するのではなく、これまで特別教室に付属して閉鎖的であった準備室を開放的なメディアコーナーに改修して、閉じ込められていた学習メディアや作品をオープンに配備することで、視認性やアクセシビリティ（近づきやすさ）を高めることで十分である。

と同時に、今後、STEAM 教育に代表されるように、教科間の横断や協働によって、新たな学びの領域、学びの方法や深みが生まれることが予想される。これまで教科専用の教室として、固定的・限定的・閉鎖的に使われていた特別教室は、各々が教科の個性を反映したしつらえとするだけでなく、実習・実験の内容や活動形態に応じて、教科の枠を超えて自由に場が選択されるような緩さが求められる。そのためには、STEAM 教育ゾーンとして、アート＆クラフト系や理科系の特別教室と多目的スペースをセットにして、音や汚れなどに配慮しながら、平面的・立体的にまとめて配置し、相互に開放・連続する計画が有効である（Fig5.）。特別教室の共同化・一体化によって、学びの自由度と質の向上が期待される。

教科学習の充実が求められる小学校の高学年や中学校では、特別教室を持たないことの多い国語・算数（数学）・社会・英語などの教科 MC を、例えば、教室廻りの多目的スペースや空き教室、図書メディアセンター廻りなどにしつらえることも、各教科を学ぶための環境の質を高める上で効果的である（Fig.6）。教科 MC は、学習メディアの配備とクラス単位での学習活動にも利用で

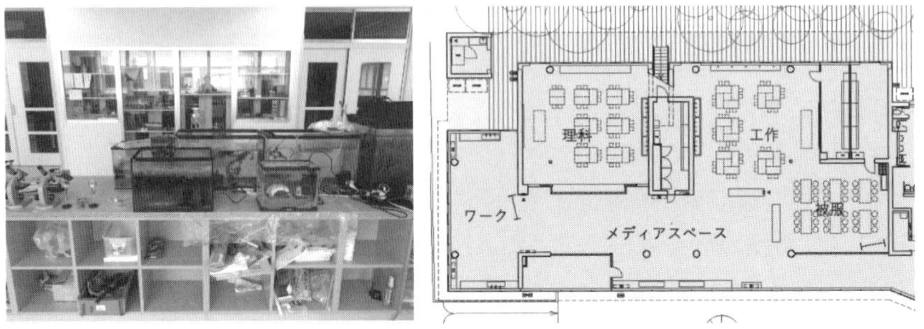

Fig.4　理科室前の理科メディアコーナー　Fig.5　特別教室の開放的・一体的計画

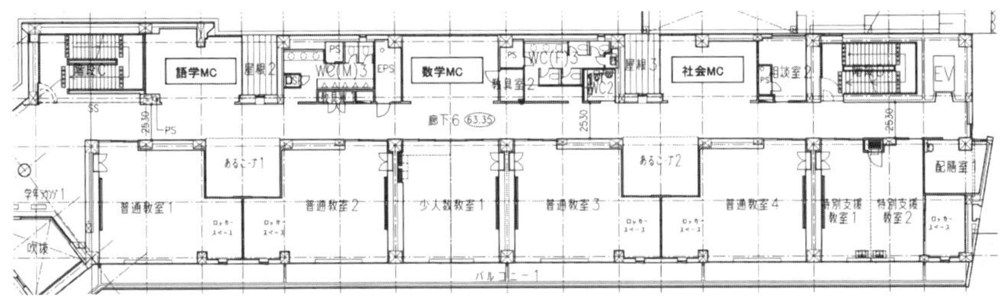

Fig.6　普通教室廻りの教科メディアコーナー（MC）

きるよう、その広さと家具の種類・数量を検討する。これらの計画は、従来の「特別教室型か教科教室型か」といった二者択一の運営方式に対し、全ての教科が専用の教室を持つわけではないものの、安定的なクラスの拠点を有しつつ、教科ごとに質の高い学習環境が用意された「教科メディア型」という第三の運営方式を提起するものである。

③その他の多目的スペース・共通諸室

ランチルームや多目的ホールも、給食の時間だけ、あるいは、多人数での集会や行事などの特別な時だけの利用では、利用効率の低下を招き、「もったいない」場所になる。前述のパソコン教室と同様に、既に配備されているテーブルと椅子を含む家具類は、全体一斉形式の羅列的配置を小さなまとまりや自由な雰囲気の変化のある配置に変更し、ICT 機器や教材、図書などを配備する。グループやクラス単位、学年集団、異学年集団などで気軽に出かけて、面的な広がりと ICT を活用しながら子供たちの自由で主体的で活発な学び・活動（動的学習・活動、プログラム学習、プレゼンテーション、地域協働学習・活動、学年や異学年活動など）の場としての活用を進めてはどうだろうか。休み時間・放課後を含めて、いつでも誰もが自由に使える場とすることで、休憩や自学、異学年や地域との交流の場や不登校生の居場所となる。

加えて、近年、教室廻りに配置される少人数教室も少人数教育のみに活用するのではなく、例えば、教科 MC や学年図書コーナーとの兼用を図ることで、学習環境の多様化・高度化に寄与する。

想定されている機能に沿った固定的・限定的な使い方に固執せず、多様な使い方を重ね合わせることで、利用の効率化と高度化が図られるとともに、スペースの有するアフォーダンスに適合して臨場感に満ちた活動や場の活性化、多様な人的つながりが期待される。

④メディアネットワーク

特別教室廻りの教科 MC、図書メディアセンター、動線上の MC、ランチルーム・多目的ホールが閉鎖的なストックから開放的なメディアスペースへと転換されて、連続・一体化し、さらには、それらと教室廻りの多目的スペースとを連接することで、学校全体に「アクセシビリティの高い（子どもの目に触れやすく、手に取り使いやすい）学習メディアのネットワーク」が形成され、「ユビキタスな学習環境」が実現される。

⑤職員室のフリーアドレス化

教師一人につき一台の事務机が学年や教科、校務分掌ごとにまとまり、固定されて、全ての教育的・事務的な執務を行うといった従来の限定的、固定的で、機能混在型の職員室の見直しを図る。ICT の進展・活用によって、場の共用化（シェア）による使えるスペースの拡張、機能別の分節化が可能となる。即ち、執務や活動の内容、過ごし方、さらにはシチュエーションに応じて、自由に場を選択できるフリーアドレス化への転換を検討する。執務・作業に加えて、随時、手軽に話し合いや交流・休憩などが展開でき、作業効率の向上だけでなく、教師間のコミュニケーションやコラボレーション（協働）が容易となる。

■新たな学校体系・学校機能に対応した計画

今日の学校には、これまでの完結的な体系や機能からの転換と発展が見られる。具体的には、学校という一定年齢の子供が学び・集団生活を送ることを専らとする限定的な機能から、コミュニティスクール化や公共施設の複合化などによる学校機能の多様化や高度化、並びに、義務教育学校や（幼保小中）一貫校などによる学校体系の複線化の流れが顕著である。こうした新たな動きは、単に学校の仕組みや運営を変えるだけでなく、学校活動や学校空間を根本から見直す契機となる。

（１）一貫校・義務教育学校の計画

小中を中心にした連携型・併設型一貫校や義務教育学校の急速な広がりによって、学校体系の複線化が進んでいる。一貫校の有意性は、９年間にわたる継続性と体系性のある教育プログラムの構築、小中が連携・一体化することで小学校・中学校単独では得られない多様なヒト（児童・生徒・教員・保護者・地域)・モノ（教材・環境)・コト（学習・生活・活動）が存在することとその関係化・協働化にある。また、教育課程の特例を活用して、独自の教科の創設や、学年を超えての指導内容の入替え等も可能である。こうしたヒト・モノ・コトの多様性・独自性を活用しつつ、それらが相互に繋がり、協働し、高め合うような仕組みと空間計画が求められる。施設形態には、一体型・隣接型・分離型があるものの、ここでは、一貫校としての特性が顕著に発現する一体型を対象に、一貫校・義務教育学校に独自の計画のありようを考えてみたい。

①発達段階に応じた教室廻りの計画

単独の小・中学校に比べて、１年～９年の児童・生徒が一緒に学ぶ一貫校では、各々の発達段階の違いがより明確になる。発達段階や年齢の違いに対応した独自の学習環境や生活環境、とりわけ、学年毎に異なる学習内容・形態に対応した学年ブロックの構成が求められる。行動領域が狭いものの、動的な活動や具体物の活用が多い低学年では、学年ブロックで多くの学習活動が完結するよう、普通教室のサイズを大きくし（80m^{2}以上)、教室内に水回り・作業スペース・図書コーナーなどを用意する総合教室型を検討する。普通教室に加えて、実習・作業、図書、作品展示、動的活動に対応した広がりのある場、音が出せる場、その逆のクワイエットスペースやデン・アルコーブなどの閉的・静的空間など、多彩な性格の場を教室廻りに計画する（fig.7)。

学習活動における主体性や自主性が高まり、多様なメディアを活用しての学習が進む中学年では、教室廻りに多目的スペースを計画し、多様な学習メディアを配備した教科コーナーをしつらえる。

高学年では、学習内容の高度化・専門化に対応して教科ごとの学習環境の質的向上を図る必要から、教室廻りに各教科に関連するメディアコーナーを配置した前述の「教科メディア型」、あるいは、すべての教科が専用の教室と多様

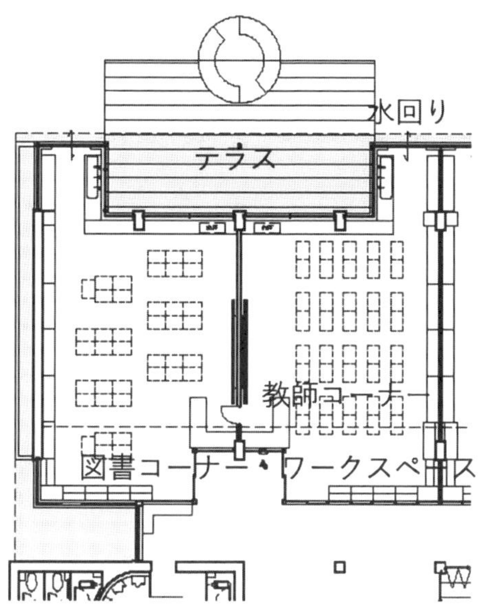

Fig.7　低学年向けの総合教室型

な学習形態に対応し、教科に関連した学習メディアを配備した多目的スペースをセットで用意した「教科教室型」の運営方式も検討に値する。

学年ごとに異なる教室廻りの計画は、同時に、9年間の長きに渡る学校生活に変化を与え、学年進行の意識を高めることにもつながる。

②共用化・高度化の計画／「1＋1＝3」の計画

年齢差の大きい異学年集団での活動や小中教員の相互乗り入れ授業、高学年の高度な教材に低学年が関心を示すなど、ヒト同士、モノ同士、コト同士のつながり・協働、並びに、ヒト・モノ・コト相互の多様な関係を創り出せることが一貫校の特性・有意性の一つである。そのため、小中各々の領域を区分、専用化するのではなく、領域を相補的・相乗的に連接・一体・重層化することで、共用化を図ることが効果的である。それによって、小中単独校では設置が難しい多様で高度化された機能を備えたスペースを生み出すことが可能である。小中施設の重層化・共用化は、「1＋1＝3」とする創発的な計画である。

具体的には、小・中学校で別々に専用の特別教室を同じようなカタチ・しつらえで用意するのではなく、例えば、合唱や合奏などのパフォーマンスに対応する音楽ホールと座学に対応する音楽室の組み合わせ、小学校の図工室と中学校の美術室を類似のしつらえにするのではなく、イーゼルが配置された絵画室と作業台が配置された造形室の組み合わせ、体育専用の体育館と軽運動・集会・シアター活動など多目的に活用できる小体育館・武道場など、相互に形状や機能が異なり、設備水準が高度化された実習・実験スペースを計画することで、活動内容や集団編成に適合した場を使い分けることが可能となる（Fig8.）。

ランチルームや多目的ホールも、例えば、視聴覚設備やプレゼンテーション

Fig.8　形状・機能の異なる音楽室（左：合奏・合唱用ホール、右：座学用音楽室）

機能の充実したホールとICTが充実したラーニングコモンズなど、独自のしつらえを施すことで、活動の質と幅が拡張される。

スペースを共用することは、機能の高度化、活動の多様化と質的向上にとどまらず、異年齢間での直接的・間接的な関係を生み出すことにつながる。例えば、偶発的な出会いをきっかけにインフォーマルな交流が生まれる、低学年が高学年の高度な学びや教材、作品に触れる、逆に低学年の楽しく自由な学びや教材、作品に触れる、縦割り集団で一緒に活動する等々、在校年齢の差の拡大という特性が相互刺激を生起する。それを活かして、つながりの機会を生む共用空間を用意すること、主動線に沿った、往来性の高い場所に特別教室などを開放的に計画して視認性やアクセシビリティを高めることが必要となる。

（2）コミュニティスクール「地域とともにある学校」の計画

コミュニティスクール制度、地域学校協働活動、「社会に開かれた教育課程」の三つの柱は、学校施設の地域利用を進めるこれまでの「地域に開かれた学校」から「地域とともにある学校」への転換を促し、両者の連携をいっそう密で充実したものへ発展させる。そのことは、地域の人材・資源・活動を活かした専門的で、即地・即人的な学習・活動（地域学習やキャリア教育、専門性の高い教育）が、地域主導で企画・準備・実践され、前述のように学習形態・機会の多様化・弾力化・高度化、あるいは、フォーマル・インフォーマルな交流・協働につながるのである。また、生涯学習・地域活動や学校との連携活動に加えて、コミュニティの拠点としての地域サロン（居場所）に地域が気軽に立ち寄ることも、これまで以上に活発化することが予想される。

これらを踏まえた学校計画やしつらえのありようは、前述のような学習形態の多様化・弾力化に対応する場合の計画と同様の考え方や方法が求められるが、加えて、地域が積極的に学校に立ち入り、学校との協働的な活動に関わることを十分に考慮し、セキュリティ確保と立ち寄り・過ごしやすいことの両立や施設水準の高度化を図るなどの独自の計画方法が必要となる。

①学校を開き・守る

地域住民が日常的に、気軽に学校を訪れて、学校の様子に触れること（活動を眺める、気配を感じる、直接出会うなど）は、学校に対する馴染みや関心・愛着を高め、多様で、持続的・発展的な協働を可能にし、施設利用を活発にする。そのためには、視覚的・物理的に学校空間を開き、明快で入りやすいアクセス動線と気軽に立ち寄ることのできる地域の居場所を計画すること、それと学校の安全（セキュリティ）確保との両立を図ることが基本となる。

学校敷地や校舎のすべてに地域が自由に立ち寄りできるのではなく、セキュリティに段階性を持たせたエリア区分が必要である（Fig9.）。一次セキュリティゾーン（SZ）は、地域の誰もが自由に立ち入ることのできるエリアである。立ち入りの契機を高めるためには、学校外からの視認性の良さと外からでも学校の様子・活動や賑わいを認知できる開放性と招き入れの計画が必要である。外部から自由に入れるまちかど広場が地域の居場所、バッファー、学校への入

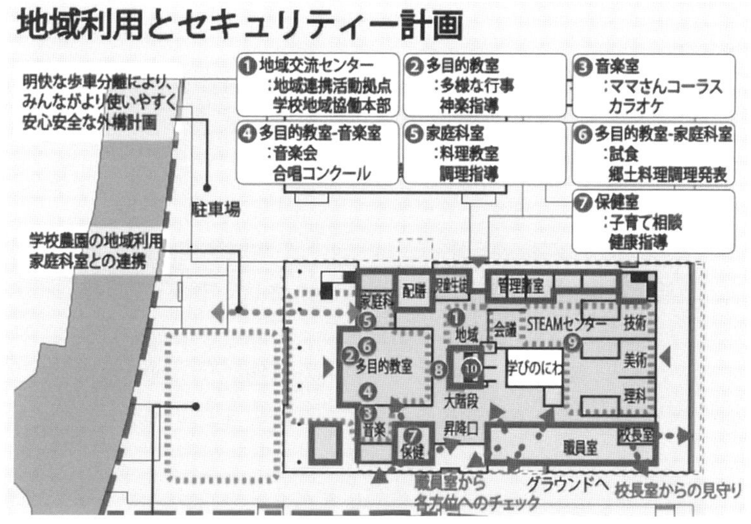

Fig.9　セキュリティゾーンと学校地域協働エリア

り口を兼用する事例、商店街に面して美術室などを開放的に並べ、作品を道ゆく人に向けて展示し、街の賑わいづくりに貢献している事例もある。

二次 SZ は、セキュリティチェックを経由して立ち入ることのできるエリアである。セキュリティチェックには、オートロックなどの機械式やガードマン・事務室・地域住民などによる対面式、名前記載や名札提示などの手続き式、あるいは、その併用などがあり、学校と地域との関係に応じて方式を検討する必要がある。二次 SZ には、これまでは、放課後・夜間や休日などの子どもが学校にいない時間帯に限定して、図書室・多目的室・ランチルーム・特別教室などを利用する事例も多かった。今後、地域学校の協働が進展することを考えるならば、平日の昼間を含めた立ち入り時間帯の延長、地域が使用できる共用スペースの拡大、さらには、地域交流スペースやまちなかサロンなど、地域が随時、主体的・中心的に利用できるスペースの設置が求められる。

三次 SZ は、基本的には、地域が立ち入ることのできないエリアで、一般的には普通教室や管理諸室が該当する。管理上の負担を軽減し、セキュリティを高めるためには、三次 SZ をまとまったエリアにして一括で管理できるような配置・動線計画が求められる。その一方で、協働活動の進展に伴って、特に普通教室には、一定のチェックを受けながらの地域の立ち入りが増加することが予想される。そのために、普通教室を二次 SZ に隣接して配置することで三次 SZ 内の学校動線との交錯を避ける計画が必要になる。

一次・二次・三次 SZ は、各々まとまりがあるとともに、相互に隣接、重層する計画とし、視線が通りやすく様子が視認しやすいようなゾーン間の境界デザインが求められる。あわせて、子どもや教職員の学校内外の主要動線と地域がアクセスする際の動線とを明確に分離し、地域専用の出入り口を確保することで、チェックとセキュリティゾーンを明確化することができる。

一方、SZ をどの範囲に設定するかは、学校の地域利用に対する考え方や運営方法、地域との関係や協働活動の実践状況、セキュリティチェックの方法などによって異なる。今後の協働活動の進展にともない、地域が立ち入るエリアや頻度が拡張され、普通教室廻りでの日常的な協働活動が展開されることもあり得るので、将来に渡っての連携を見通した計画が求められる。

②地域学校協働による施設水準の高度化

学習や活動に対する地域のニーズに対応すべく、学校は、スポーツ、社会教育（生涯学習）、余暇活動、自治会やコミュニティ活動、福祉活動などの場と

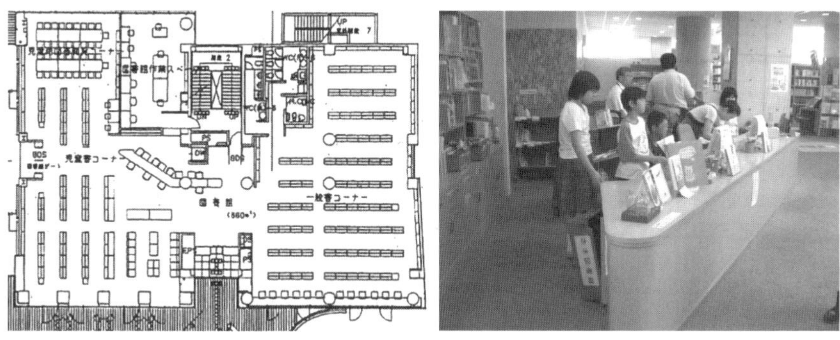

Fig.10　社会教育施設との複合化による学校図書館と公共図書館の融合

して、大きな役割を果たしてきており、今後もそうした地域利用は拡大すると考えられる。また、教室や特別教室、多目的室などを活用した地域との協働活動も前述の通りに活発になるであろう。学校施設を地域が活発に活用することで地域利用を踏まえた施設づくりやしつらえが進展する。例えば、図書室は蔵書数を増やし、多様な読書スペースが配置された公共図書館へ（Fig10.）、音楽室を音楽ホールへ、視聴覚室を演劇ホールやプレゼンテーションスペースへ、芸術系諸室をギャラリーが付属したアトリエやアートセンターへなど、さらには、教室廻りにも多様な学びの場が求められるなど、地域協働によって、学ぶ環境・機能の高度化や専門性の向上につながる。その延長には、近年の大量の公共施設の老朽化を踏まえた公共施設の再編問題とも連動して、学校施設と社会教育・コミュニティ・福祉施設などとの複合化を図ることの可能性も高い。機能の多様化・高度化によって、協働や人的交流、活動の質的向上や多様化が促され、さらにそれが施設計画に反映されるという正循環が生まれる。

■おわりに

これまでの学校現場では、ともすれば、ハードの学校空間は単に「教育の容器（容れ物）」として、箱で事足れりという考え方があった。しかしながら、学ぶことが刺激-反応系の相互作用にあるとすれば、刺激の多様性や的確性、強度、頻度といった質的・量的な両側面が問われる。その際、空間そのものも、学習メディア（学習材）を構成する重要な要素の一つとして、授業力と空間力が相乗的に刺激となることで、その質的・量的向上が実現する。

今後の学校の変革に期待を込めて、いつでも・どこでも・誰でも・どんなことでも学べるユビキタスな環境計画を進めるうえでの基本要件を整理したい。

①多様性：活動形態の多様化を触発する、あるいは、多様な活動形態をオープンエンドに受容するような多様な場の計画、場の選択可能性の向上

②開放性・連続性：視線や気配による認知や場へのアクセシビリティ（行ってみたくなる、行きやすい）を高め、活動の契機、次の（新たな）活動の展開や発展につながる

③共用・重層性：多様な出会い（交流）や学びの活気、協働の根源、融合や創発による新たな活動の生起

④柔軟性・弾力性：状況や時間による変化への柔軟な対応力、固定的で定型化した状況を乗り越える力、新規性を生み出す力

参考文献・他

1.「季刊　文教施設」2018年秋号 No.72、一般社団法人文教施設協会
2.「スクールアメニティ」2021年４月号、ボイックス株式会社
3.「学校地域協働活動」、学校と地域でつくる学びの未来、文部科学省 HP
4.「平成29・30・31年改訂学習指導要領（本文・解説）、文部科学省 HP
5. Fig.3写真：昭和設計株式会社提供
Fig.6図面：石本建築事務所大阪オフィス提供

（大阪市立大学・名誉教授）

特集：公共性と協働性を支える学習／教育空間

教育政策としてのデジタル・シティズンシップの可能性

―デジタル空間における公共性と協働性を考える―

坂本　旬

はじめに

COVID-19パンデミック下で急遽繰り上げて進められた「GIGA スクール構想」をめぐってさまざまな議論が湧き上がっている。教育政策の観点から言えば、ソーシャルメディアの世界的な普及に伴うグローバルな教育政策の転換の一部である。この状況下で2020年12月に坂本らによって『デジタル・シティズンシップ　コンピュータ１人１台時代の善き使い手をめざす学び』（大月書店）が公刊されて以降、デジタル・シティズンシップという言葉が教育界に一気に普及することとなった。2021年は日本におけるデジタル・シティズンシップ元年と言ってもよいだろう。

もちろん、教育理論としてのデジタル・シティズンシップ教育概念は検討されるべきテーマであるが、同時に教育政策・運動にとっても大きな意味を持つ。この概念は日本の教育政策や運動に影響を及ぼしつつあるからである。それはいかなる影響であり、なぜ影響を及ぼしているのか、そして教育政策研究にとって、どのような意味を持つだろうか。

デジタル・シティズンシップは一つの教育理念であり、宗像誠也が指摘したように教育政策が「権力によって支持された教育理念」（宗像 1954：4）であるならば、デジタル・シティズンシップもまた権力との関係によって、その教育政策としての性格を検討することが可能となる。しかし同時に検討すべきなのは、国家の教育政策に対する教育運動の視点である。宗像が教育運動を「権力の支持する教育理念を、民間の、社会的な力が支持して、種々の手段でその実現を図ること」と述べたことに対して、荒井は「社会的な力」を固定的なものとしないで、まさに変化の要因を含めた構造化を通して動的なものとみていくこと、また、「支持する」というその動態を、その担い手の変化の過程を通してつかみとること、さらに、そういった中で、教育要求そのものも変化していくといったことを、みていくことが必要」と指摘した（荒井 1994：73)。この指摘は今日の教育政策・教育運動に対する分析においても十分に考慮すべきであろう。とりわけ、偽情報や陰謀論が社会を分断する時代においては、もはや国家と国民の単純な二分法は成り立たない可能性が大きい。

今日のデジタル・シティズンシップは国家の教育政策ではなく、学校、地域や労働組合によって支持されつつある市民の教育運動である。事実、文科省はデジタル・シティズンシップを教育政策に位置付けていない。デジタル・シティズンシップ教育は国家の教育政策に強制もしくは依拠することなく、地域の教育政策・教育実践として拡大しつつある。デジタル・シティズンシップが日本の教育運動から生まれた概念ではなく、海外で生まれ、発展してきた概念であることを考えると、日本の教育運動の中で独自に作り出し、発展させることはできなかったが、内在的には求められていた概念であった可能性が高いのではないだろうか。

この問題を検討するためには、デジタル・シティズンシップ教育がいかなる理念と実践の可能性を持っているのか、検討することが必要である。そして、それはデジタル空間における新たな公共性と協働性の形成と大きな関係があるのではないか。デジタル・シティズンシップがもたらした現象は、教育政策研究にとって一つの試金石だといえるだろう。

1．教育政策としてのデジタル・シティズンシップ

デジタル・シティズンシップという用語は2007年に国際教育テクノロジー学会（ISTE）によって、生徒用情報教育基準（NETS）の一つとして使われるようになってから世界的に普及した（坂本・今度 2018：3)。2016年に改訂され、「生活、学習、仕事の基盤としてのソーシャル・メディアを強く意識したもの」となった（坂本・今度 2018：5)。さらに、2019年にISTEは『学校指導者のためのデジタル・シティズンシップ・ハンドブック』を刊行したが、ここでは2016年以降世界的に大きな問題となった偽情報問題への対策としてのメディアリテラシーやニュースの真偽を見分ける能力がデジタル・シティズンシップの一要素として取り入れられることになった（Ribble & Park 2019：40)。

この背景には、全米でメディアリテラシー教育を推進しているメディアリテラシー・ナウ（Media Literacy Now）の運動とその具体的な成果があった。たとえば、前掲書ではワシントン州やユタ州における教育運動の成果について

書かれているが、ワシントン州については「このワシントン州の政策は包括的であり、他州のモデルとなるべきものである。ベストプラクティスとサポートを提供するだけでなく、継続的な行動に投資する生きた政策であり、また州レベルと地区レベルのチーム（諮問委員会）が対話するための強固な構造も提供している。このチームには、生徒、保護者、教師、司書、その他の学校職員、管理者、デジタル・シチズンシップ、メディアリテラシー、インターネットの安全性の問題についての経験や専門知識を持つコミュニティの代表が参加している」と述べられている（Ribble & Park 2019：88)。このように、アメリカにおけるデジタル・シティズンシップ教育運動は、市民や教職員が主導したものである。

アメリカにおけるデジタル・シティズンシップ教育のカリキュラムや教材の多くは、NPO のコモンセンスがハーバード大学プロジェクトゼロと共同で開発したカリキュラムと教材を利用している。コモンセンスによれば、アメリカの70% 以上の学校がコモンセンスのカリキュラムを利用し、世界中で110万人以上の教職員がコモンセンスのデジタル・シティズンシップに関するリソースを使用しているという。

欧州評議会も2019年にデジタル・シティズンシップ・ハンドブックを公開し、ヨーロッパでのデジタル・シティズンシップ教育政策を進めているが、欧州評議会の場合はアメリカのデジタル・シティズンシップ概念を情報教育としてではなく、民主主義文化の土台として捉えた。坂本は ISTE との違いを「明確にデジタル・シティズンシップを民主主義とシティズンシップ教育として位置づけている点」だと捉えている（坂本 2020：24)。

モスバーガーらによるとデジタル市民とはインターネットを日常的に利用する人のことである。もう少し詳しく言えば、インターネットを用いて政治的経済的に市民社会に参加する人であり、デジタル・シティズンシップという用語は「能力、帰属意識、そして情報化時代の社会における政治的・経済的関与の可能性を表すもの」である（Mossberger et al. 2008：1)。ソーシャルメディアが市民社会のインフラとなった今日、インターネットを用いずに社会参加することは困難となりつつある。

モスバーガーらが問題にするのは、社会のデジタル化の進展とともにデジタル・デバイドが拡大することである。とりわけデジタル・シティズンシップを享受するためにもっとも困難な状況にあるのは貧困のマイノリティであり、教育からも技術集約型の仕事からも排除されてしまっている。すなわち、デジタル・シティズンシップとはこうした格差を解消するための運動であり、政策である。アメリカの場合、こうした格差を解消し、デジタル・インクルージョンの最前線に立ったのは公共図書館である。「図書館は、コンピューターとインターネットにアクセスするための重要な拠点であると同時に、オンラインで情報を探すためのトレーニングや支援を受けられる可能性のある場所でもある」（Mossberger et al. 2008：152)。そして「アメリカの図書館と司書は、全国のデジタルリテラシーとデジタル・インクルージョンの取り組みの最前線にいる」のである（Visser 2013：108)。

しかし、公共図書館だけではデジタル・シティズンシップを実現するのは困難であり、同時に取り組まなければならなかったのは学校と家庭であった。デジタル・シティズンシップは公教育の大きな課題の一つであり、市民の経済的機会と政治的参加を保障するために欠かせない施策といえる。モスバーガーらは「インターネット利用のメリットとオンライン社会からの排除のコストは、エンパワーメントと参加に関する根本的な問題を提起している。デジタル・シティズンシップは、テクノロジーへのアクセスとスキルの両方によって促進される。貧困、非識字、教育機会の不均等といった社会的不平等が、すべてのアメリカ人がオンラインや一般社会への完全な参加を享受することを妨げている」と指摘し、さらに「情報化時代のシティズンシップは、教育機会の必要性と、変化する社会の中でメンバーシップの権利を享受し義務を果たすための能力の必要性を強調している」と主張するのである（Mossberger et al. 2008：157)。このように、デジタル・シティズンシップはデジタル時代のシティズンシップそのものであり、基本的人権としての市民社会への参加の保障政策・運動とみなす必要がある。

ハーバード大学バークマン・クレイン・センターのコルテシらは2020年に報告書「若者とデジタル・シティズンシップ・プラス　デジタル世界のためのスキルの理解」を公表した。彼らは若者たちによるデジタル技術の活用の拡大が市民社会への関わり方の変化を生み出していると考える。そして「若者の間で市民や政治への関与が不足していると見られがちなのは、むしろ若者が受け入れているシティズンシップのタイプが『義務を果たすもの』から『実現すること』へと変化しているからではないか」と指摘する（Cortesi et al. 2020：11)。そしてジェンキンスらの研究（Jenkins 2009）に依拠しながら、芸術表現や市民参加に対する障壁が比較的低い文化としての「参加型文化」に着目する。若者たちはオンラインで自分の関心事を共有する人々と関わり合うことで参加スキルやネットワークを構築する。それらは政治の領域へと容易に移行するのである（Cortesi et al. 2020：12）。このようにして、彼らはシティズンシップにデジタルを加えることの意義として次の２点を挙げる。一つは「『デジタル』を加えることで、若者のエンパワーメントと可視性を育むために若者が持つ役割と主体性をより強く示すコンセプトになる」からであり、もう一つは「『デジタル』と『シティズンシップ』を組み合わせることで、他の形態のシチズンシップよりも柔軟でオープンな概念であると考えられるため、法的な投票年齢に達していなくても、若者がこの概念に関与することをより確かなものにする」からである（Cortesi et al. 2020：16）。そして彼らはデジタル・シティズンシップ概念を拡大した「デジタル・シティズンシップ+（プラス）」を提起する。それは若者たちの参加型文化を包括するものであり、結果的にモスバーガーらのデジタル市民の概念を拡大させたのである。

２．１人１台 PC プログラムとしての「GIGA スクール構想」

本来、デジタル・シティズンシップと「GIGA スクール構想」は無関係であった。しかし、2020年の第一次補正予算に COVID-19パンデミックにより、「緊急時における家庭でのオンライン学習機能の強化」が盛り込まれ、平時からの学習用端末の持ち帰りを前提とすることとなったため、状況は一変した。ハードウェアが揃えばいいわけではなく、それに対応する教育が必要となった。しかし、これまでの情報モラル教育では不十分であると考えた一部の学校や教育委員会にとって、ICT 活用を前提としたデジタル・シティズンシップ教育はその穴を埋めるものであった。

「GIGA スクール構想」とは標準的な用語でいうならば１人１台（one-to-one）PC プログラムである。１人１台 PC プログラムは欧米でも一般的に導入されている教育プログラムであり、理念的にはデジタル・シティズンシップとも関係している。ISTE のデジタル・シティズンシップの９要素の第一項目はデジタルアクセスである。2019年の ISTE 版『デジタル・シティズンシップ・ハンドブック』では、その内容を次のように記している。

「デジタルアクセスとは、情報技術とオンラインリソースの公平な配分のことである。教職員と管理者は、学校だけでなく家庭においても、自分たちのコミュニティに対して誰がアクセスでき、誰ができないか認識する必要がある。教育者は、授業やデータ収集のために、コミュニティでの無料アクセスなどのオプションを提供または家庭用のリソースを提供する必要がある。」(Ribble & Park 2019：40)

ここでいうデジタルアクセスとは単に情報技術やオンラインリソースにアクセスすることではなく、その公平な分配であり、すなわちデジタル・インクルージョンを意味している。リブルらはデジタルアクセスを「すべての人が電子的に社会に完全に参加できるようにすること」と説明している（Ribble & Park 2019：50)。そしてBYOD（Bring Your Own Device）や1人1台PCプログラムを採用するならば、インターネットへの接続が重要な課題であると指摘する。家庭から接続できない場合は、図書館などの公共施設や放課後プログラムなどの選択肢も考慮しなければならないという（Ribble & Park 2019：51)。

すでに触れたように、公的なデジタルアクセスを実現する理念がデジタル・インクルージョンである。坂本もまたアメリカのデジタル・インクルージョン政策を検討した結果、「デジタル・インクルージョンにはデジタルリテラシーと市民社会参加の要素、すなわちシティズンシップの概念が含まれており、単なる技術の供与ではない。アメリカでのデジタル・インクルージョンの実現にしては、公共図書館が大きな役割を担っている」と指摘している（坂本2021：6)。

ウォルターらはデジタル・シティズンシップに関する文献レビュー論文の中で1人1台PCプログラムとの関係を検討している。彼らが取り上げたのは生徒個々人のテクノロジーへのアクセスが教室での指導にどのような影響を与えるか調査したジェンらの研究成果（Zheng et al. 2016）であった。彼らによると、1人1台PCプログラムは、家庭でテクノロジーにアクセスできない生徒にもアクセスを提供することで、デジタルデバイドのギャップを埋めるのに役立ち、それによって経済的な競争条件を平準化することができたという(Walters et al. 2019：13)。

1人1台PCプログラムに家庭におけるインターネットアクセス提供を追加させることによって、デジタルデバイドのギャップを埋めることにつながることは十分に理に適うことである。これらの知見は1人1台PCプログラムを家庭からのインターネットアクセスの提供を付随させることによって社会政策としてのデジタル・インクルージョンに寄与することを意味している。このことは何よりもオンライン学習リソースにアクセスするための子どもの権利を保障するものであり、「GIGA スクール構想」もこの観点から理解すべきであろう。

ただし、１人１台 PC 配布が自動的に良い教育効果を可能にするわけではない。スペインもまた2009年から１人１台 PC プログラムを導入しているが、ペグレ・カープリーノとマルチネス・セルダは、「スペインにおける１人１台のノートパソコン：メディアリテラシーのアプローチによる評価」と題した論文の中でこの点について次のように述べている。「多くの学校の校長や教師は、ノートパソコンの存在がもっとも消極的な生徒でさえもやる気にさせ、学校の出席率を上げ、退学率を下げるのに役立つという意見で一致している」が、「どのような技術革新も、それ自体が教育効率の向上をもたらすわけではない」(Pegurer Caprino & Martínez-Cerdá 2015：161)。

彼らはマサチューセッツ工科大学（MIT）のネグロポンテらによる OLPC (One Laptop per Child) を引き合いに出す。このプログラムでは子どもたちは OLPC ノートパソコンを常に持ち歩く。それは暗黙のうちに学習者中心モデルになるが、スペインの場合、必ずしもそうではなかった。その結果、途中でプログラムを止めて再検討を余儀なくされたという。彼らは「教育におけるテクノロジー導入のために提案された根本的な教育アプローチやプログラムについて議論することが大きな課題」だと述べる。そして、１人１台の方針について、「教育理念や原則、理論が何であるかを組み入れ、説明する必要がある。その結果、なぜ、そしてどのように今日の学校で教えられているのか、そして何を発展させたいのか、必要な議論を導くことができる」と指摘している (Pegurer Caprino & Martínez-Cerdá 2015：161)。

OECD は2015年に学校におけるコンピュータ利用調査報告書「生徒、コンピュータと学習　コネクションの創造」を公表している。PISA のデータを分析した結果、学校におけるコンピュータの利用時間の増大はそのまま教育成果の向上につながるわけではないことを見出した。この調査は結果として、「家庭でも学校でも、生徒のコンピュータへのアクセスを増やすだけでは、教育成果の大幅な改善にはつながらない」ということであり、そして「コンピュータの使用によるプラスの効果は、特定の成果やコンピュータの特定の使用方法に限定される」という点にある（OECD 2015：163)。

アメリカやスペイン、OECD の研究成果を見ると、コンピュータの導入が自動的に教育成果の向上につながるわけではなく、教育方法の革新が伴わなければならないことを示しているといえるだろう。

3．教育政策としてのデジタル・シティズンシップ教育

「GIGA スクール構想」すなわち１人１台 PC プログラムとデジタル・シティズンシップ教育はどのような関係があるのだろうか。本来、デジタル・シティズンシップは１人１台 PC プログラムのために作られた概念ではない。子ども・若者を取り巻く環境のデジタル化が拡大すれば、その対応が求められることになる。坂本と今度は、ISTE におけるデジタル・シティズンシップ概念の成立過程を検討しながら、「学校における情報機器の不適切な利用が問題となり、利用規程による利用制限を生徒に課すことによって対応しようとした」が、「その効果がないことがわかり、コンピュータ倫理の考え方を応用しながら、デジタル・シティズンシップの考え方を採用するにいたった」と指摘している(坂本・今度 2018：6)。アメリカで１人１台 PC プログラムが拡大しつつある過程で、デジタル・シティズンシップ教育は欠かせないものとなっていった。リブルは次のように指摘している。「学校や地区が１人１台 PC の取り組みを開始したことで、倫理的なテクノロジー使用に関する問題が再び増加している。教室でテクノロジーツールを使用する際に、何が適切かについて教職員と生徒を教育するための計画がなければ、問題は増え続けるだろう。デジタル・シティズンシップ政策を定めている地域では、潜在的な問題が教室の制限要因にならなくなった。テクノロジーの活用は、これまでの教育のあり方を変えるものであり、教育者はこのような調整を行うための準備をする必要がある」（Ribble & Park 2019：16-17)。日本においてデジタル・シティズンシップ教育に注目が集まりつつあるのは、同じことが起こっているからだと考えられる。

文科省の政策にはない取り組みを可能にしている一つの要因は、これまで行われてきた行動抑止型の情報モラル教育では、１人１台 PC プログラムには対応できないという認識がある。『道徳教育』（明治図書）2022年１月号の特集は「GIGA スクール時代の情報モラル教育」であった。そして筆頭に掲載された論説のタイトルは「情報モラル教育からデジタル・シティズンシップ教育へ」であった。現在の情報モラルは、道徳教育の一部として導入されている。それゆえに今日の情報モラル教育は、日常モラルの延長線上にある。この論説を執筆した三宅健次は「情報モラルが『考え方と態度』とあるように、内向き（自

分）に落とし込んでいるのに対し、デジタル・シティズンシップは『社会参加を実践する力』とあるように外向き（社会）に向いているという点が異なります」と指摘する（三宅 2022：5)。そして「道徳教育が個人としての基盤を構成するものであるに対し、デジタル・シティズンシップ教育は市民としての能力を育成するものということで、根本的な理念は異なります。したがって、双方の教育は基本的には相容れないもの」という（三宅 2022：6)。それにもかかわらず、「GIGA スクール構想では、生徒の主体的な活用を推進しています。その点からも、今後は、利用制限や注意喚起等、ネガティブな方向に重きをおく情報モラル教育ではなく、デジタルのよき使い手、よきデジタル社会の担い手となることを目指す、ポジティブな方向に重きをおくデジタル・シティズンシップ教育のアプローチが求められてくる」（三宅 2022：7）と主張するのである。道徳教育の内側からこうした主張がされること自体がこの問題の重要性を示している。

さらに内閣府の総合科学技術・イノベーション会議教育・人材育成ワーキンググループは中間まとめを2021年12月24日に発表したが、ここには子どものスマートフォン保有率の高さへの指摘とともに「子供たちの『デジタル・シティズンシップ』の育成は喫緊の課題となっている」と明記されている（内閣府 2021：9)。さらには政策の一つである「子供の特性を重視した学びの『時間』と『空間』の多様化」には「『デジタル・シティズンシップ』が子供たちに備わっていることが大前提」と記されている（内閣府 2021：9)。このような文言が登場する背景には委員の一人である埼玉県戸田市戸ヶ﨑勤教育長の主張がある。同ワーキンググループ第４回会議に戸ヶ﨑が提出した資料には「レコメンデーションエンジンいわゆる『エコーチェンバー』または『フィルターバブル』を引き起こす可能性については強い危機感を覚える。このページに記載されている問題やその他デジタル社会の負の側面を最小限にするために、『させない、触れさせない指導の情報モラル教育』から『自分たちの意思で自律的にデジタル社会と関わっていくためのデジタルシチズンシップ教育』の充実は欠かせない」（戸ヶ﨑 2021：1）と記されており、この見解がそのまま中間まとめに反映されることになったと思われる。埼玉県戸田市はデジタル・シティズンシップ教育政策を掲げる自治体の一つである。これは自治体の教育政策が文科省を飛び越えて内閣府の教育政策に反映する可能性を示唆していると言えよう。

文科省について言えば、2020年４月27日に開催された中教審初等中等教育分科会・新しい時代の初等中等教の在り方特別会合同会議で今村久美委員が提出した「With コロナ社会において、いま検討すべきこと」と題した資料の中にデジタル・シティズンシップについて触れた箇所がある。今村は次のように書いている。「GIGA スクール構想を実現する上で、デジタル前提社会で生きる子どもたちがそのリスクを理解し、安心安全に利用しながら可能性を広げられるように、『デジタル・シチズシップ教育』の推進が必要。現在の『情報モラル教育』は、個々の安全な利用を学ぶものであるのに対し、『デジタル・シティズンシップ教育』は人権と民主主義のための善き社会を創る市民となることを目指すものである。」（今村 2020）しかし、2021年１月に発表された中教審答申「『令和の日本型学校教育』の構築を目指して～全ての子供たちの可能性を引き出す、個別最適な学びと、協働的な学びの実現～」の中でデジタル・シティズンシップ教育が触れられることはなかった。

4．デジタル・シティズンシップ教育への批判

デジタル・シティズンシップ教育に対する明確な批判は今のところ見当たらないが、積極的な支持をしないという形でデジタル・シティズンシップ教育批判が存在していると考えられる。具体的には次の二つの立場である。一つは文科省の政策に見られるように、情報モラル教育政策を維持することを重視する立場である。ただし、前述の三宅論文でも「定義や理念の異なるものを一気に変更することは現実的に厳しい」（三宅 2022：6）と述べられているように、情報モラル教育とデジタル・シティズンシップ教育を対立的に捉えることは必ずしも現実的とは言えない。

もう一つは「GIGA スクール構想」を批判する立場である。その中には、「ICT 教育」までは批判しないという見解もある。例えば、児美川孝一郎は「GIGA スクール構想」に対して「公教育を経済成長のための『手段』に貶めてしまう危険なねらい」と見る。しかし他方で「ICT は、私たちが実現したいと願う教育を創造している際にも貴重なツールになる」と指摘する（児美川 2021b：7)。しかし、この論考ではデジタル・シティズンシップ教育については何も触れられておらず、懐疑的だと考えられる。

児美川は『デジタル・シティズンシップ　コンピュータ１人１台時代の善き使い手をめざす学び』の書評の中で二つの興味深い疑問を提起している。一つ

は、情報モラル教育／デジタル・シティズンシップ教育、保護主義／エンパワーメント、教師主導／学習者主体、ICT 教具論／ ICT 文具論といった対比は、単純化された二項対立であり、両者の関係を複眼的に把握すべきではないかという点である。もう一つは、公教育の「市場化」がすすむ学習場面において、シティズンシップ概念を、「市民社会」的なラディカル・デモクラシー等の文脈においてだけではなく、「情報消費社会」的な文脈でどう把握し、活かしていくかという問題である。(児美川 2021a：141)

第 1 の指摘に含まれる「複眼的」については（児美川 2021b）においても「政策的文脈における教育の ICT 化の危うさには十分に自覚的でありながらも、そうした文脈を巧みにずらしたり、転覆させせることをも目論みつつ、自分たちのめざす教育や学びの実現のためにこそ ICT を活用するという、きわめて現実的、かつタフな構え」（児美川 2021b：8）として用いている。「複眼的」目論みに関する児美川の指摘は、教育政策と教育運動・実践との関係を問うものであろう。本稿冒頭で指摘したように、「権力によって支持された教育理念」＝Society5.0がそのまま学校現場を支配するという見立ては単純すぎるだろう。実際スペインの 1 人 1 台 PC プログラムが順調に進まず、教育方法を再検討したように、「GIGA スクール構想」もまた学習者主体の教育改革を伴う必要がある。ネグロポンテらによる OLPC プログラムがまったく異なる教育理念を持っていたことを思い起こせば良い。1 人 1 台 PC プログラムをいかなるものにするのかは、むしろ教育実践主体の意識と能力にかかっている。

児美川自身も「GIGA スクールを換骨奪胎して、自分たちの側に手繰り寄せることができるかどうかは、まさにそうした実践の構想力を私たちがどれだけ豊かに持てるかにかかっている」（児美川 2021b：12）と述べているが、むしろすでに地域からのデジタル・シティズンシップ教育政策と学校現場でのデジタル・シティズンシップ教育実践が進展しつつあり、その意義と可能性を評価すべき時期に来ている。

批判的教育としてのシティズンシップ教育は、フレイレのいう「銀行型」教育ではない。ジルーは「シティズンシップ教育は、学校の中で教師が果たすべき役割の再定式化に根ざしていなければならない」（Giroux 1983：201）と指摘したが、それは抵抗と解放の教育実践が主観的な意図にとどまるのではなく、「関与する」市民としての行動へとつながらなければならないということである。

児美川の二つ目の指摘に対しては、すでに紹介したコルテシらのデジタル・シティズンシップ+（プラス）がその答えになるだろう。若者たちはすでにデジタルデバイスを用いて多様な文化活動に参加し、協働と共有のためのスキルを形成しつつある。それらを教育実践として学校教育に取り入れるためには、教育実践主体の意識の変革が必要なのである。

結論

デジタル・シティズンシップ教育は、モスバーガーらが指摘したように、第一にデジタル・インクルージョンへの取り組みとして理解すべきである。しかし、今日のデジタル・シティズンシップは教育、コルテシらが主張するように、さらに踏み込んで若者たちの参加型文化へ注目し、デジタル・シティズンシップ概念をより拡大することが求められている。

エメジュールは、今日のデジタル・シティズンシップ概念には「政治性」が排除されていると批判している。彼女が提起するのは「ラディカル・デジタル・シチズンシップ」と呼ばれる概念であり、これは「個人やグループが日常生活におけるテクノロジーの社会的、政治的、経済的帰結を批判的に分析し、オルタナティブで解放的なテクノロジーと技術的実践を構築するために集団的に熟考し、行動を起こすプロセス」だという（Emejulu 2014）。では、現在日本を含む世界各地で実践されているデジタル・シティズンシップ教育にはこうしたラジカルな視点は存在しないのだろうか。

例えば、アメリカで広く使われ、日本にも紹介されているNPOコモンセンスのデジタル・シティズンシップ教育カリキュラムにはネットいじめ防止教育として、「アップスタンダー」と呼ばれる概念が用いられている。坂本はこの概念について「その源流を辿れば、単なるネットいじめ防止教育ではなく、より広い社会的な文脈を持った概念であり、不正義に対して立ち上がる市民の育成というシティズンシップの理念を含んでいる」と指摘する（坂本 2022：70）。つまりこの概念は #metoo 運動に見られるようなデジタル時代の社会運動につながっているのである。つまり、すでにデジタル・シティズンシップ教育運動にはラジカル性が含まれているのではないだろうか。

デジタル空間における公共性と協働性の実現は、デジタル・シティズンシップ教育運動と政策の成否にかかっていると言ってよい。デジタル・シティズンシップは、グローバルな教育理念であり、世界各地の教育運動と実践につながっていることを理解する必要がある。だからこそ、この教育理念は自治体や学校に受けいれられ、支持されるのである。ここで論じなければならないのは、GAFA と呼ばれるグローバルな ICT 企業であり、監視資本主義やデジタル資本主義と呼ばれるグローバルな資本主義システムとの対峙である。エメジュールはラジカル・デジタル・シティズンシップとは「私たちの生活におけるテクノロジーの発展と応用の意味を理解するための、根本的に政治的な実践」と主張する（Emejulu 2014）。デジタル・シティズンシップ教育実践は、常に民主主義と人間解放の最前線なのである。

参考文献

・Cortesi, S., Hasse, A., Lombana-Bermudez, A., Kim, S., & Gasser, U.（2020）. Youth and Digital Citizenship +（Plus）: Understanding Skills for a Digital World. Berkman Klein Center for Internet & Society.

・Emejulu, A.（2014）. Towards a radical digital citizenship. The University of Edinburgh. Retrieved January 26, 2022 from: https://digital.education.ed.ac.uk/showcase/towards-radical-digital-citizenship

・Giroux, Henry, A.（1983）. Theory & Resistance in Education: A Pedagogy for the Opposition. Heinemann Education Books.

・Jenkins, H., et al.（2009）. Confronting the Challenges of Participatory Culture: Madia Education for 21st Century. MacArthur.

・Mossberger, K., Tolbert, C, J. & McNeal, R, S.（2008）. Digital Citizenship: The Internet, Society, and Participation. The MIT Press.

・OECD.（2015）. Students, Computer and Learning Making the Connection.

・Walter. M, G., Gee, D., & Mohammed, S.（2019）. A literature review: Digital citizenship and the elementary educator. International Journal of Technology in Education.2（1）.

・Pegurer Caprino, M., & Martínez-Cerdá, J. F.（2014）. One laptop per student in Spain: its assessment using the media literacy approach. Digital Literacy, Technology and Social Inclusion: Making sense of one-to-one computer programmes around the world. Communication and Society Research Centre. University of Minho.

・Ribble, M., & Park, M.（2019）. The Digital Citizenship Handbook for School Leaders: Fostering Positive Interaction Online. ISTE.

・Visser, Marijke.（2013）. Digital Literacy and Public Policy through the Library Lens, Maine Policy Review, 22（1）.

・Zheng, G., Warschauer, M., Lin-C. H., & Chang, C. (2016). Learning in one-to-one laptop environments: A meta-analysis and research synthesis. Review of Educational Research.
・荒井文昭（1994）「教育行政の社会学」に対する検討『人文学報（教育学)』29、東京都立大学人文学部
・今村久美（2020）文部科学省「初等中等教育分科会第125回・新しい時代の初等中等教育の在り方特別部会（第７回）合同会議資料」2020年１月26日
・児美川孝一郎（2021a)「書評 坂本旬・芳賀高洋・豊福晋平・今度珠美・林一真著『デジタル・シティズンシップ―コンピュータ１人１台時代の善き使い手をめざす学び―』大月書店、2020年12月、153頁」、『メディア情報リテラシー研究』２（2)、法政大学図書館司書課程
・児美川孝一郎（2021b）GIGA スクールと教育の未来―私たちの立ち位置はどこにあるか？『教育』11月号（910)、旬報社
・坂本旬、今度珠美（2018）日本におけるデジタル・シティズンシップ教育の可能性『生涯学習とキャリアデザイン』16（1)、法政大学キャリアデザイン学会
・坂本旬（2020)「デジタル・シティズンシップとは何か」『デジタル・シティズンシップ　コンピュータ１人１台時代の善き使い手をめざす学び』大月書店
・坂本旬（2021）基礎教育保障としての批判的デジタル・インクルージョン：ディスインフォデミックへの対応を中心に『基礎教育保障学研究』５、基礎教育保障学会
・坂本旬（2022）アップスタンダー教育とは何か　デジタル・シティズンシップとネットいじめ、『法政大学キャリアデザイン学部紀要』19
・戸ヶ﨑勤（2021）教育・人材育成政策パッケージ策定に向けた中間まとめについて（案)、総合科学技術・イノベーション会議教育・人材育成ワーキンググループ（第４回）（11月25日）提出資料
・内閣府（2021）Society5.0の実現に向けた教育・人材育成に関する政策パッケージ〈中間まとめ〉、総合科学技術・イノベーション会議教育・人材育成ワーキンググループ
・三宅健次（2022）情報モラル教育からデジタル・シティズンシップ教育へ　情報モラル教育の新たな視点、『道徳教育』１月号、763、明治図書
・宗像誠也（1954）教育行政学序説、有斐閣

（法政大学）

特集：公共性と協働性を支える学習／教育空間

学校―地域間関係の再編を促す政策の課題と展望
―「熟議」を支える地域社会の実現に向けて―

荻野　亮吾

1．本論文における課題設定

2000年代に入り、学校評議員制度や学校運営協議会の導入に見られるように保護者や地域住民の学校運営への参加を促す政策が推進された。これに加え、2000年代後半に導入された学校支援地域本部等の事業は、各自治体レベルで導入された「地域教育」の仕組みを政策にし、2010年代後半の地域学校協働本部の組織化へとつながった。さらに新たな学習指導要領のもとで「社会に開かれた教育課程」への移行が提唱される中で、学校運営協議会と地域学校協働本部とが両輪になる形で、学校―地域間関係の再構築が目指されている。

これらの政策に関しては、教育行政学・教育経営学の領域で、学校運営や学校ガバナンス、あるいは教育課程への影響といった点を中心にして、実証的かつ批判的な研究が蓄積されてきた（３節も参照)。これに対し、本論文では、社会教育学の立場から、現在の政策を地域社会レベルでの教育の再編を促す動きと捉え、「熟議」の視点を中核に据えて、政策上の課題と今後の方向性を示すことにする。

本論文の構成は、現在の学校―地域間関係の議論の変遷を確認した上で（２節)、現在の政策の問題を、熟議の場における問題、「参加」と「協働」の関係の問題、母体となる地縁組織の変容の問題の３点に整理する（３節)。この課題整理の上で、ミクロレベルと地域社会レベルでの熟議の充実を図る戦略を提起し（４節)、その実現に向けたコミュニティ・エンパワメントの枠組みを示す（５節)。

2．学校―地域間関係をめぐる議論の変遷

本節では、筆者の整理（荻野 2022：１章）をもとに、1970年代以降の学校―地域間関係をめぐる議論の変遷を辿り、現代の議論の特徴を明らかにする。

高度経済成長期以降、学校―地域間関係に焦点が当てられた第一の時期は、1970年代から1980年にかけてのことである。この時期には、学社連携論や地域の教育システム再編論、地域教育経営論等、学校教育と地域社会の教育を包含する、総合的な教育システムのあり方が議論された。それぞれの議論で強調点に差異はあるものの、学校教育の閉鎖性の打破や、「地域の教育力」の衰退への対処という課題意識をもとに、学校と地域の連携を推進する組織や、住民の教育要求の組織化の方法、学校・家庭・地域の役割分担等を中心に議論が交わされた。

第二に注目すべきは、臨時教育審議会の答申を受けて、「開かれた学校」を目指した制度設計が進められた、1990年代後半以降の時期である。この時期には、学校―地域間関係の再編の是非や、目指すべき方向性が問われた。例えば、苅谷（2004）は、「地域と教育」の問題が、2000年代前後から「参加（参画）」や「共同（協同）」という文脈で語られようになることで、主体形成に関する論理が後退し、主体的に関わる住民が無条件に措定されるようになったと述べる。このことで、「地域と教育」の問題は、参加者の「責任主体」論に転換し、個人化した社会のなかで、各地域社会の状況に応じ「共同責任の基盤」をいかに創出するかが課題になったことが指摘される。

また、水本（2002）は、学校と地域との関係の再編が進展するなかで、「教育力の主体」のジレンマや、「教育意思の主体」の問題が生じることを指摘する。後者の「学校の正統性欠如」を根拠にした「教育意思の主体」の議論では、ローカル・コミュニティにおける「共同性の欠如」が問題になるという。これらのジレンマや問題の解決のために、学校自身による「地域」の定義と、地域による「学校」の定義という相互規定的関係を立ち上げる道筋が示されている。

ここで挙げた苅谷や水本の議論は、保護者や地域住民に学校への参加を求める制度の普及に伴い、教育システムの再編というレベルでの議論から、地域社会で共同責任の基盤を築き、学校と地域社会の相互規定的な関係を立ち上げるという関係論のレベルへと力点が移行したことを端的に示すものである。

さらに、現在につながる第三の段階として、2010年代以降、教育行政学や教育経営学の領域を中心に、学校運営協議会を主な対象として、学校―地域間関係の再編の動向を実証的に明らかにする研究がなされてきた（岩永 2011；仲田 2015；柴田 2020；武井 2017等）。特に学校運営協議会に関しては、学校ガバナンス改革に関する制度としての成否が問われつつ、この制度の導入による社会関係資本の醸成にも焦点が当てられてきた。これらの研究は、学校運営協議会や学校支援地域本部といった制度・政策を前提としつつ、学校と地域の組織内外の葛藤や対立の視点に基づき、運用上の問題や、意図せざる結果を明らかにするものである。

まとめると、学校―地域間関係をめぐっては、学校教育と地域社会を含んだ教育システムの再編というマクロレベルの議論から、学校と地域社会の関係論に力点が移行し、近年では制度の運用をめぐるポリティクスにまで踏み込む議論がなされてきたと言える。このように従来の議論を引き取った上で、次節では現行制度の問題を、ミクロなレベルから地域社会レベルまで俯瞰して捉える。

3．学校―地域間関係を再編する政策の問題

（1）「熟議」の場における問題

学校―地域間関係を再編する政策の第1の問題は、「熟議」の場としての学校運営協議会の問題である。熟議は、政治学を中心に各分野に広がりを見せている概念で、集合的な意思決定を正当化する理由を探るための、コミュニケーション実践を指す。熟議を重視する民主主義論は、個々人の利益の最大化を目指す「利益モデル」と対置され、公共の議論を通じて形成される意思に「正統性」を見出す点に特徴がある（齋藤 2012）。

ここで熟議の意義を、齋藤（2012）に従って、4点にまとめる。第1に、相互の主張とその理由を検討する過程で、誤った事実認識や解釈枠組みに修正・反省が加えられ、選好の変容が生じることである。第2に、熟議を通じて諸個人のパースペクティブがより不偏的なものに変化する機会が提供されることである。第3に、他者の意見に耳を傾け、他者が受容しうる理由の提示によって応えようとする熟議の実践が、参加者の間に相互尊重の文化を醸成することである。第4に、熟議により、少数者が多数者に異論を提起し、多数者が依拠してきた理由を再検討する機会が開かれることである。これは、合意を形成する上で有用なだけでなく、非合意の所在を明らかにする過程でもある。ただし、少数者の異論が封じ込められることなく、意思決定を問い直す機会が開かれるのであれば、その意思決定は「民主的正統性」を持つものと見なされる。

以上のような熟議の意義を引き出すためには、時間上の制約を乗り越え、発言の平等性や相互性の確保といった条件面での整備を行うことが重要である。加えて、経済的・行政的権力が対話の過程に侵入することを防ぎ、集団心理に

よるバンドワゴン効果（優勢な意見への同調）や、集団極化（当初のバイアスの強化）の問題をどう乗り越えるかも課題になるとされる（齋藤 2012）。

このような理想の熟議の場の実現には、現実の議論の場と対比し、その場の課題を明らかにすることが必要になる。ここで学校運営協議会を、熟議に基づく意思決定の場と捉えた際の課題を挙げておく。例えば、仲田（2015）は、ジェンダーや委員の選出区分を中心に、学校運営協議会のポリティクスの分析を行い、「女性・保護者の劣位性」が生み出される過程や、その帰結を明らかにした。この研究では、PTA をはじめとする既存組織からの充て職として選出される女性委員における学校支援活動と既存組織の二重負担の問題や、学校支援に熱心で有力な地域住民がより価値づけられていく過程等が示されている。

同じく、柏木（2021）も、学校ガバナンスにおける「民主的正統性」を確保するために、学校運営協議会委員の階層性や、議題の偏り、論争的事項における意見採択の基準、決定事項における責任の所在といった諸問題への対応が必要なことを指摘している。そして、現実の学校運営協議会にまつわる問題として、地域の排他的で統制的なボス的人物による学校支配、伝統的な共同体を忌避する脱領域的な保護者による学校ガバナンスの回避戦略、貧困層・低所得者層やマイノリティの人々の「周縁化」といった点を指摘する。

ここで、熟議の「質」を示す指標として、Fishkin（2009=2011）が挙げる５つの基準を取り上げたい。第１に「情報」、つまり争点に関係があると思われる情報が参加者にどれほど正確に十分に提供されているか、第２に「実質的バランス」、つまり、ある見地からの意見に対し、他の見解を持つ人々からどれほどの反論が寄せられるか、第３に「多様性」、つまり社会の中で見られる主要な意見が、議論の中でどれほど提示されるか、第４に「誠実性」、つまり参加者がどれほど真摯に意見の是非を吟味するか、第５に「考慮の平等」、つまり発言者によらず、全参加者の意見が検討されるか、という５点である。

この Fishkin の議論を参照して、先行研究を見直すと、学校運営協議会は、上記の５点の全て、なかでも特に、その構成員に関する「実質的バランス」と、社会の意見の「多様性」の反映、そして「考慮の平等」といった熟議の根幹にあたる部分が満たされていないものと考えられる。さらに、学校運営協議会という熟議を通じた意思決定の場から、特定の階層や集団が排除されてしまう「外的排除」の問題と、特定の属性の人々が主導権を握ることで、議論の過程や結果に歪みをもたらしてしまう「内的排除」の問題も抱えていると言える

(Fishkin 2009=2011)。このような問題を抱える結果、熟議の意義として期待される各参加者の認識の変容や、熟議の蓄積に基づく「民主的正統性」の確保が充分になされないことが問題にされてきたと言える。

（2）「参加」と「協働」の関係をめぐる問題

第2に、学校運営協議会だけでなく、学校支援地域本部事業やその後継の地域学校協働本部事業等も含んだ、学校—地域間関係の再編を図る政策全体の問題を、「参加」と「協働」の関係という点から捉える。

この「参加」と「協働」という観点は、地方自治をめぐる名和田（2009）の議論を参照したものである。名和田は、法律や条例により地域社会（コミュニティ）に制度的な位置付けを与える動きを、「コミュニティの制度化」と呼ぶ。名和田によれば、1990年代以降の「コミュニティの制度化」では、「参加」よりも「協働」の色彩が強いという。具体的には、政策立案・実施・評価の過程に関わることを示す「参加」が、1970年代から基本理念として受容されてきたのに対し、1990年代以降、自治体内の公共サービスの提供を行政と共に担う責任ないし義務を示す「協働」が唱えられるようになったと述べる。そして、地方自治法上の地域自治組織では、公共的な意思決定を身近なものにする「参加」だけでなく、行政が提供しないサービスを提供する「協働」の意味合いも強いと指摘する（名和田 2009）。また、坂本（2017）は、2010年代半ば以降に地方創生政策の一環として設置が推進される地域運営組織において、住民の「参加」や住民自治に関する議論が後景に退き、実行機関やサービス提供主体としての役割を組織に期待する傾向が地域自治組織に比べて高まったと述べる。

この地方自治をめぐる「参加」と「協働」の視角を、学校—地域間関係の再編を促す政策に援用してみる。まず、学校評議員制度や学校運営協議会は、学校運営に対し、保護者や地域住民の多様な意見を反映するための「参加」を促す制度と捉えられる。ただし、その実態は岩永（2011）が述べるように「学校支援型コミュニティ・スクール」として機能している部分が大きい。この点について仲田（2015）も、協議会の議事が学校支援や地域活動を中心にし、学校運営方針の承認や、教員任用に対する意見の提出等の法定権限が充分に活用されていない実態を明らかにする。つまり、学校運営協議会という制度は、保護者や地域住民の「参加」の機能の拡充を目指したが、実質的に、保護者や地域住民の学校への支援を強化する形で「協働」を促す設計になっていると言える。

また、2008年導入の学校支援地域本部事業や、その後継の地域学校協働本部事業は、地域から学校への支援を中核に据える点に特徴がある。例えば、学校支援本部事業が「ボランティアによる学校支援という活動、地域や住民が学校を支援する存在であるという認識を広めることに寄与した」(柴田 2020：138)とされるように、「参加」よりも「協働」が重視されている点は明らかである。

さらに、文部科学省が2016年に策定した「『次世代の学校・地域』創生プラン」に基づき、学校運営協議会と地域学校協働本部との一体的運用が想定されることになり、2017年の法改正により、学校運営協議会に学校支援の組織的な推進を協議する役割が付与された。つまり、政策的には「参加」と「協働」との補完関係がより強く意識される形となったと言える。ただし、この動きは、（１）で挙げた熟議をめぐる問題を解決するどころか、増幅することにつながりかねない。具体的には、熟議をめぐる問題が、学校運営協議会という公的な場面だけでなく、学校支援の活動や連携活動の企画・実施場面にまで拡張し(柴田 2020)、「外的排除」や「内的排除」が様々な場面に広がる危険性がある。

地域自治をめぐる「参加」と「協働」の補完関係の成り立ちがたさを見ても(三浦 2021等)、学校運営協議会と地域学校協働本部の両者の設置を政策的に推進することで、「参加」と「協働」の双方の目的が直ちに達成できないことは明らかであろう。現在の政策が意図する補完関係の達成には、学校運営協議会と地域学校協働本部の両組織の権限・財源の配分の方法、各組織の議題と活動内容の関連性、「参加」と「協働」を担う保護者・地域住民の人選の方法と重複の程度、各参加者の役割と負担の偏りといった、制度の運用実態を捉えることが求められる。その上で、公的な意思決定の場や、実際の活動の場面において、誰が主導してどのような形で話し合いや決定が行われているかをおさえる必要がある。

（３）母体としての地域組織をめぐる問題

第３に、地域社会の構造的レベルから俯瞰した際の問題として、学校運営協議会の委員の選出や、地域学校協働活動を組織する際の有力な母体となる地縁組織の変容を取り上げる。しばしば指摘されるように、学校運営協議会等の公的な意思決定の場において、地縁組織の代表が、充て職等の形でその大勢を占めることで、年代やジェンダーの偏りが生じ、地域社会の意見が適切に代表されず、意思決定が特定の人々の意見に左右され、不当な抑圧を生み出す危険性が存在する。近年の地縁組織の変容は、この問題をより増幅させるリスクを含む。

変容の第１の側面は、住民の「脱組織化」という構造レベルの変化である（善教 2019）。学校教育の有力な連携先である町内会・自治会や子ども会、PTA 等といった地縁組織への加入率が近年になって低下し、どの組織にも加入しない層が増加している。これらの組織は、市町村内の一定区域（学区）を単位に切れ目のない形で存在し、住民の組織への参加経験を保つことで、社会的役割を維持し、地域の「参加を前提とした生活構造」を成り立たせてきた（高野 2013）。また、これらの組織の活動に「お互い様」や「付き合い」という消極的・義務的な意識で関わり始めたとしても、その過程で地域内の他の住民との関係性が築かれ、事後的にだが、地域社会の成員としての意識が涵養されてきた（荻野 2022：５章）。この地域社会に埋め込まれた意識変容の構造は、R. D. Putnam が主張する「強い自発性による社会関係資本」に対し、「遠慮がちな社会関係資本」と称される（今村他 2010）。しかし近年の「脱組織化」の動きにより、地域社会の関係性の構築と、そのなかでのインフォーマルな学習の可能性は大きく減退し、組織の選出母体としての位置付けが揺らぐことになった。

変容の第２の側面は、地縁組織の「正当性」の低下という認知レベルの問題である。地縁組織の多くは、任意組織でありながら、重複のない形で、各地域に網羅的に組織されてきた。この網羅性と加入率の高さが、任意組織でありつつ、実質的に住民を代表する組織である根拠となり、地縁組織の代表を行政委嘱委員や各種審議会委員に送り出す背景となってきた。つまり、組織の「正当性」が多くの住民の加入を促し、それによる高い加入率が、住民の「代表性」を担保してきたと言える。また、行政サービスの一端を担う「行政媒介型市民社会組織」（Read and Pekkanen 2009）という特性により、行政からの手厚い支援や、「正当性」の付与がなされてきた側面もある。しかし、町内会・自治会等の地縁組織への加入率の低下は、その「正当性」自体を大きく揺るがせている（森 2018）。

近年では、町内会や PTA 等の組織への加入が義務でも所与でもないことが指摘され、その存在自体に疑問を呈する議論が活発となっている（紙屋 2017；黒川 2018）。これらの議論では、時代に合わない会議や行事の実態や、家族形態・就業形態の多様化に対応できない問題、旧態依然とした組織特性や役割分担のジェンダー面での偏り等が取り上げられている。地縁組織の「正当性」を真っ向から否定する議論が現れるなかで、各組織の代表や成員を公的な協議の場の委員に選出し、住民や保護者の代表とみなすことには、これまで以上に慎重になる必要がある。

変容の第３の側面は、市町村合併や学校統廃合という自治体や学校の再編を契機に、地縁組織の再編が進んでいることである。市町村合併の影響で、他の自治体と歩調を合わせる形で組織再編が行われ（高野 2013)、その「意図せざる結果」として地縁組織の解体が進みつつある。学校統廃合により、学校と地域の一対一の関係性の転換が迫られる地域も少なくない（御代田 2019)。これは、従来の学校―地域間関係の前提自体を揺り動かすものである。

これらの動きに抗して、地域社会全体で、教育の枠組みを再構築する動きが見られる。例えば、市町村合併に基づく地縁組織や社会教育の活動の衰退に対し、保護者・地域住民が賛同しやすい学校支援の仕組みを活用し、教育に関わる協議会を編成し、各組織の再構築を図る例がある（荻野 2022：６章)。また、学校統廃合を契機に、学校―地域間連携を選択的に進める事例や（御代田 2019)、学区再編に対し、公民館から学校への働きかけや、公民館間のネットワークを積極的に築き、学校―地域間関係を更新する事例等がある（丹間 2019)。

これらの動きは、地域や学区の再編を逆手にとり、学校と地域の間に新たな関係性を築こうとするものである。この際に、地域社会全体の教育を再構築しようとするビジョンの策定や、それを実現するための組織編成、そして、関係者の熟議に基づく意思決定が重要となる。地域社会の構造が変容するなかで、既存の地縁組織を転用したり、学区再編や合併に関わる協議会を活用したりする形で、保護者や住民の意思を集約する場を組織化することが求められている。

４.「熟議システム」論に基づく新たな戦略

（１）「熟議システム」論という視点

前節で挙げた諸問題を乗り越えるために、学校―地域間関係を新たに紡ぐ戦略を考えたい。ここでは、田村（2017, 2021）の「熟議システム」におけるファシリテーションという議論を参考にする。田村（2017）による「入れ子型熟議システム」の考え方は、「親密圏」と「公共圏」の熟議の場が、多層的に入れ子状に構成されたシステムを指す。この議論において家族や「親密圏」は、より上位の「決定権限を付与された空間」に伝導されるべき意見が形成される場というだけでなく、家族内、あるいは「親密圏」内で日々生じる事項に関する「集合的意思決定」を行う点でも一種の「公共空間」でもあると捉えられる（田村 2017）。また、システムレベルにおける熟議の視点からは、それ自体が非熟議的な抗議運動等も、既存の規範や政策を見直す役割を果たし得る点で、マクロレベルの熟議を構成する重要な要素として位置付けられる（田村 2021）。

この「熟議システム」論に基づき、田村（2021）はファシリテーション概念を拡張し、個別の熟議の場のファシリテーションから、よりマクロな「システム」の次元でのファシリテーション、つまりシステムの次元での熟議を組織化するための取り組みや仕組み、仕掛けに焦点を当てている。この議論を敷衍し、ミクロレベルの熟議と、地域社会レベルでの熟議の充実の戦略を考える。

（2）ミクロレベルでの「熟議」の充実

まず、ミクロレベルでの熟議の場の実現の方策を、学校運営協議会等の公的な意思決定の場を中心に考える。ここでは、意思決定の場を、熟議につながるよう設計したり、ファシリテーションしたりする際の要素や条件を挙げる。

第１に、しばしば指摘されるように、公的な場における「代表性」の担保をいかに行うかが重要である。熟議が生じる一つの条件は、その空間に自らと異なる背景や価値観を有する「他者」が存在することにある。これはパースペクティブの「複数性」を「公共圏」の重要な要素とする齋藤（2000）の議論に通じる。変容しつつある地域社会の状況をふまえて、地域社会における多様な意見の構成が、熟議の場にも反映されるような場の設計が求められる。

第２に、熟議の空間において、参加者の「反省性」が生じやすい工夫を行うことである。成人学習理論では、個々人の認識枠組みの変容につながる「批判的省察」を促す環境に関する研究が蓄積されており、その知見が参考になる。具体的には、批判的省察や討議の方法を学ぶことへの支援、自己省察の能力を高めるナラティブな方法の導入（記録やロールプレイ等）、多様な現実にふれられる芸術・文化・映画等のツールの活用、省察の過程を支える心理的安全性を伴う学習環境の設計等が挙げられる（Kasworm and Bowles 2012）。現在の公的な意思決定の場においても、これらの諸要素を導入することが有効であろう。

ここで、参加者に「反省性」が生じる条件として、当事者の言語的能力や交渉力といったスキルの涵養だけでなく、熟議を促す環境的側面にも言及されていることは注目に値する。この点は、熟議の問題を、参加者の主体形成の問題に還元しないという第３の論点に通じる。田村（2021）は、ファシリテーションについて論じる中で、「主体能力主義」的な熟議の概念、つまり熟議の実現を「個人の資質・能力」の観点から捉える考え方を問題視する。そして、参加者の能力にかかわらず、熟議を促すための様々な仕組み・仕掛けを導入し、その場を通じて集合的な能力を育む点に、ファシリテーションの可能性を見出す。

第４に、熟議を通じて、参加者が認識を深める過程や、その条件を掘り下げることである。この点については、学校統廃合をめぐる議論の過程を分析した丹間（2015）の分析が参考になる。丹間は、住民と行政の「協働」に向けた話し合いを進めるポイントとして、①共通のテーブルにおける話し合いのルールづくりと、根拠のある発言を行うための自発的な学習、（話し合いの場以外での）サブ・システムにおける学習が必要になること、②情報共有を進める際に、相手側から提供された情報を鏡にして、自らの側でも情報を蓄積するのが重要なこと、③課題が重層的な構造にあることを認識し、その共通部分を見出すべく、相互に認識を掘り下げる学習過程の大事さ、そして、④相互に代替案を提示し合う関係性の構築の重要性という４点を挙げる（丹間 2015：８章）。このような熟議を深めていく戦略は、背景となる制度の違いを超えて探究されるべきものである。

（３）地域社会レベルでの「熟議」の展開

次に、熟議を公的な意思決定の場に留めて考えるのではなく、日常的に熟議の実践を広めていくための戦略について論じる。この点に関して、佐藤他（2021）は、学校運営協議会の委員も含む形で、地域住民や保護者の熟議の場を開催することで、そのニーズをあらかじめ知り、当該集団を代表できる可能性が高まることを指摘する。また、柏木（2021）は、学校運営協議会の場に、様々な資源を欠く困難層への参加を促すことに加え、実質的な参加を促すために、「言説の支配的なコードを相対化しながら困難層の声にならない声を拾い上げる親密圏の創出」が求められると述べている（柏木 2021：178）。ここでは、公的な意思決定の場と別に、参加者が安心して話せる「親密圏」をつくり、そこでの語りを、公的な場の熟議に活かすルートや仕組みをつくるという方向性が示されている。

これらの議論から、家族や友人関係等の「親密圏」と、公的な意思決定の場である「公共圏」の中間領域に、どのように熟議の場を組織化するかという論点を見出すことができる。この点に関し、伊藤は、地域社会に「意思決定を担う組織体と公共的なサービス提供を担う事業体に加えて、意見形成を行うための熟議の場が必要とされている」（伊藤 2021：55）と述べる。そして地域自治組織等の意思決定の場の形成を目指した従来のコミュニティ政策と別に、「親密圏」の抱える問題を共有化し、公的な意思決定の場につなげる「コミュニティの熟議の場」を組織化するという、新たなコミュニティ政策の方向性を示す。

この「親密圏」と「公共圏」を媒介する中間領域における熟議の場の設計は、「熟議システム」の重要な構成要素となる。一つ例を挙げると、地域社会における「まちの居場所」の運営は、このレベルでの熟議の実践の場として捉えられる。コミュニティカフェや地域の縁側、こども食堂、ふれあいサロンといった「まちの居場所」は、従来の制度・施設の枠組みでは充分に対応できない課題に直面した人々が、自分たちの身近な地域でその解決を試みるものである（田中 2019）。この場は、公的な意思決定の場では表出されにくいニーズに関して、当事者とその支援者・伴走者が主体となって、その充足を目指すものである。既存の制度の枠組みからこぼれ落ちる当事者のニーズや思いを具現化し、現在の支配的な価値を相対化しようとする点で、熟議が実践される場になり得る。

これ以外にも地域社会には、子育てや福祉、まちづくりの課題解決を目指す組織が数多く存在する。また、その「正当性」が大きく揺らぐ既存の地縁組織において、その存在意義を見直そうとする過程自体が、熟議につながる可能性もある。これまで、学校や地域社会の「参加」や「協働」に関しては、学校や自治体の意思決定に接続する経路と、その「民主的正統性」が問題にされてきた。これと別に、熟議自体を目的とする、あるいは結果的に熟議がなされる場の存在と、これらの場が「親密圏」のニーズや思いを表出できる場となる条件に注目することで、地域総体で熟議の質を高める戦略を考えることができる。

5.「熟議」を支える地域社会の実現に向けて

近年の政策は、学校運営や学校支援を中核にして、学校―地域間関係の再編を目指すものである。これに対し、本論文では、ミクロから地域社会のレベルまで俯瞰的に捉えることで政策の問題点を明らかにした。さらに「熟議システム」の考え方に基づき、熟議を地域の様々な場に通底させることで、保護者や地域住民が自らの考えを問い直す機会を充実させていくという戦略を示した。

この戦略は、公的な意思決定の場における熟議の充実だけでなく、「参加」と「協働」の補完性が強まるなかでの活動の場における熟議や、「親密圏」と

「公共圏」の間の中間領域での熟議を総体として捉えようとするものである。それぞれの場における熟議のファシリテーションや、熟議の場同士の緩やかなつながりにより、参加者の教育に対する価値観や、地域社会に対する意識の変容を促す点で、保護者・住民のエンパワメントを支援する戦略とも言える。この過程のデザインのために、変容しつつある地域社会の状況を踏まえ、改めて学校教育と地域社会を含む、総体での教育経営を目指す構想が求められる。

この点に関しては、都市計画やまちづくりの領域で蓄積されてきた地域社会の経営（コミュニティマネジメント）に関する研究に、学ぶところが大きい。例えば、伊藤（2021）は、コミュニティマネジメントの目的としてコミュニティ圏を媒介とした「入れ子型熟議システム」の実現を掲げている。小泉（2016）も「コミュニティデザイン」の要素として、社会的関係や場、それを支える社会的仕組みという三つのデザインについて論じている。

筆者自身も、従来の地縁組織の存続自体が危うくなるなかで、上記の研究を参照して、住民・住民組織・地域社会の三層での変容を連関させる「コミュニティ・エンパワメント」の枠組みが有効であると考えるに至った。具体的には、地域社会の実態把握（「地元学」等の方法）から課題を見出し、課題解決に向けた計画づくりとグループの組織化を進め、解決の実践を行いながら相互評価を行い、課題解決と当事者意識の涵養を図る方法を構想している。ただし、このアプローチには、各場面での熟議の深め方や、既存の制度・事業との接続、ファシリテーターや伴走者の役割等、検討すべき点が多い（荻野他2021）。各地で行われる実践分析やアクション・リサーチを積み重ね、具体像を提示することが、今後の研究課題になる。

参考文献

・Fishkin, James S.（2009）*When the People Speak: Deliberative Democracy and Public Consultation*, New York: Oxford University Press.（＝2011、曽根泰教監修、岩木貴子訳『人々の声が響き合うとき――熟議空間と民主主義』早川書房。）

・今村晴彦・園田紫乃・金子郁容（2010）『コミュニティのちから――“遠慮がちな”ソーシャル・キャピタルの発見』慶應義塾大学出版会。

・伊藤雅春（2021）『熟議するコミュニティ』（まちづくりブックレット５）東信堂。

・岩永定（2011）「分権改革下におけるコミュニティ・スクールの特徴の変容」

『日本教育行政学会年報』37号、pp.38-54。
・Kasworm, Carol E. and Tuere A. Bowles (2012) "Fostering Transformative Learning in Higher Education Settings," Edward W. Taylor and Patricia A. Cranton, eds., *The Handbook of Transformative Learning: Theory, Research, and Practice*, San Francisco: Jossey-Bass, pp.388-407.
・紙屋高雪（2017）『どこまでやるか、町内会』ポプラ社。
・苅谷剛彦（2004）「創造的コミュニティと責任主体」苅谷剛彦他『創造的コミュニティのデザイン――教育と文化の公共空間』（講座新しい自治体の設計５）有斐閣、pp.1-22。
・柏木智子（2021）「学校ガバナンスの課題と今後の展望――学校運営協議会等での熟議における公的機関の役割」横井敏郎・滝沢潤・佐藤智子編『公共教育制度の変容と教育行政――多様化、市場化から教育機会保障の再構築に向けて』福村出版、pp.167-182。
・小泉秀樹（2016）「コミュニティデザインの歴史的展開と本書のねらい」小泉秀樹編『コミュニティデザイン学――その仕組みづくりから考える』東京大学出版会、pp.1-22。
・黒川祥子（2018）『PTA 不要論』新潮社。
・三浦哲司（2021）『自治体内分権と協議会――革新自治体・平成の大合併・コミュニティガバナンス』（コミュニティ政策叢書）東信堂。
・御代田桜子（2019）「学校統廃合に伴う学校-地域連携の再編過程――人口減少社会における『地域教育経営』論の再構築」『日本教育経営学会紀要』61巻、pp.62-77。
・水本徳明（2002）「教育経営における地域概念の検討」『日本教育経営学会紀要』44巻、pp.2-11。
・森裕亮（2018）「既存自治組織としての自治会町内会の役割とその変容」金川幸司編『公共ガバナンス論――サードセクター・住民自治・コミュニティ』晃洋書房、pp.144-159。
・仲田康一（2015）『コミュニティ・スクールのポリティクス――学校運営協議会における保護者の位置』勁草書房。
・名和田是彦（2009）「近年の日本におけるコミュニティの制度化とその諸類型」名和田是彦編『コミュニティの自治――自治体内分権と協働の国際比較』日本評論社、pp.15-43。
・荻野亮吾（2022）『地域社会のつくり方――社会関係資本の醸成に向けた教育学からのアプローチ』勁草書房。
・荻野亮吾・似内遼一・深谷麻衣・高瀬麻以（2021）「地域づくり分野と都市計画分野におけるコミュニティ・エンパワメント手法の比較」『佐賀大学教育学部研究論文集』６巻１号、pp.121-156。

・Read, Benjamin L. and Robert Pekkanen, eds.（2009）*Local Organizations and Urban Governance in East and Southeast Asia: Straddling State and Society*, London: Routledge.

・齋藤純一（2000）『公共性』（思考のフロンティア）岩波書店。

・齋藤純一（2012）「デモクラシーにおける理性と感情」齋藤純一・田村哲樹編『アクセス デモクラシー論』日本経済評論社、pp.178-199。

・坂本誠（2017）「中山間地域における地域社会の『空洞化』と地域運営組織の役割」『都市問題』108号、pp.36-48。

・佐藤智子・皆川雅仁・柏木睦（2021）「秋田県生涯学習センターにおける『熟議』と地域学校協働活動の基盤づくり」横井敏郎・滝沢潤・佐藤智子編『公共教育制度の変容と教育行政――多様化、市場化から教育機会保障の再構築に向けて』福村出版、pp.183-198。

・柴田聡史（2020）「学校教育の担い手としての保護者・住民」大桃敏行・背戸博史編『日本型公教育の再検討――自由、保障、責任から考える』岩波書店、pp.129-152。

・高野和良（2013）「過疎地域の二重の孤立」藤村正之編『協働性の福祉社会学――個人化社会の連帯』（シリーズ福祉社会学３）東京大学出版会、pp.139-156。

・武井哲郎（2017）『「開かれた学校」の功罪――ボランティアの参入と子どもの排除／包摂』明石書店。

・丹間康仁（2015）『学習と協働――学校統廃合をめぐる住民・行政関係の過程』東洋館出版社。

・丹間康仁（2019）「学校統廃合を契機とした地域づくりの展開――公民館による地域教育体制の再構築」日本社会教育学会編『地域づくりと社会教育的価値の創造』（日本の社会教育第63集）東洋館出版社、pp.95-108。

・田村哲樹（2017）『熟議民主主義の困難――その乗り越え方の政治理論的考察』ナカニシヤ出版。

・田村哲樹（2021）「熟議民主主義におけるファシリテーション――熟議システム論の視座を踏まえて」井上義和・牧野智和編『ファシリテーションとは何か？』ナカニシヤ出版、pp.123-141。

・田中康裕（2019）「『まちの居場所』の広がり」日本建築学会編『まちの居場所――ささえる／まもる／そだてる／つなぐ』鹿島出版会、pp.10-22。

・善教将大（2019）「市民社会への参加の衰退？」後房雄・坂本治也編『現代日本の市民社会――サードセクター調査による実証分析』法律文化社、pp.239-251。

（佐賀大学）

特集：公共性と協働性を支える学習／教育空間

拡張する教育空間における民間事業者の位置
—セーフティネットとしてのフリースクールに着目して—

武井哲郎・矢野良晃・橋本あかね・竹中烈・宋美蘭

1．問題の所在

貧困や障害を理由に学校で不利な立場に置かれやすい子を包摂するべく、多職種・多機関による協働の必要性が指摘されて久しい。教員と異なる立場にあるスタッフ（スクールソーシャルワーカーや特別支援教育支援員など）の配置が全国の学校で進んだのはもちろん、地域の中にも学習権保障のためのセーフティネットを築くことが試みられてきた。具体的には、文部科学省が主導する地域学校協働活動の一つとして行われる地域未来塾や、厚生労働省が主導する生活困窮者自立支援制度の枠内で行われる学習・生活支援事業が、校外に設けられた学びの場として機能している。2016年に制定された「義務教育の段階における普通教育に相当する教育の機会の確保等に関する法律」（以下、普通教育機会確保法）は、学校以外の場で学習活動等を行う不登校児童生徒に対する支援を、国および地方公共団体に対して課している。

多職種・多機関による協働は、教育空間を拡張するベクトルを伴ってきた。横井（2021）は、「代替や補償の教育の場が潜在的に広がりつつある」（15頁）点に注目するなかで、その具体として「貧困や障害への対応としての福祉行政における教育の場の広がり」や「市民による自主的な学びの場としての民間教育の発達とそれを前提とした公教育構想」（26頁）を挙げる。前者の一例である学習・生活支援事業においては、学校教育の外縁にあったはずの「補習」が福祉行政の対象となり、NPO や塾が実施主体に加わる状況にある。他方で後者については、札幌市の設置する公立夜間中学がその連携対象に自主夜間中学を据えるなど、公教育の外縁にあるノンフォーマルな教育組織が「制度では対応できない要求をカバーする」（25頁）存在になりつつあるという。教育空間の拡張は、教育／福祉、学校／地域、官／民の境界をあいまいにしながら進んできたと考えられるだろう。

ただ、多職種・多機関による協働が教育空間を拡張させることに対しては、その影響を慎重に見定める必要がある。とりわけ、官／民の境界をあいまいにする政策は、それが公教育の民営化や市場化を促す可能性があるとして、強い警戒感が示されてきた。たとえば児美川（2021）は、公教育と教育産業の関係の推移を整理したうえで、かつて存在した両者の「棲み分け」と「相互不可侵」の原則が消滅し、「連携・協働」が新たな原則になっていると指摘する。そのうえで、Society5.0時代の公教育には民間企業の参入が不可避だとされることにより、学校の「スリム化」や「解体」、教育の公共性の「溶解」が起こりうる点を危惧した。COVID-19をきっかけとして一人一台の端末の整備（GIGA スクール構想）が前倒しで進み、個別最適化なるスローガンのもとICT による学習ツールが幅広く活用されるようになったことを考えると、「経済政策に従属しつつある教育行政の実態」（谷口 2021：99）を批判的に検討することは確かに重要だろう(1)。

他方で、社会的に不利な立場にある子や学校文化になじまない・なじめない子への対応に、民間の事業者が一定の役割を果たしてきたことも見逃せない。学習・生活支援事業であれば、民間団体等への委託を活用する自治体が８割近くに上り（直営と委託の併用を含む）、委託先として最も多く選ばれているのは NPO 法人となる(2)。また、いわゆる不登校の状態にある子どもを教育支援センター（適応指導教室）の設置が進むより前から受け入れてきたのは、一条校の枠外にある民間のフリースクールだ。2015年３月に文部科学省が実施した「小・中学校に通っていない義務教育段階の子供が通う民間の団体・施設に関する調査」（以下、民間団体調査）によれば一団体・施設あたりの利用者数はおよそ13.2人で、これは教育支援センターを利用する子の数の平均を当時上回っていた(3)。民間の事業者であることだけを理由に教育空間への参入を一律に許さないというのはやや無理があり、それぞれの事業者が行っている活動の質を問うていくことが求められよう。

そこで本稿においては、社会や学校から排除されるリスクが高い子のセーフティネットとなる民間事業者にいかなる特質が備わっているのか、フリースクールの事例をもとに検討を加えたい。フリースクールの中には、「学校復帰」にこだわることなく子どもの自己決定権や意見表明権を尊重する実践を積み上げてきたところもあれば、学習塾を母体として発足し教科学習のための時間を多く設けてきたところもある。さらに近年では、通信制高校が自ら設置したサポート校に小・中学生も通える場を併設し、それをフリースクールと呼称するケースも見られる。フリースクールを名乗るための基準が存在するわけではなく、団体ごとに運営の方針や母体は大きく異なる状況にあることから[(4)]、活動の質を問うための素材に向いていると考えた。「民間教育産業を適切かつ有効に受容するための学問的知見や実践的示唆」（高嶋 2021：146）を得るまでには至らないものの、困難な状況に置かれた子の教育的ニーズに応答しうる事業者を見極めるための方途および官／民の境界がゆらぐなかで両者が進めるべき協働のあり方について、フリースクールの事例から得られる範囲での知見を示すことが、本稿の目的となる。

2．フリースクールという事業—財政基盤の脆弱さ

民間のフリースクールについてはこれまで実践の具体と組織の実態に着目する議論が行われてきた。前者については、不登校の子どもが安心して過ごせる居場所としての特徴が描き出されるとともに、障害を有すると判断された子やその疑いのある子の受け入れ拡大がフリースクールの活動に及ぼす影響などについて検討が行われてきた。一方で後者は、活動の時間や日数、スタッフの人数や待遇、意思決定の方式といった点を、主に量的な調査から明らかにするものである。フリースクールの多くは利用者から納められる会費を主たる財源としながら小規模で運営されるため、財務状況が総じて厳しく、公的な支援の必要性を訴える声が以前から上がっていた（フリースクール全国ネットワーク 2004)。2015年の民間団体調査でも、運営に携わるスタッフのおよそ３割が無給であることが明らかとなるなど、その状況は現在に至るまであまり改善されていない。少しでも財務状況を好転させようと企業や財団から助成金を獲得するフリースクールも多く見られるが、助成が受けられる期間には限りがある(今川 2021)。

とはいえ、営利を主たる目的としたフリースクールが跋扈することを、歓迎はできない。会費収入を伸ばすことに力を入れるあまり不登校児童生徒を不必要に長く囲い込むような団体が存在すれば、それは子どもの最善の利益を侵害する脅威となる。また、フリースクールへと通わせることに対して不安を持つ保護者から「選ばれる」ことだけを目指すのならば、卒業生の進学・就職先を明示したり進路決定率の高さを強調したりするのが効率的なのかもしれない。しかし、フリースクールに通うことで得られる「成果」を過度に強調すること

は、子ども本人に対して進学や就職に向けた無言の圧力として機能する危険性を孕む。民間のフリースクールにセーフティネットとしての役割を期待するにしても、あくまで非営利の事業として行われていることが前提となるだろう。

非営利の組織であるという視点に立つと、フリースクールの運営が持続可能性を伴ったものになりづらいことも頷ける。なぜならば、資源の調達とミッションの維持にかかわるジレンマが、非営利組織にはつきまとうからだ（小田切2019)。すなわち、非営利組織の多くは活動に必要な資源を外部に依存せざるを得ないがゆえに、自団体のミッションを見失ってしまったり、他団体の介入を許してしまったりしやすい。しかし、ミッションにこだわればこだわるほど、手がける事業の幅が狭まるなどして資源不足に悩まされる結果を招きうる。非営利組織は利潤を追求しないはずだが経済的資源を無視しては現実に活動ができないため、そのバランスをどうとるかが大きな課題になる（島田 2009：72)。

では、営利を優先しない民間のフリースクールは不登校の子どもが抱える教育的ニーズとどのように向き合いながら運営されているのか。以下では、(1)他団体との交流に積極的で、利用者を囲い込む様子が見られない、(2)にもかかわらず持続可能な運営を実現させ、学校文化になじまない・なじめない子の居場所づくりに努めてきた、という二つの条件を備えた団体を対象に事例分析を行うことで、この問いに迫りたい。

3．事業性と包摂性のジレンマ

(1)不安定な運営体制

本節および次節で主たる分析対象とするのは、兵庫県神戸市垂水区でフリースクールを運営してきたNPO法人「ふぉーらいふ」である[(5)]。ふぉーらいふは、不登校の子どもや発達障害の子どもを支援する任意団体として1997年に設立され、2002年に法人格を取得した。2000年以降に設立されたフリースクールが7割近くを占めるというデータがあることを考えれば[(6)]、いわば老舗の団体に位置づく。現在は基本的に11～17歳の子であればフリースクールへの入学が可能で、本人が希望するようであれば20歳まで利用できる。時期によって人数の変動はあるものの、2019年以降、フリースクールには常時15～20名程が在籍している。理事長を除くと常勤職員は3名で（2022年2月時点)、発達障害やその傾向のある子の余暇支援、不登校の子を持つ「親の会」の運営など、フリースクール以外の事業も手がけてきた。また、関西圏のフリースクールで組織されたネットワークにも参画し、近隣にある団体とも連携・交流を深めている。

ただ、ふぉーらいふの運営がこれまでずっと安定したものだったわけではなく、2008年と2013年には単年度の収支で赤字を記録している。内田ほか（2019）が指摘するように、2004年と2006年の通信教育規程改正による学校設置条件の弾力化（教員定数および校地・校舎の自己所有要件の緩和）は、通信制高校の増加をもたらした。通信制高校やそのサテライト施設の中には高校生が利用していない時間帯を小・中学生に開放するようなケースも見られ、ちょうど2006年を境に、ふぉーらいふのフリースクール事業は大幅に収入を減らすことになる。行政機関や民間財団が出す助成金にも応募するなど減収分を補うための努力を重ねていたが、かえってそれがスタッフを多忙にさせ、利用者数は伸び悩んだままの状態が続いていた。2013年に二度目の赤字を記録して以降は、常勤職員の人件費を半額返納して月７～８万／人に抑えねばならないなど、法人として存続が危うい事態に陥った。

（２）財政基盤の強化とその影響

こうした状況に対し、ふぉーらいふはNPO運営の専門家から助言を受けながら大きく二つの改革を行った。一つは、メインとなる利用者の設定である。従来ふぉーらいふでは、居場所を必要とする子であれば、高校を退学して辿り着いたケースであっても受け入れを行っていた。しかし、就労や進学など次のステップに踏み出すまで時間が限られるなか、当時のスタッフだけでは高校生年代の子に対する支援が必ずしもうまく行かない状況にあったという。そこで、集団での活動に参加可能な小学校高学年～中学生をフリースクールの主たる利用者にすることを決め、見学・相談の段階で“高校生は基本（的に）自学自習で、自分たちで自主的に活動できるような子どもさんがこの居場所にはあう”という点を伝えるようにした。高校生年代の子を一律に断っているわけではないものの小・中学生の時から継続して利用するケースが増え、年下の子たちからすれば将来をイメージするための“ロールモデル”が身近に存在することに繋がっている。2014年に平均して2.9名しかいなかった小・中学生は、2019年に14.1名となった。

もう一つの改革は、利用料の改訂である。ふぉーらいふではもともと家庭の経済状況にあわせた減免制度を設けることにより不登校の背後に貧困の課題を抱えている子に対してもなるべく門戸を開こうとしてきた。しかし、フリースクールを安定的に運営するために必要な費用を算出した結果、減免を継続することは困難だと考え2015年に廃止している。さらに2017年には、利用した日数に応じて料金を徴収する「従量制」のシステムから、利用した日数にかかわらず決まった額を徴収する「定額制」のシステムへと移行した。子ども本人が来たいと思った時に来られる場であることを重視するのならば「従量制」の方が望ましいのかもしれないが、「定額制」に比べると収入の見通しが立てづらいという難点がある。「従量制」のもと来たり来なかったりする子が増えれば、“ここで何か学んだり誰かと一緒に考えたりする”機会を持ちづらくなるという判断もあって「定額制」を採用するに至った(7)。

これら二つの改革により、ふぉーらいふは一時期の危機的な状況から抜け出すことに成功した。実際に、2014年まで300～400万で推移していたフリースクールの事業収入は、2019年に900万を上回るほどとなっている。しかし同時に、学校文化になじまない・なじめない子のセーフティネットとしてどこまで「非営利」を貫くべきかという難題を突き付けられてきたことも確かだ。ふぉーらいふには発達障害のある小・中学生も通ってきているが、高校生年代の子についても積極的に受け入れようとすれば、合理的配慮を提供するのに必要な数のスタッフとその雇用のための原資を確保しなければならない。また、利用料の減免措置を講じさえすれば、家庭環境の厳しさに起因して学校文化からのドロップアウトを余儀なくされている子にも支援を届けることができるかもしれないが、それによりスタッフの生活保障ができなくなる危険性もある。フリースクールを事業として成り立たせること（事業性）と誰でも利用できる居場所であること（包摂性）の間にはジレンマがあると言わざるを得ない。

4．ジレンマを乗り越えるために

では、事業性と包摂性のジレンマに対して、営利を優先しない民間のフリースクールはどのように向き合うことができるのか。不登校の背後に潜む多様なニーズに応答するべく、ふぉーらいふが講じてきた方策を整理しながら、次の三点を指摘したい。

（1）居場所の質向上

一つ目は、居場所の質向上である。増収分を活用して次期繰越正味財産を確保するなど持続可能な運営を行うための基盤が構築できたことから、ふぉーらいふでは2018年と2019年に一名ずつ新たに常勤職員を雇用した。以前はフリースクールで子どもを見守るスタッフのシフトを非常勤の職員やボランティアにも入ってもらいながら組んでいたが、この場合、子どもの立場からすると“月曜日はこのボランティアさんがいて楽しくおしゃべりしたけど、火曜日はいなくて、水曜日は嫌いなボランティアさんが来て（いる）”ということが起こりやすい。環境の急激な変化を苦手としていたり対人コミュニケーションに困難を抱えていたりする子もいるなか、フリースクールに常駐できるスタッフを確保することで、安心な場づくりを進めようとしている。

併せて、常勤職員が増えることにより、子どもたちの意向を汲んだ組織運営が行いやすくなる。従来からふぉーらいふでは、子どもを交えたミーティングにおいて活動の内容や方針を一つ一つ決定することにこだわってきた。もちろんスタッフから企画として提案される活動も多く存在はするが、子どもの自己決定権や意見表明権をできる限り尊重することが重視される(8)。そのため、フリースクールに常駐するスタッフが増えることは、子どもの声を聴き取るためのチャネルを複線化し、活動の幅を広げることに寄与する。実際に2019年に入職した女性職員は、ファッションが好きな子とともにアウトレットに出かけたり、美容に関心のある子を対象にメイク講座を開いたりと、理事長を除き常勤スタッフが男性しかいないというそれまでの環境下では実現の難しかった企画を展開させている。職員の多様性を高めることにより、子どもたちの興味・関心をダイレクトに活動へと反映できる体制を作ろうとしてきた。

先述のように、ふぉーらいふでは組織存続の危機を迎えた際に「従量制」から「定額制」へと料金体系を変更した。しかし、利用したかしなかったかにかかわらず同額が徴収されるシステムのもとでは、フリースクールに通うことへのプレッシャーを子ども本人が感じてしまうのではないかという危惧が残る。よって、「定額制」を採用する以上は、学校に行かなければならないという義務感に思い悩んだ子たちが、毎日でも来たいと思えるような場づくりを進める必要があった。増収分を活用してフリースクールに常駐できるスタッフを揃えてきたのは、そのための手段だと考えられよう。

（2）地域に根ざしたネットワーキング

二つ目は、ネットワークの構築である。いくら子どもたちが安心して過ごせるよう努めたとしても、個別支援を必要とする子など、現行の事業収入や職員体制のもとでは受け入れが難しいと考えざるを得ない場合もある。たとえば、かつて知的な障害を持つ子の利用相談があった際には、ふぉーらいふがミーティングなどでの対話を重視した活動を行っていることを説明し、保護者の考えも聴き取ったうえで、近隣にある福祉施設につなぐことがあった。また、在籍生のなかに言語情報の理解が苦手ですぐに手を出してしまう子がいる場合は、保護者面談の際に、児童相談所などでSST（ソーシャル・スキル・トレーニング）を行っている専門家やSSTを専門とする民間の教室を紹介することもあるという。さらに、家庭の経済状況が厳しいケースに関しては教育支援センターに通うという選択もありうることを利用開始前に伝えるなど、“自分たちができないことは違う団体さんにおつなぎして、違う団体さんができない不登校案件を僕たちがお預かりして”いくことが意識されている。

ふぉーらいふでは、ひとり親家庭や共働き家庭の子が夕方～夜の時間帯に利用できる居場所を神戸市から補助を受けながら開くなど（2016年度）、地域福祉にもウィングを広げながら活動を行ってきた。2016年は利用料の減免制度を廃止した翌年にあたり、フリースクールには通えない子へアプローチできる場を他に設けようとするなかで、地域での居場所開設に至ったという。また、不登校やひきこもりは地域福祉の課題でもあることから、ふぉーらいふでは垂水区の社会福祉協議会とも連携関係を築き、職員の一人（矢野）が週に一度、同協議会で勤務を行っている。こうした活動は近隣他区にも知られるところとなり、近年では、他区の社会福祉協議会を通じて相談が持ち込まれるケースも出てきた。不登校の子どもの居場所を他団体とのネットワークのなかで用意することが目指されてきたと考えられるだろう。

（3）行政への働きかけ

三つ目は、行政への働きかけである。利用料の減免制度を廃止して以降、厳しい経済状況にある家庭の子をふぉーらいふで受け入れることは難しくなった。教育支援センターに通うという選択肢があることを伝えはするものの、そこが当人にとって安心して過ごせる場になるという保障はない。教育支援センターにも通えなくなれば、その子は行き場を失ってしまう可能性すらある。家庭の経済状況ゆえにフリースクールの利用が叶わないケースをどうすべきかという点は、ふぉーらいふにとって今も悩ましい問題であり続けている。そこでふぉーらいふでは、兵庫県内にある他のフリースクールと連携し、県教育委員会事務局や県議会・神戸市議会の議員らとの意見交換を行ってきた。2020年12月には、一条校以外の学びの場を利用する子の保護者を対象としたアンケートを実施し、経済的な支援の必要性を訴えてもいる。

兵庫県ではこうした働きかけの成果が具体化するまでには至っていないが、たとえば鳥取県では厳しい経済状況にある家庭の子が民間のフリースクールに通う場合にその利用料を補助する仕組みが存在する。県内で最もはやく2019年度にこの仕組みを設けたのは北栄町で、当初は就学援助を受ける要保護・準要保護世帯を対象に、町内にある「フリースクール・S」の利用料の半額に相当する額（１万円／月）を上限としてスタートした[9]。「フリースクール・S」の代表である阪本秀樹氏は、利用相談に来るケースのなかで“貧困家庭の子どもさん（が）結構多い”という状況が見られたことから、町の教育委員会や福祉課、さらには町議会議員にも相談を持ちかけていたという[10]。その結果、2018年12月の町議会では、“子どもが入校を希望しているが金銭的に大変という理由で辞退された保護者もあった”という事例を議員が紹介し、“フリースクールの授業料の助成”について検討を進めているという町長からの答弁を引き出すに至った[11]。2019年度は北栄町が単独で実施する事業だったものの、2020年度からは県による補助が出されるようになり、県内の他市町にも同種の仕組みが広がっている。鳥取県が2014年度から民間のフリースクールに対してその運営費を上限300万で補助するという全国的にも珍しい事業を実施していたことや（本山 2021）、「フリースクール・S」を運営する母体が北栄町からの委託で生活困窮者自立支援制度に基づく学習・生活支援事業を2016年から実施していたことなど、他の自治体にはない前提条件が揃っていた点を考慮する必要はあるが、経済的な支援を引き出すうえで行政への働きかけが重要な意味を持つことは確かだろう。

５．総合考察

本稿では、社会や学校から排除されるリスクが高い子のセーフティネットとなりうる民間事業者に備わる特質を、フリースクールを事例としながら明らかにすることを試みてきた。分析から得られた示唆としてまず指摘したいのは、事業性と包摂性のジレンマを前提に組織内外の環境整備に努めることの重要性である。営利を主たる目的とはしていなくとも、事業者であれば収入と支出のバランスを無視することは難しい。セーフティネットとしての役割を果たそうとすればするほどこのバランスは崩れやすく、一つの団体で受け止められるニーズの幅には限りがある。しかし、日頃から地域に開かれた組織運営を行うなどして外部環境が整備されていれば、事業者としては受け入れが難しいケースについても他機関とのネットワークのなかで支援体制を組むことが可能となる。必要なのは自団体がとりこぼしているニーズに対して絶えず目配せを行うことであり、増収分を活用してスタッフの多様性を高めるなど内部環境の充実を図ることも、事業性と包摂性のジレンマを乗り越えるための方法の一つだと考えられよう。

併せて、社会や学校から排除されるリスクが高い子へのセーフティネットを準備するという点では、制度変革に対する志向性を備えることも重要になる。なぜなら、民間事業者がいくら自団体で受け止めるニーズの幅を広げたり他機関とのネットワークを築いたりしても、家庭の経済状況に係る問題など、行政の力なくしては解決困難なケースが確かに存在するからだ。障害者福祉や高齢者福祉の領域では、マイノリティのニーズを社会問題として顕在化させ、多元性や複数性を包摂した公共圏を生み出す存在となることが、かねてより非営利組織に対して期待されてきた（藤井 2010）。教育領域で活動する民間事業者についても、弱い立場にある子どもの意思を代弁し時に現状への異議申し立てを伴いながらその権利を擁護すること、いわゆる「アドボカシー」機能（武井 2017：48）を持つことが、本来は必要であろう。

他方、民間事業者がセーフティネットとしての役割を担う状況というのは公的に準備されるべき支援の枠組みからこぼれ落ちる子の存在を意味するもので、行政がそこから目を背けることはできないはずだ。後藤（2019）によれば、フリースクールをはじめとする「学校外教育」は近年、生活・生存保障という文脈において公共性を帯びつつあり、ここに公的援助の正当性を見出すことができるという。すなわちこれは、社会的に不利な立場にある子や学校文化になじまない・なじめない子が民間事業者の提供する居場所を必要としているのならば、公費の助成によってその利用を可能にするという選択がありうることを含意する。拡張する教育空間のなかで官／民の境界があいまいになりつつあるとしても、個別のニーズに応じた必要原則による資源の配分など（貞広 2018）、「民」では担えない役割が「官」にはある。行政には、①事業性と包摂性のジレンマに直面しながらも自団体がとりこぼしているニーズに対して目配せをしているか、②居場所の質向上や地域に根ざしたネットワーキングなど組織内外の環境整備に努めているか、③制度変革に対する志向性を備えているか、といった観点からセーフティネットとしての役割が果たせる団体を見極め、財政支援を含む形での協働を模索していくことが求められる。

ただ、民間事業者が教育空間に参入することによる意図されざる影響を注視する必要はある。冒頭で取り上げた公教育の民営化や市場化という課題と並んでここで指摘したいのは公教育に「政治」が持ち込まれる可能性についてだ。本稿が注目した兵庫県や鳥取県で見られたように、セーフティネットとしての役割を果たそうとする民間事業者が行政への働きかけを行う際、その有力なルートとなるのが地方議員・地方議会である。千葉県においても、県内フリースクールのネットワークが県議会議員との関係構築を図り、「フリースクール等教育機会確保議員連盟」の発足につなげた[(12)]。普通教育機会確保法成立が追い風となったのか、こうした動きは他の自治体でも散見される状況にあり、地方議員を通じたロビイングは今後も増えることが予想される。むろんロビイングそのものが否定されるべきではないのだが、官／民の境界のゆらぎは教育／政治の境界のゆらぎと地続きであるということを、最後に指摘しておきたい。

【付記】

本稿には、JSPS 科研費18K13074、18K18668、20K02440および2020年度日本生命財団児童・少年の健全育成実践的研究助成（１年助成）の成果が含まれる。また、調査にご協力くださったみなさまに深謝申し上げたい。

註

（１）官／民の問題に限らず、教育空間の拡張がもたらす影響については、功罪両面を意識する必要がある。たとえば学習・生活支援事業のような教育／福祉の境界をあいまいにする政策は、「貧困」という経済的困窮にかかわる問題を教育の機会の問題にすり替えてしまう危険性があり、「教育」の支援を受けてもなお「貧困」から脱却できない者の自己責任を問うような議論を召喚しかねない（堅田 2019)。また、学校／地域の境界をあいまいにする政策にしても、それを地域での活動にまで学校の価値や規範を及ぼすものとして捉えることはできる（武井 2019, 2021)。

（２）厚生労働省社会・援護局地域福祉課生活困窮者自立支援室「平成30年度生活困窮者自立支援制度の実施状況調査集計結果」より（https://www.mhlw.go.jp/content/000363182.pdf、最終アクセス日：2022年２月１日、以下 WEB からの引用は全て同じ)。

（３）「平成26年度児童生徒の問題行動等生徒指導上の諸問題に関する調査」によれば、教育支援センター１施設あたりの利用者数は約11.3人であった。なお、「令和２年度児童生徒の問題行動・不登校等生徒指導上の諸課題に関する調査」では、これが13.6人まで増加している。

（4）不登校の子どもに居場所を提供する民間施設の中には、自団体のことを「フリースクール」ではなく「フリースペース」と名乗るところもある。全国のオルタナティブスクールを対象に質問紙調査を実施した藤根・橋本（2016）によれば、自団体をどのように定義するかによって重視する理念や実施する活動に違いが見られるという。なお、本稿では便宜上「フリースクール」という名称に統一した。

（5）本稿の執筆者は、日本生命財団から助成を受けて行った共同研究のメンバーである。この共同研究は、フリースクールの持続可能な運営のあり方を探索するもので、ふぉーらいふの矢野をはじめとする実践家のメンバーも加わって行われた。ふぉーらいふの事例については、①矢野に対する武井らによるインタビュー、②研究会における矢野の報告、③矢野以外のスタッフに対するインタビュー、④団体に保管されていた資料やホームページ・SNSに記載されている情報をもとに記している。①・②・③については、矢野やスタッフの発言を文字化し、それを武井らで分析した。本稿において“　”という記号はインタビュー・データやフィールドで得られた資料からの引用を表すもので、そのなかの（　）は筆者による補足を意味する。なお、本稿の執筆者には加わっていないが、この共同研究は今川将征氏（NPO法人フリースクールみなも・理事長）、櫻木晴日氏（大阪大学大学院・院生）、三科元明氏（NPO法人ここ・理事長）も参加しながら進められた（所属は2022年2月時点）。

（6）2015年の民間団体調査より。

（7）ふぉーらいふの利用料は2022年2月時点で月33000円となっている。これは、2015年の民間団体調査で明らかとなったフリースクール利用料の平均とほぼ同額である。

（8）ふぉーらいふは2022年にも新規職員の採用を計画しているが、その募集案内の中でも職員の役割として「子どもたちの意思を尊重しながら、彼らの遊びや運動に参加し、対話し、話し合いの場面をファシリテート」することや「子どもたちの話し合いに参加し、彼らの声から体験学習プログラムを展開することで、彼らが社会的自立をしていけるようサポート」することが掲げられている（http://fsforlife.sakura.ne.jp/staff.html より）。

（9）2019年6月5日付の日本海新聞より。

（10）阪本氏に対して2020年9月25日に行ったインタビューより。なお、阪本氏からは実名での公表について許諾を得ている。

（11）2018年12月13日の北栄町議会定例会の議事録より。

（12）千葉県フリースクール等ネットワークのホームページ（https://chibafs.net/）より。

文献

・今川将征（2021）「フリースクールの運営・経営」NPO法人フリースクール全国ネットワーク『実例からみるフリースクールのつくりかた―設立・運営と新しい学びのカタチ』日本法令、89-115頁
・内田康弘・神崎真実・土岐玲奈・濱沖敢太郎（2019）「なぜ通信制高校は増えたのか―後期中等教育変容の一断面」『教育社会学研究』105、5-26頁
・小田切康彦（2019）「非営利組織の財源とミッション・ドリフト」後房雄・坂本治也編『現代日本の市民社会―サードセクター調査による実証分析』法律文化社、200-211頁
・堅田香緒里（2019）「『子どもの貧困』再考―『教育』を中心とする『子どもの貧困対策』のゆくえ」佐々木宏・鳥山まどか編著『シリーズ子どもの貧困3　教える・学ぶ――教育に何ができるか』明石書店、35-57頁
・後藤武俊（2019）「学校外教育の公共性に関する考察―困難を抱える子ども・若者への包括的支援の観点から」『日本教育行政学会年報』No.45、41-57頁
・児美川孝一郎（2021）「侵食する教育産業、溶解する公教育―攻防の現段階とゆくえ」『経済』No.315、新日本出版社、101-111頁
・貞広斎子（2018）「教育主体の多様化に対する公財政支出の公共性確保―制度設計の観点から」『教育学研究』85（2）、162-174頁
・島田恒（2009）『非営利組織のマネジメントー使命・責任・成果』東洋経済新報社
・高嶋真之（2021）「Society5.0時代における公教育と民間教育産業の関係と教育行政の課題」横井敏郎・滝沢潤・佐藤智子編著『公教育制度の変容と教育行政―多様化、市場化から教育機会保障の再構築に向けて』福村出版、132-149頁
・武井哲郎（2017）『「開かれた学校」の功罪―ボランティアの参入と子どもの排除／包摂』明石書店
・武井哲郎（2019）「ネットワーク型ガバナンスの展開とインクルーシブな学習社会の実現」『学習社会研究』第3号、95-105頁
・武井哲郎（2021）「開かれた学校づくりと子どもの権利保障」浦野東洋一・勝野正章・中田康彦・宮下与兵衛編『校則、授業を変える生徒たち 開かれた学校づくりの実践と研究』同時代社、231-245頁
・谷口聡（2021）「成長戦略下における学校教育の情報化政策―『個別最適な学び』『データ駆動型教育』構想を中心に」『日本教育行政学会年報』No.47、84-104頁
・藤井敦史（2010）「NPOとは何か」原田晃樹・藤井敦史・松井真理子『NPO再構築への道―パートナーシップを支える仕組み』勁草書房、1-25頁
・藤根雅之・橋本あかね（2016）『全国のオルタナティブスクールに関する調査

報告書』(https://core.ac.uk/download/pdf/67696764.pdf)
・フリースクール全国ネットワーク（2004）『フリースクール白書―日本のフリースクールの現状と未来への提言』（CD-ROM版）
・本山敬祐（2021）「不登校児童生徒を支援するフリースクールに対する財政支援の可能性―教育機会確保法成立以前より実施されてきた国内先進事例の比較分析」『東北教育学会研究紀要』第24号、43-56頁
・横井敏郎（2021）「日本における公教育制度の内的多様化と潜在的拡張」横井敏郎・滝沢潤・佐藤智子編著『公教育制度の変容と教育行政―多様化、市場化から教育機会保障の再構築に向けて』福村出版、14-29頁

武井哲郎（立命館大学）、矢野良晃（NPO法人ふぉーらいふ）、橋本あかね（大阪大学）、竹中烈（愛知文教大学）、宋美蘭（弘前大学）

II

シンポジウム報告

EBPM 時代における教育実践と制度改革の枠組みの構築〜公立学校の変革支援の枠組みをどう創るか〜

シンポジウム報告：EBPM 時代における教育実践と制度改革の枠組みの構築～公立学校の変革支援の枠組みをどう創るか～

EBPM 時代における教育実践と制度改革の枠組みの構築
―公立学校の変革支援の枠組みをどう創るか―

梅澤　収

企画趣旨

第28回大会（2021年７月10日 Zoom ウェブ会議）では、「教育実践と制度改革の枠組みの構築」を研究テーマとした公開シンポジウムを行った。その趣旨は、「教育実践と教育政策・制度に橋を架けること」であり、副題にもある「公立学校の変革支援の枠組みをどう創るか」にある。それには、①学校・教師が内発的に実践し学校改革に繋げる枠組み、②その改革支援を行う教育委員会と大学等の連携・協働の枠組みの両方が必要である。この点、担当校大学では、ここ10年間 ESD 実践研究を続ける中でこの課題を強く認識し、2020年度から SDGs プロジェクト（ユネスコ活動費補助事業）を開始した。そこで、シンポジウムではこのプロジェクトを主たる題材に、「EBPM 時代に教育実践と教育政策・制度に橋を架ける」ことを多面的に検討することとした。

プロジェクト名は「ESD 実践の基盤となる公立学校の組織・カリキュラムのモデル開発」であり、ESD のような教育実践を公立学校で推進する枠組み構築をめざしている。そのコンセプトは「教師の内発的・創造的な実践・活動⇔学校組織・カリキュラム改革を参加自治体と大学の連携のもとに行う枠組みを構築すること」である。参加した２つの自治体は、SDGs 未来都市・南砺市（富山県）及び川根本町（静岡県）である。前者は学年区分・チーム学級担任制・多学級合同指導・特認校などの学校組織・カリキュラム改革を、また後者は幼保小中高一貫の教育改革と持続可能なコミュニティ活性化をそれぞれ特色として、いずれも義務教育学校への移行を組み込み進めている。また、プロジェクトでは、自治体の教育改革の枠組み構築にあたり、「社会的インパクト・マネジメント（social impact management)」の手法である「ロジック・モデル（logic model)」の可能性と課題を探究する（実践する）こともねらいとした。このねらいは、数値目標とその達成度の検証を重視した政策立案＝EBPM（エビデンスに基づく政策立案;Evidence-Based Policy Making）が第３期教育振興基本計画（2018年６月）で「特に留意すべき視点」とされ、自治体の教育施策や学校経営でも今後一層強まることが予想されることに関連している。そのような考え方は既に学校評価制度や大学評価制度に導入されてきたが、負担が大きいだけで実質的には有効に機能していないという指摘がある。そこで、その原因と問題を考えて実効性のあるものとするために、「ロジック・モデル」の可能性を探究したいと考えた。なお、企画者は、本学会第25回大会（2018年）で自由研究発表「ESDと教育政策の課題」報告を、また第26回大会（2019年）シンポジウムで「地域学校づくりをESDの観点で考える～大学の役割を問いながら～」の報告（年報第27号所収）を行っている。

シンポジウム報告の構成

構成は２部からなり、前半部はプロジェクトの３件の報告である。自治体の学校改革報告は２件あり、１つ目は、川根本町〈静岡県〉の山下斉氏（教育長）と渡邉哲也氏（管理主事兼教育総務室長）が、「人口減少地域における特色ある教育づくり：持続可能な学校づくりを指向する仕組みの構築～SDGs及びESDの理念と学校再編を結ぶロジック・モデル～」と題して報告した。２つ目は、南砺市〈富山県〉の松本謙一氏（教育長）が、「持続可能な教育基盤を創る『南砺 令和の教育改革』～学校の主体性・多様性を支える～」と題して報告した。さらに若手研究者（８名：ESDほりぶ[(1)]。2021年度は９名）を代表し佐々木織恵（開智国際大学）会員と櫻井直輝（会津大学短期大学部）会員が、「内在的な教師実践をホリスティックな公立学校改革に結びつける」と題し、プロジェクトの取組みについて省察した。

後半部のパネルディスカッションは、２名の指定討論者と意見交換である。指定討論の１つ目は、教育行政研究の立場から、貞広斎子（さだひろさいこ：千葉大学）会員が「中央政府レベルの教育政策EBPMの制度設計：その課題と方向性」と題した報告とプロジェクトのコメントを行った。２つ目は、教育方法学の専門分野から、石井英真氏（いしいてるまさ：京都大学）が「教育実践研究の立場から」と題した報告とプロジェクトのコメントを行った。異なる教育学分野の交流という側面を重視し、指定討論者の時間も長めに設定した。

報告者・指定討論者の報告内容とまとめは、本号に掲載されているので、ここでは意見交換の内容とシンポジウムの成果及び今後の課題をまとめる。

意見交換における論点

「教育実践と制度改革の枠組みの構築」をテーマにして、プロジェクトの参加自治体の学校改革とプロジェクトの改革支援の取組みを報告することによって、「公立学校の変革支援の枠組みをどう創るか」を意見交換した。当日の議論を振り返って、まとめとして２つの論点を紹介したい。

１つ目は、２つの自治体の教育改革とそれを支えるプロジェクトの役割の有効性についてである。とくに、「教師の内発的・創造的な実践・活動⇔学校組織・カリキュラム改革を参加自治体と大学の連携のもとに行う枠組みを構築すること」というプロジェクトのコンセプトが、教育委員会だけでなく、学校現場にとっても大変有益であるという指摘である(2)。「今回の南砺市さんや川根本町さんのように、各自治体がESDを踏まえて、持続可能な社会づくりに向けた教育の進め方について、住民に向けてもきちんとした方向性を示していただけるのは、とても重要なことと思います。これによって各学校の教育や経営の方向性が大きく左右されるからです。しかも、その具体化の進め方については一律の縛りを設けずに、各校の内発的な改革を大切にして、主体的な取り組みを支援していただける点は、まさにESDの進め方そのものであり、学校現場にとって、とてもありがたいことだと思います。全国の自治体がこのようになっていただけると良いと感じており、素敵なモデルだと思います」(手島利夫氏〈元小学校長〉、ESD教育推進者)。

参加自治体の教育委員会が、持続可能なコミュニティをめざした教育施策の全体像を「再方向づける」ことだけでなく、大学と若手研究者（ほりぷ）による支援という枠組みがあることで、学校現場の管理職層（校長・教頭・教務）をはじめとする教職員にとっても教育委員会の方向づけを確認し広く議論できる基盤となっているという指摘である。プロジェクトのメリット（有効性）を、学校現場の責任を担った経験のある者から指摘したものと理解できる。

２つ目の論点は、ロジック・モデル（LM）の作成に関する問題である。プロジェクトは、「教師の内発的・創造的な実践・活動⇔学校組織・カリキュラム改革」という大きな枠組みのもとに、①EBPM時代に社会的インパクト・マネジメント（SIM）の考え方で、公教育の本質に根差したロジック・モデル（LM）を作成すること、②データの収集や検証・評価を行い、PDCAサイクルを有効に機能させていくことで、教育政策における「社会的インパクト・マネジメント」「ロジック・モデル」の有効性・可能性等を検証し、課題・改善策等を明らかにできると考えたが、現時点では②までに至っていない。ちなみに、ロジック・モデルの作成主体は、自治体教育委員会（教育施策）と学校（学校経営）であるが、プロジェクト自体のロジック・モデルも考えている。

当日の議論では、教育施策のロジック・モデルを作成した教育委員会担当者（渡邉氏）からその体験の省察が語られた。「①（LMは）施策推進、教職員を中心にして各ステークホルダーの納得の過程を積み重ねるための、エビデンスを引っ張り出してくるものという認識、②校長先生や教員、あるいは学校の内発的意識による学校改革の推進力とすることができれば、学校の教育は変わり、子どもの姿に表れ、地域に認められる学校となるはずだという思い、③教員には暗黙知として認識されているが可視化されていないので、ロジック・モデルによる見直しが必要、④学校の教育活動は子どものアウトカムによって、絶えずスモールステップによって軌道修正されるべきものだと思うので、…直線的なモデルよりも歯車モデルの方がよい、⑤直線的なロジック・モデルを作成するときに、幾つもある想定されるバイアスを無意識的に排除していってしまった」等々。その上で指定討論者に「どのような見直しが必要か？」と質問した。指定討論者の専門分野から所見が述べられたが、議論を通じてロジック・モデルを政策評価のツールではなく、納得性の獲得（合意形成の）ツールとして活用していく有効性が共通理解された。

次に、若手研究者で構成する研究チーム（ESDほりぷ）がロジック・モデル作成に取組むなかでどんな論点や課題が出ているかを司会者が質問した。佐々木会員は、概ね次のように回答した。「①子どもの姿を中心に、具体的にステークホルダーが共通の認識、具体的なイメージを共有することに意義がある、②政策側の教育委員会のロジック・モデルと学校側のそれを整合させていいのか、学校側の手足を縛らないものにしていくには別々につくった方がいいのではないか、③教職員を政策のプロセスに巻き込むことによって、彼らの内発的な意識を表現していくことができないか、④予算を取っていくとか説明責任のツールといった意味でのロジック・モデルの意義もあるが別々に分けて捉えるのか、ある程度の往還関係を意識した方がいいのか、⑤われわれの役割は教師の内発的な実践を後押しするためのツールとしてのロジック・モデル作成の支援であり、学校側の実践を縛らないロジック・モデルのあり方を共に考えることであると教育委員会と共通認識を持っていた」等々。また、前半部の報告において「内発的教師力育成支援」の枠組みの検討状況を報告した櫻井会員は、意見交換では東日本大震災後に帰還困難地となり福島県会津若松市に学校避難中である大熊町がプロジェクトの参加自治体となったので、その学校改革の状況が語られた。それによれば、2022年度避難先の会津若松市で義務教育学校に移行し、翌年度に大熊町に校舎を新築し移転する予定である。

最後に20年の教職経験とその後の教職大学院実務家教員のキャリアを経て2019年に南砺市教育長に着任して以来、チーム学級担任制・義務教育学校など学校組織・カリキュラム改革をクリエイティブ、かつ精力的に進めてきた経験を踏まえて、ロジック・モデルの意味と位置づけについて質問がなされた。教育長の取組みについては以下の５点が語られた。「①持続可能な学校改革の鍵は、教育委員会も先生も子どもも、みんな中途半端な人間がやっていることを認識し、どうやって本気になって取り組みたくなる場をつくるかしかないこと、②教育委員会の鍵は、何でも教育委員会が決めるということから、最低限のことだけ決めて、学校が頑張ってやれば支援することを教育委員会が決めること、③責任は誰が取るか。教育委員会も一緒に取るから学校が主体性にやることを後押しすること、④当たり前に縛られている先生にこんなこともできるよ、工夫できるんだよと示すこと、⑤学校教育目標・学校にいる先生の違い・学校の環境の違いに合わせて、校長中心にみんなの意見を取り入れて改革を行うことを念頭に取組んでいたこと」等等。ロジック・モデルについては、次のように語った。「①実は何か分からなかった。改革の一つ一つの到達目標はないと思っているが、そんな中でのロジック・モデルはどうなるのか、②ほりぷに創ってもらって、議会とか市民とかに分かる形で使いたい、③モデルをつくることはきっとゴールではない、持続可能な教育改革の鍵は、いかに職員、学校の先生方がどんどん改善しようとする組織になってくれるか、この１点しかない、④生活・総合の場合はホリスティックに子どもが意欲的にものに取り組んで、試行錯誤しながら自尊感情を高めることができる、⑤（生活・総合のように）ゴールがはっきりしないところでの、各学校を支えるための教育委員会についてのロジック・モデルというのはどうなるか」等々。

以上、意見交換では、プロジェクトの枠組みの有効性と課題、自治体教育改革におけるロジック・モデルのあり方の２点が焦点となった。特に、自治体の教育施策やプログラム自体のロジック・モデルの作成に取組んだ体験の省察をめぐって意見が交換できたことは収穫であった。ロジック・モデルについては、プロジェクトにおいてかなり時間と手間を要したが、自治体の教育改革においてLMを導入する制度デザインの在り方や可能性・課題を多面的に検討できたので、議論も深まったと思う。実はこれは、旧教育基本法10条に明示されていた教育行政・政策と教育実践（教育活動）の区別と連関という教育（行政）学の本質的テーマに大きく関係している。自治体教育改革のロジック・モデルの作成という具体的文脈の中で、この区別と関連をどのように取り扱うのかという問題は、新しい研究的課題であり実践的課題である。今後の教育政策研究では、アクションリサーチ的な実践的な取組みとその省察を取り入れた研究枠組みを構築することが期待される。

今後の課題

中央教育審議会（以下、中教審）は、「令和の日本型学校教育」の構築を目指す答申（2021年１月）を公表したが、「全ての子供たちの可能性を引き出す、個別最適な学びと、協働的な学びの実現」のサブタイトルが示すように、GIGAスクール構想と2017年版学習指導要領の「主体的・対話的で深い学び」を可能とする学校の構築を目指している。同時にそれを担う教師教育（養成・採用・研修等）改革について諮問（2021年３月）がなされ、中教審に特別部会を設置し、まずは教員免許状更新制の発展的解消の「審議まとめ」を同11月に出した。その後、特別部会に「基本問題小委員会」を設置して教師教育改革の全容を検討し2022年夏までに一定の結論を得る予定である（2021年12月22日合同会議資料より）。一方で、文部科学省は、「教員の働き方改革」の推進本部を設置し改革の旗振りを行っている(3)が、過重な仕事量と長時間労働とその適正な手当支給問題は残されたままである。

「…子供が予測不可能な未来社会を自立的に生き、社会の形成に参画するための資質・能力を育成するため、学校教育の改善・充実が求められています。また、学習指導のみならず、学校が抱える課題は、より複雑化・困難化しています。…教員勤務実態調査（平成28年度）の集計でも、看過できない教師の勤務実態が明らかとなりました。…文部科学省では、教師のこれまでの働き方を見直し、自らの授業を磨くとともに、その人間性や創造性を高め、子供たちに対して効果的な教育活動を行うことができるように…学校における働き方改革を進めております(4)」。

いま教育学研究や教育学界が総力をあげて取組むべき課題は、以上の政策的課題に自治体教育委員会と学校現場が主体的に取組む枠組みを構築することではないだろうか。

「内発的な教師実践の成果を学校改革・システム改革に繋げる視点」は、①教授・学習方法、②教育課程経営（カリキュラム・マネジメント）、③学級（教室）経営、④地域連携・協働などの諸要素が多様かつ複雑に関連している中で、学校の当り前を見直し、「社会の急激な変化」に対応し「予測不可能な未来社会を自立的に生き、社会の形成に参画する」ための学びを可能とする学校改革（学校づくり）を、それぞれの地域と学校の文脈を踏まえてそこにいる教職員と地域・保護者等で内発的に行うこと以外にはありえない。そのように見てくると、学校組織全体を包括的に捉えて「ホリスティック＆システム思考で改革実践を行う」ことを主軸としなければならない。同時に、教育委員会・大学が連携・協働して質の高い改革支援を行うには、教育委員会や大学自体についても「ホリスティック＆システム思考」で自己の改革を行うことでもある。UNESCOの‘ESD for 2030（SDGs）’では、これを「機関包括型アプローチ」（学校では「ホールスクール・アプローチ」）と位置付けている。

おわりに（提案）

教育実践家と教育研究者に２つのことを提案したい。１つは、基本的概念や研究テーマなどに「見方・考え方」を働かせることである。「教科等の見方・考え方を働かせる」ことは学習指導要領に盛り込まれたが、「学校」「学校・学級経営」「教師の指導」「カリキュラム」「時間割」「授業方法」等の「見方・考え方」、つまり問い直し（発想の転換）をすることである。一般に「ものの見方・考え方のデザイン」とそれを具体化する「活動（実践）のデザイン」があり、前者が豊かになった時に後者も魅力的なものとなる。

２つは、教師の学習―実践の枠組みを「リニア（単線）系」から「複雑系」（非単線系、あるいは複線系）に切り替えていくことである[5]。「複雑系で考える→枠組みをつくる（システム思考）→そのもとで行動（活動）する／実践する→評価・検証による改善」というサイクルが稼働し、文脈・主体・それ以外のもの〈手段・ツール〉等を要素として組み込んでデザインする。この考え方は、エンゲストローム等の社会構成主義の考え方を参考にしているが、これならマルチ・ステークホルダー（地域住民／地元企業・NPO等）との参画と連携・協働も実質化する。EBPMは、複線型でデザインされたときに実効的なツールとなる[6]が、リニア型では、VUCA時代[7]には有効でないばかりか、むしろ悪影響を及ぼす。

教育研究や教育学界等の細分化した知を開かれた形（開放系）にして総合化することと、それを可能とする学校と大学をシステム思考で「再方向づけ（re・orientation）する」ことが学校と大学を再生させる鍵であり、これを基軸とした教育政策がいまこそ求められている[8]。

注

（1）ESDほりぷ（ESDHoRIP）とは、「ESD関連の内在的な教師実践をホリスティックな公立学校改革に結びつける枠組み研究会」の英語名（A framework study group that links public schools to holistic reform through the intrinsic teacher practice of ESD）の略称である。
（2）以下、発言内容はシンポジウム記録から行い、後に発言者の確認を得た。
（3）文部科学省HP「学校における働き方改革について」
（4）同上
（5）複雑系研究は理系共通の重要テーマとなっている。生命現象のごとく「全体と部分を見据えて自己組織化しながら、個と全体を同時にクリエイティブに活性化する創発」という考え方である。「木を見て森も見る」ことであり、プロジェクトの「モデル開発」（金型づくり）もこの考え方を基本とする。
（6）教育政策におけるEBPMの枠組みは、多様な文脈と内容を見据えて当事者が創発的に制度デザインをすることである。例えば、①教育活動と子ども・保護者対応の複雑化、②教育政策の対応、③学校・社会の変化、④内発的な教育実践を可能とする学校づくり、⑤地域や大学等の参画（連携・協働）。
（7）未来予測の困難さを、Volatility（変動性）・Uncertainty（不確実性）・Complexity（複雑性）・Ambiguity（曖昧性）と表現した造語。
（8）「教育実践を学校・教師改革に繋げる～ESD／SDGsのホールスクール・アプローチから～」静岡大学附属教育実践総合センター紀要31号2022年を参照のこと。

（静岡大学）

シンポジウム報告：EBPM 時代における教育実践と制度改革の枠組みの構築～公立学校の変革支援の枠組みをどう創るか～

人口減少地域における特色ある教育づくり
――持続可能な学校づくりを指向する仕組みの構築

山下　斉・渡邉　哲也

はじめに

複式学級を持つ小規模小学校を有する川根本町では、平成24年度から学校のあり方に関する協議会が開催されたが、統廃合を含む学校再編の道筋は持ち越しとなった。その最終回に、「小規模校のメリットを最大限に生かした教育施策を１年以内に策定する」こととして誕生したものが、平成27年度からの５か年計画による学校教育ビジョンである。このビジョンにより、町の学校を緩やかな一つの学校と捉えて実施する学校間連携グループ授業や、一貫した子育て支援と教育で０歳から18歳までをつなぐキャリア教育、通信環境の完全整備による ICT 教育等を推進してきた。また、川根本町は、環境省の日本版環境マネジメントシステムの認証登録制度である「エコアクション21」の認証を平成20年５月に取得し、平成22年５月から全小中学校を認証取得の対象サイトとしてきたことから、小規模校のメリットを最大化する ESD 教育を進化させてきたとも言える。

しかし、この５年間で少子化が更に進み、今後の推計では入学児童が５人未満と予測される小学校も見られるようになると、就学児、未就学児の保護者や地域住民からは、学校の存続を危惧する声も聞かれるようになった。そこで、教育委員会では平成30年７月に「川根本町立学校設置適正化及び教育のあり方検討協議会（座長：梅澤収氏／静岡大学教育学部教授）（以下「あり方検討会」と言う。)」を設置し、平成30年10月から31年１月にかけて、６日間で延べ14回の意見交換会を、２日間で２回の「子育て・教育に係る意見交換会」を開催した。あり方検討会は、参加者の意見を集約するとともに、南北に縦長に広がる川根本町の特性を踏まえ、「地域住民が学校運営に参画する『コミュニティ・スクール』としての義務教育学校を２校設置することが適切である」という答申を、令和２年２月にまとめた。

さらに、「持続可能なまちづくり」の一端を担う学校再編は、

・ホリスティック（holistic）に進行していくこと

・再編に係るステークホルダーの内発的改善意識により進行していくこと

を前提とすることにより、地域一体型の学校づくりが可能であると考え、EBPMの理念に基づき義務教育学校の再編のためのロジックモデル（LM）を作成した。

以上の経緯を踏まえ、現在はLMに基づき義務教育学校再編プロジェクトを進行中である。本報告では、SDGs及びESDの理念に基づく、川根本町の持続可能な学校づくりを指向する仕組みの構築について中間まとめを行う。

川根本町の現状と教育施策の考え方

【町の名称】静岡県榛原郡川根本町

【役場所在地】静岡県榛原郡川根本町上長尾627番地

（北緯35度２分49秒、東経138度４分54秒）

【町の人口】6,356人（令和３年８月１日現在）

「水と森の番人が創る癒しの里」をキャッチフレーズとする川根本町は、静岡県の中央部に位置している。東は静岡市、西は浜松市の２つの政令指定都市に隣接し、北は長野県と接している。夏は静岡県内でも１、２を争う暑さを記録することもしばしばある一方で、冬は粉雪が舞い、時には県中部で珍しく積雪を記録する町である。町は一級河川の大井川沿いに、南北40km、東西23kmと、南北に細長い形状となっている。

平成26年に町全体がユネスコエコパークに登録され、翌27年に「日本で最も美しい村」連合に加盟した。本州で唯一、原生自然環境保全地域に指定されている町でもある。基幹産業は茶の栽培であるが、観光産業にも注力している。特に大井川鐵道のSLは有名で、全国から多くの人が乗車や見学に訪れる。また、井川線のアプト式電車で行ける「奥大井湖上駅」は四季折々に美しい風景を見せる絶景スポットであり、観光客からは大変な人気を博している。

少子高齢化が進む町で、緩やかではあるものの、人口は減少の一途をたどっている。令和３年９月現在、町内には小学校が４校あるが、３校で複式学級を抱え、その内の１校は複式が２学級である。中学校２校は、いずれも単学級の学校である。令和２年度には、町内４小学校で185人の小学生が在籍したが、令和８年度には122人にまで減少すると見込まれている。当然、学級の複式化

が進み、小学校の学級数の合計は、特別支援学級を含み21学級から17学級程度に減少する見込みである。

このような現状から川根本町では、小規模校のメリットを最大化しデメリットを最小化する取組を進めてきた。RG 授業（学校間の「連携グループ」授業）とそれを可能にする同一校種間における職員の兼務発令、小中学校間における教諭の兼務発令を行うとともに、次世代教育を先取りした「ICT 教育の環境整備」や「個別最適化された学びの創出」、「英語（外国語）教育充実」等を実施している。

RG 授業で学習集団規模の最適化を試行する

町内４小学校と２中学校を、それぞれ緩やかな一つの小学校・中学校と捉え、教頭、教諭、養護教諭に小小兼務、中中兼務を発令し、合同授業を実施している。平成28年度の試行を経て、翌29年度から本格的な運用を始めた本事業は、小学校で年間５～10日程度、中学校では３～６日間程度計画されている。

最大の目的は、クラスサイズの最適化にある。例えば、４小学校の５年生が28人、６年生が30人在籍する場合、計８名の担任の内６年生の教員１名が６年生全員を対象に音楽の授業を行う。このとき、他の３人の担任は５年生の支援に回り、５年生の算数を一層小グループ化して行うことで学習内容の確かな定着を目指す。このような、教科の特性に応じたクラスサイズの創出により、児童生徒の学力向上が図られるとともに、アンケートの結果から、自尊感情やコミュニケーション力の向上も認められた。一方、教員には OJT が推進され教員の授業づくりに関する資質が上

図１　RG 授業の構造

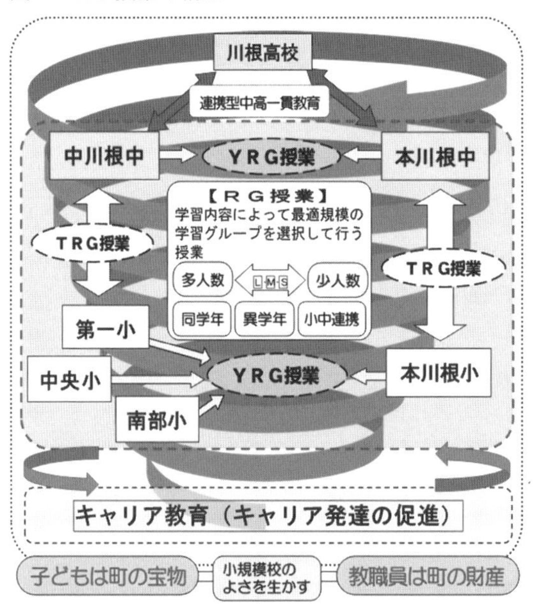

図２　ICT 推進事業の包括契約

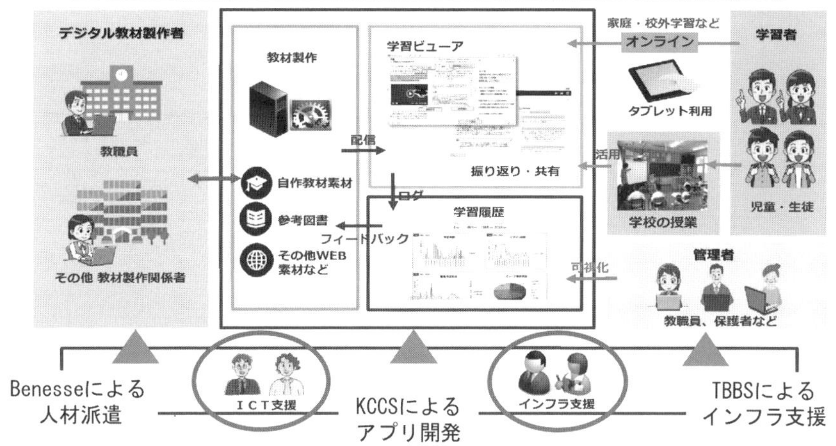

がったという回答も得られている。

ICT の環境整備で学習の指導効果と効率化を実現する

川根本町では町内全域に光ファイバー網が整備されている。教育委員会では平成29年度に IT 関連企業との包括契約を締結し、校内での ICT 教育の充実を図るとともに、児童生徒が Wi-Fi を利用してオンライン学習を行う環境も整えてきた。その基本コンセプトは、「中山間地域のモデルを目指す」「ICT 機器の普段使いを視野に入れた環境整備に努める」ことであり、平成30年には全小中学校が「学校情報化優良校」に、川根本町が「学校情報化先進地域（静岡県内で初）」に指定されている。

図２は、ICT 推進事業の包括契約の状況を示したものである。インフラ支援については TBBS（東海ブロードバンドサービス）が担当している。町内に事業所があり、突発的なトラブルにも即時対応が可能となっている。ソフト面での支援はベネッセ、KCCS（京セラコミュニケーションシステム）が担当する。ベネッセからは述べ５～６人の ICT 支援員が町内６小中学校にそれぞれ月６日間程度派遣され、教材開発、授業支援、端末の軽微なトラブル処理等の支援を行っている。４年間の ICT 教育のエビデンスとして、「考えの可視化

図３　義務教育学校再編の流れ

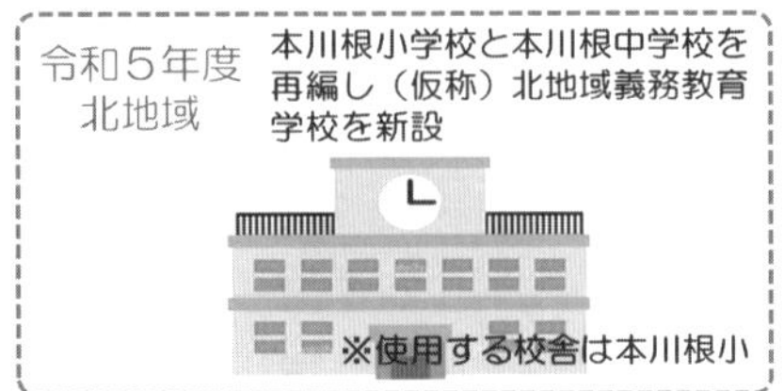

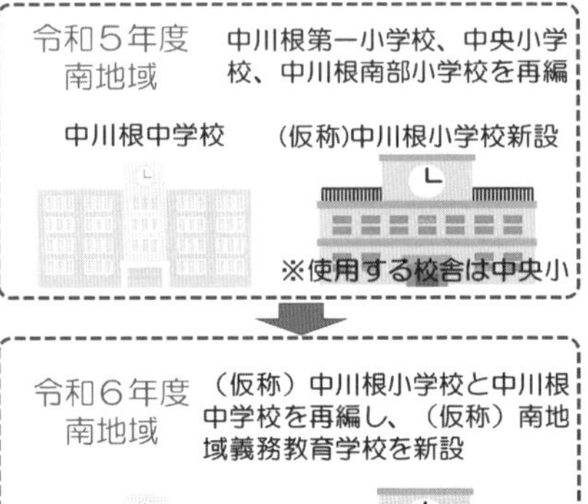

や、クリティカル・シンキングを用いた対話の充実による思考力の向上」「聞き手を意識したプレゼン資料作成のスキルアップによる表現力の向上」などが認められている。

新学校教育ビジョンで個別最適化された学びを指向する

川根本町立義務教育学校で目指そうとする特色ある取組の一つが、個別最適化された学びの創出である。令和２年度から２年間の新学校教育ビジョンを策定した教育委員会は、このことについて学校再編前から実現可能な取組を各校に働き掛け、子供の姿で町内外へ発信するよう求めているところであるが、先行的な事例を紹介する。本川根小学校では、「全教員が全校児童の担任である」という前提に立ち、担任が相互に学級に乗り入れて授業を行っている。本川根小には、２、３年生の複式学級があるのだが、教科によっては１、２年又は３、４年の学習集団に組み替えて、その教科の指導を得意とする教員が授業を行い、個別で最適な学習内容の提供について研究をしている。現在は「学習課題の個別化」「家庭学習の個別化」等について模索中であるが、他校でも同様の取組を広げ、義務教育学校への円滑な接続を図りたいと考えている。

義務教育学校再編のスケジュール

図３は、今後の義務教育学校への再編イメージである。令和５年度には、北

図４　EBPMの理念に基づく義務教育学校再編のロジックモデル

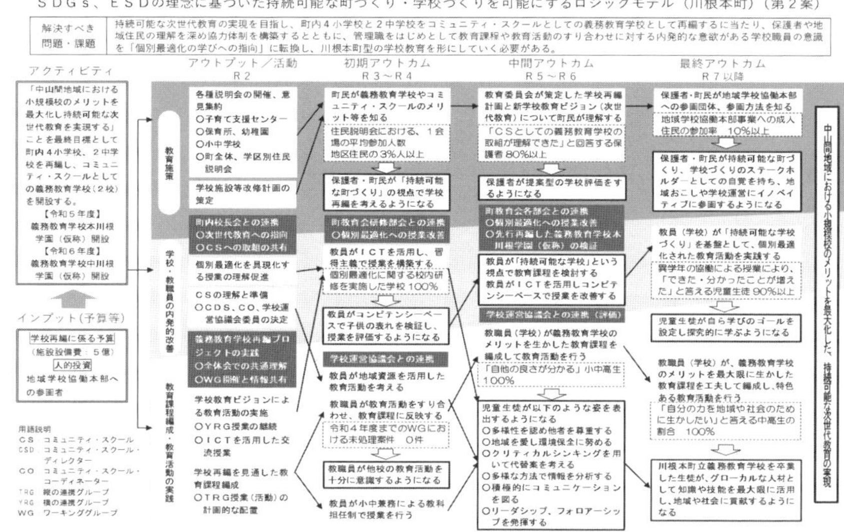

地域にある１小学校と１中学校を再編し（仮称）北地域義務教育学校を開校する。このとき南地域では、３小学校を１校に再編し（仮称）中川根小学校として、翌年の義務教育学校の開校に備える。令和６年度の姿が学校再編の最終型であり、南地域で、先行再編した中川根小学校と中川根中学校を改めて再編し、（仮称）南地域義務教育学校を開校する。なお、持続可能な学校再編の視点から、南地域に比べ1/3ほどの規模になる北地域義務教育学校への学校選択制の制度設計について、現在検討中である。

ロジックモデル（LM）の形成

今回の学校再編の最大のねらいは「中山間地域における小規模校のメリットを最大化した持続可能な次世代教育の実現」である。特に重視したことは、「保護者や地域住民、教職員が、学校再編への内発的意識を高め、義務教育学校づくりに主体的に参画する」という仕組みの構築であった。そこで、この命題の達成のため、若手研究者集団「ほりぷ」等の支援を受けながら、教育課程や学校づくりのLMを作成した。（図４）

LMの作成に当たっては、最終アウトカムの検討から開始した。令和７年度以降の学校や児童生徒、地域の状況のイメージを最終アウトカムの姿として考えたものである。SDGsの視点から、「児童生徒が自らの学びのゴールを設定して探究的に学ぶようになる」「保護者や地域住民が持続可能な町づくり、学校づくりのステークホルダーとしての自覚を持って地域おこしや学校運営にイノベイティブに参画できるようになる」といった姿を、最終アウトカムと位置付けてある。また、ESDの視点からは「川根本町立義務教育学校を卒業した生徒がグローカルな人材として知識や技能を最大限に活用し、地域や社会に貢献するようになる」という姿を最終アウトカムとした。

最終アウトカムに迫るための中間アウトカムの検討に当たっては、令和５、６年度を想定し、現在の教育活動を適切に改革しながら積み上げたときの姿をイメージした。また、「教員の内発的なアウトカム」をキーワードとして、「持続可能な学校づくりという視点による教育課程の検討」「コンピテンシーベースでの授業改善」を求めたいエビデンスとしている。

さらに、児童生徒のコンピテンシーベースでのアウトカムを、ESDで育みたい力に基づいて再構成した。キーワードは、「多面的、多角的に捉える」「資源を効果的に活用する」「クリティカル・シンキングを活用する」「コミュニケーション力を高める」「情報収集と整理のツールとしてのタブレットの活用力を身に付ける」「リーダーシップとフォロワーシップを身に付ける」であり、授業を中心に通常の学校生活において育成していきたいと考えている。

義務教育学校再編プロジェクト

教育委員会では当初、義務教育学校で育みたい児童生徒の資質・能力や目指す学校像について、教頭によるワーキングを開催し、それを決定事項として校長会に諮る予定であった。しかし、校長会からの「全教職員が知恵を出し合うことで共有を図りたい」という要望を踏まえ、教頭ワーキングでの検討事項を全教職員に対する「提案」という形に置き換えることとし、その提案事項に対する全教職員の検討を依頼した。

教頭ワーキングでは、「今の児童生徒や川根本町の10年後の姿をイメージする」という協議からスタートした。その上で提案事項の検討を行うと、「メタ認知を繰り返し、可能性を高め、自分の良さを発揮する児童生徒」「学校生活や地域活動に積極的に参画し、新しいことを生み出す児童生徒」など、具体的な児童生徒像を浮き彫りにすることができた。

令和３年６月30日の義務教育学校再編プロジェクト全体会は、町内６小中学校から参加した58名の教職員を12のグループに分けて実施した。熟議の視点は「今の子供たちの10年後から20年後に望む姿」「義務教育学校で目指す児童生徒像」「目指す義務教育学校像」の３つとし、学校再編に向けた教職員の内発的な意識を高めるため、教頭ワーキングの提案に対して修正や補足を求めるような発言も大いに認めることとした。義務教育学校で目指す児童生徒像として「リーダーシップとフォロアーシップを持った子」「挨拶や頑張る姿で地域を支える子」など、教頭ワーキングの提案にない考えも生み出されるとともに、目指す学校像として「子供自ら可能性を広げることのできる機会を提供する学校」「新しいコミュニティを生み出す学校」など、子供や地域に寄り添った考えが多数見られた。このような、現在の各校のグランドデザインには見られない新たな発想に、教職員の内発的な意識が高まりを感じ取ることができた。

地域との協働による「共有ビジョン」の作成

令和３年７月30日には、未就学児の保護者、小中学校のPTA代表、学校評議員等の地域住民代表を交えた、全教職員参加の義務教育学校再編プロジェクト全体会を、ワークショップ（WS）の形式で実施した。ファシリテーターには、コミュニティ・スクール・ディレクター、コミュニティ・スクール・コーディネーター、町づくり団体の関係者を指名し、地域色を色濃く反映させた。また、オブザーバーとして会津大学短期大学部幼児教育学科の櫻井直輝専任講師を迎え、教職員や地域住民の内発的な動機付けによる学校再編のあり方についてコメントをいただいた。

WSを踏まえて作成した共有ビジョンでは、川根本町の教育で目指す児童生徒像を「夢に向かい志を持って未来を切り拓く児童生徒」「関わりを大切にしてふるさと川根本町を愛する児童生徒」とした。また、学校と地域が一体となって「子供が主人公の教育活動を実践し、グローカルな人材を育むこと」「学校がコミュニティの核となり子供の姿で元気を届けること」が、持続可能な学校づくり、まちづくりにとって重要であるとしている。この共有ビジョンを義務教育学校再編の「北極星」と位置付け、今後のワーキンググループを加速度的に推進していきたいと考えている。

終わりに

「EBPM時代における教育実践と制度改革の枠組みの構築―公立学校の変革

支援の枠組みをどう創るか―」をテーマとしたシンポジウムに自治体として参加した川根本町には、「政策評価の妥当性を反映したLMの最適化」「各ステークホルダーの内発的意識を醸成する取組」などの課題が見え始めている。これは、これまでの共同研究において当町の取組に様々な御示唆をいただいた成果であり、静岡大学教育学部の梅澤収教授をはじめ、関係各位に改めて感謝と敬意を表するものである。今後は学校現場との連携を更に深め、川根本町型の義務教育学校の姿を全国に発信していきたいと考えている。

（静岡県川根本町教育委員会）

シンポジウム報告：EBPM時代における教育実践と制度改革の枠組みの構築～公立学校の変革支援の枠組みをどう創るか～

持続可能な教育基盤を創る『南砺　令和の教育改革』

―学校の主体性・多様性を支える―

松本　謙一

1．はじめに

富山県の南西部に位置する南砺市は、富山県内で面積が２番目に広い市にもかかわらず、山林が80％を占め、人口は４万9000人に過ぎない（図１）。16年前、四つの町と四つの村が合併し誕生した南砺市には、中心となる市街地がない。

図１　南砺市の概要

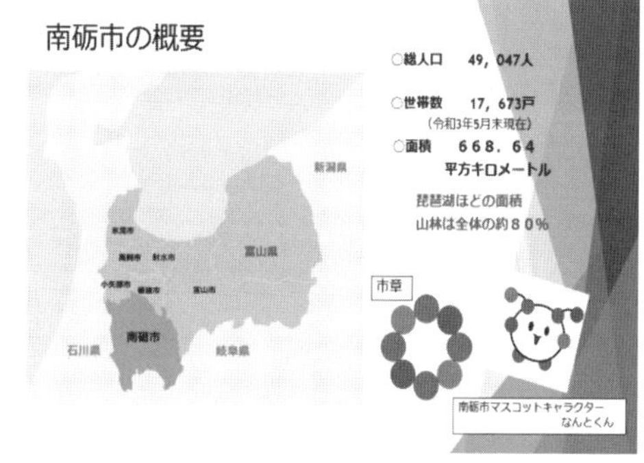

旧町村には、五箇山合掌造りの世界遺産、日本遺産の木彫刻、そしてユネスコ無形文化遺産の城端曳山祭、演劇の聖地利賀村、福野夜高祭というように、それぞれ固有の文化が花開いている。

南砺市は第７回住みたい田舎ベストランキングで全国４位、北陸１位であり、現在「誰ひとり取り残さない、誰もが笑顔で暮らし続けるまちへ」と市長が提案し、一流の田舎を目指す、「SDGs未来都市」（2019年７月選定）である。

学校の設置状況は、旧福光町を除き、合併前の各町村においては約50年前に学校統合が完了しており、すでに各地域には小・中学校が一つずつしか存在しない（図２）。

これらの状況を踏まえ、市では平成28年第２次南砺市公共施設再編計画においては、八つの地域にそれぞれ小中学校を維持するという方針を打ち出した。

南砺市の小・中学校は、超小規模校複式学級の学校から、最大の福野小学校で学年３クラスないし４クラスの中規模の学校があるが、急速な人口減少に伴

図２　南砺市の学校配置　R2まで

い、学校規模の縮小にも歯止めがかからない。しかしながら面積が広く、多様な文化もあることから、これ以上の学校の統合は難しい現状である。

ところが令和元年、市行政改革検討委員会（行革）によって、小学校は四つ、中学校は二つにそれぞれ統合するという提案がなされた（図３）。

図３　改定検討委員会の提案

R1.11.19 富山

南砺市公共施設再編

45年度に4小2中

改訂検討委が素案協議

9小8中から削減

南砺市公共施設再編計画改訂方針検討委員会は18日、市役所福野庁舎で第3回会合を開き、2045年度に現在の9小学校8中学校を4小2中、12保育園を6園に削減することを、市に提出する素案に盛り込む方向でまとまった。今後、これらを含む43類型別の施設削減案を協議し、案に基づき市側が示す財政シミュレーションの結果を確認した上で、年内に素案をまとめる。

30年後にも耐用年数が残る南砺市福光中部小。耐用年数が切れる小中学校を中心に、削減する施設数が検討された

そこで教育委員会としては、行革が示す学校施設の面積を半分にするという方針を受けながら、それでも８地域全ての学校を残す方法として、小学校と中学校を全て義務教育学校化して、一貫した「地域基盤の小中一貫教育を推進する」という新たな方向性を示した。

これに対して、「各地域の存続のために子供を犠牲にするのか」という批判的な声も聞かれた。しかし、教育機関は小さい方がいい、生徒100人を上回らない規模の学校がよいというカーティス報告や、生徒は100人を上回らない、各学級20人ぐらいがよいことを示しているWHOを根拠に、子供の人格を育成する、あるいは能力を伸ばすという子供にとっての価値を市教委は示した。

しかしながら、どんどん人口が減る中で様々な問題点も出てきていることから、それらを払拭するため、教育委員会は「南砺・令和の教育改革」と称して、市独自の教育改革を進めることとした。

その鍵は学校の主体性・多様性を支えるという方向性にある。

図４　南砺市における教育改革の必要性

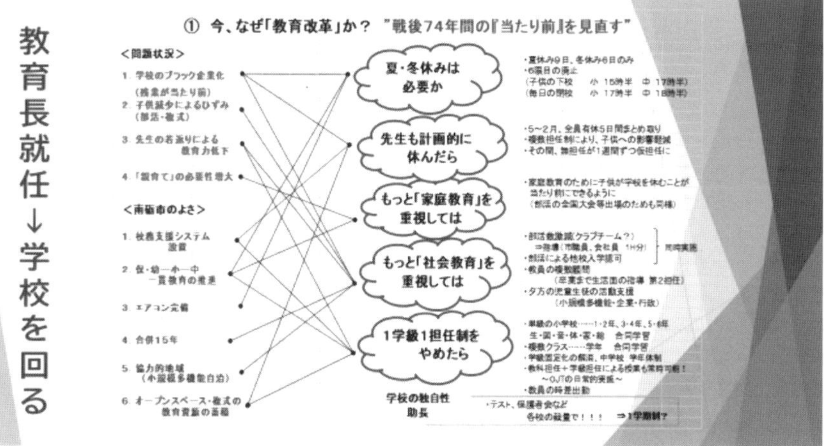

2.「南砺　令和の教育改革」

３年前、教育長就任直後に南砺市内の学校を視察し、学校のブラック残業、部活や複式学級によるひずみ、先生の若返りによる教育力の低下、保護者を育てる親育ての必要性などの問題点を見いだし、これらに対して今までの考えを捨てて、新たな改革に取り組むことが必要ではないかと考えた（図４）。

すべての改革の共通点は、「戦後74年間の当たり前、全ての学校が均一であるという考えを見直す」ことにある。

大きな方針としては三つ。一つ目は親が働いているときに子供は学校へ行く。そして先生も日常の家庭を充実させること、例えば自分の子供と夕食を取れるようにすることにある。二つ目は、学校・家庭・社会の連携だけではなく分業にすることにある。三つ目は、ESDの考え方をもっと重要視し、生徒指導の機能を生かした授業や学級経営・学校経営を推進することにある。

具体的方針として、次のように改革の３本柱を立てた（図５）。

図５　教育改革の３本柱

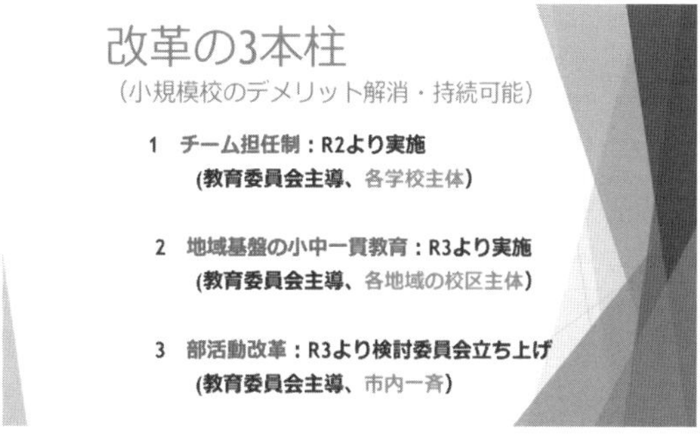

改革の3本柱
（小規模校のデメリット解消・持続可能）

1　チーム担任制：R2より実施
（教育委員会主導、各学校主体）

2　地域基盤の小中一貫教育：R3より実施
（教育委員会主導、各地域の校区主体）

3　部活動改革：R3より検討委員会立ち上げ
（教育委員会主導、市内一斉）

１番目が各学校を主体にした取組、令和２年から始めたチーム担任制である。１人１担任ではなくチームで担任をするという試みをいう。

２番目は、地域連携による取組、今年度より実施している各地域が中心になって小中一貫教育を行う、地域を基盤とした小中一貫教育をいう。

３番目が、教育委員会が主導し、市内一斉で行う必要がある部活動改革。これは、各学校ではダイナミックな改革ができないためである。

３．チーム担任制（令和２年度から実施開始）

大量退職、大量採用の中で教員の質的な低下に伴い、学級間の格差が露呈してきている。これに対して従来の１人１担任制ではなく、教員がチームになって複数学級の指導にあたることを基本とするという、基本的な方針を市教委が示した。

具体的な方法は教員の特性や配置人数に応じて、各学校に任せる。このチーム担任制は、40年ぐらい前から、旧西砺波郡の福光地区でいわゆるオープンスペースを生かした教育として行われてきた教育方法を発展させたものである。

具体例としては、単級の小学校の場合、これまでは１年・２年学級担任が学級ごとに朝の会や授業をしていた。これを朝の会も２学年一緒に行う、そうすることで翌年には生活集団の半数が変わるので、単級の学校の問題点の一つである集団の固定化を解消できる。

また生活科、音楽科、図画工作科など学習のねらいが２年間まとめて学習指導要領に示してある教科についても、Ａ年度とＢ年度のカリキュラムを用意することで、２人の先生で一緒に展開できる。そうすることで体育の時間は体育の得意な先生がT1となり、音楽の時間には音楽の得意な先生がT1となることができ、結果的に質の高い授業を全ての子供たちに保障できる。また、教師間のOJTも可能になる。この考えは、複式学級が多く存在した旧東砺波郡の教育方法を発展させたものである。

１学年に２クラスある場合も、例えば同じ図画工作科で、学年全体で図画工作が得意な先生がT1としてまとめて導入をし、活動は１組と２組の教室に分かれて行う。そしてまた学び合いの場面は学年全体で行う。

また中学校でも単級や複式学級では、１年、２年、３年一緒に朝の会を行うことができ、道徳学習もＡ、Ｂ、Ｃの３年度に渡るカリキュラムを準備することで、学年を超えてみんなでの話し合いが可能となる。その授業も３人の担任の先生が７時間ずつT1として担当することもでき、それぞれ教材研究をしっかりできる環境も整えることができる。

４．チーム担任制実施までの手続き（主に令和元年度に対応）

チーム担任制を行うにあたって、前年度には次のような手続きを踏んできた（図６）。

図６　チーム担任制実施の手続き

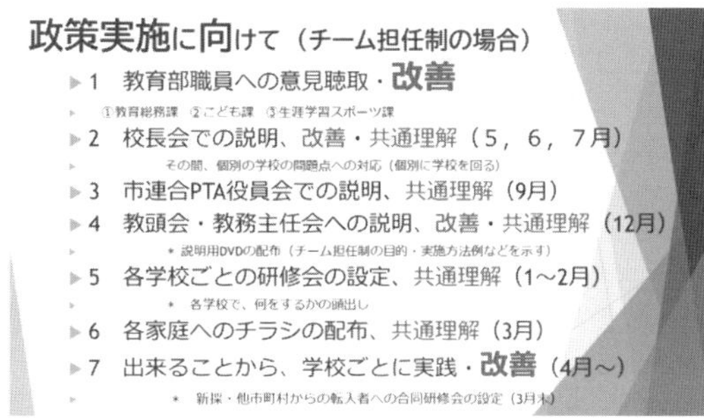

政策実施に向けて（チーム担任制の場合）
- 1　教育部職員への意見聴取・**改善**
  - ①教育総務課　②こども課　③生涯学習スポーツ課
- 2　校長会での説明、改善・共通理解（５，６，７月）
  - その間、個別の学校の問題点への対応（個別に学校を回る）
- 3　市連合PTA役員会での説明、共通理解（9月）
- 4　教頭会・教務主任会への説明、改善・共通理解（12月）
  - ＊説明用DVDの配布（チーム担任制の目的・実施方法例などを示す）
- 5　各学校ごとの研修会の設定、共通理解（1〜2月）
  - ＊　各学校で、何をするかの議出し
- 6　各家庭へのチラシの配布、共通理解（3月）
- 7　出来ることから、学校ごとに実践・**改善**（4月〜）
  - ＊　新採・他市町村からの転入者への合同研修会の設定（3月末）

まず最初に現状視察を通して問題点と改善策を考えた。それを教育部の全職員に説明会を実施し、いろいろなアイデアをもらい修正した。教育総務課、そしてそこで改善したものをこども課、そしてまた修正したものを生涯学習スポーツ課と全ての職員に話をしながらアイデアを募り、改善・共有を図った。

２番目に、校長会で３回にわたり説明・協議し共通理解を図った。その間、さまざまな問題点も出されたので、それぞれの学校に出向き具体的な対応策も考えた。

３番目に、９月に市PTA連合運営協議会の役員会で説明し、保護者からの理解を得た。

４番目に、それを元にDVDをつくり、12月に教頭会・教務主任会で説明し、来年度から各学校で工夫してほしいことを共通理解した。ここでもまた先生方から改善の視点をいただいた。

５番目に、年が明け、１月、２月には、各学校で１回ないし２回の研修会を行い、全教員の共通理解を図った。

６番目に、３月末には翌年度から始まるチーム担任制について、教育センターで作成したチラシを全家庭に配布した。

７番目に、４月以降コロナ禍ではあったが、できることから各学校で実践し、改善を繰り返しながら今日に至っている。

その間、令和２年11月、約半年の実践の後に、教務主任を集め、成果と課題について情報交換を行った。また、先生方からのアンケートも定期的に行った。

成果としては、子供にとっての成果は、「上の学年を手本にできる」とか、「下の学年を意識して手本になろうとする」、「多様な意見に触れられる」、「合唱・合奏もできる」、「担任以外の先生と触れ合える」、「個別に指導してもらえる機会が増える」、「担任が出張でも自習にならない」など。

先生方にとっても、「先輩の指導方法を学ぶことができる」、「見方も広がる」、「教材研究の時間が減る」、「指導事項が漏れない」、つまり「日常的なOJTで質の高い教育ができる」など。

中学校でも、「どの教室でもルールが統一されて不公平感がない」、「担任以外と触れ合うことができる」、「よさを認めてもらえるチャンスが増えた」、「他の学級の子供の実態を把握することができる」、「同じ教材の授業を繰り返すことで、例えば道徳でも同じ授業をクラスごとに３回できたりする」、「これで質を高めることができる」など。

アンケートでは、「子供の学びの質が向上した」が約８割。「授業以外でも子供にとって効果があった」が約９割。

課題としては、「場所によって、いわゆるコロナ対応としてのソーシャルディスタンスが確保できない」、「用具の数に限りがあるために工夫が必要」、「配慮を必要とする子供の中には、大人数の活動が苦手なものもいる」、「時間割をつくるのが大変」など。

それから中学校では、「先生同士の情報共有が難しい」、「道徳の評価の工夫が要る」、「学年主任の負担が増えた」など。課題の中には、「同学年ペアの教員と相談することが多くなった」、「時間がかかる」というのが多かったが、このことは考えようによっては大変よいことではないか。これを負担ではなく、よさとして捉えられるように教員の意識改革が必要であると、捉えている。

また、朝の会を行った先生が１限を担当することで、１限を担当しない先生は時差出勤が可能になり、残業を減らすことができた。しかし実際には時差出勤がうまくいっているというのは、アンケートで約３割にとどまった。今後は、もっと遠慮なく遅番ができる、そんな学校の雰囲気づくりが必要である。

このチーム担任制の鍵は、学校の主体性・創造性ではないか、そして先生の多様性も含めて互いのよさを認め合える人間関係づくりが鍵を握っている。チーム担任制に決まったかたちはない。いまも次々に進化しているのが、チーム担任制のよさであろう。

5．地域基盤の小中一貫教育（令和３年度から実施）

一般的な校区では、一つの中学校に複数の小学校があるが、南砺市は一つの校区に小学校も中学校も一つずつしかない、完全に校区が重なっている点に南砺の小中一貫教育の特徴がある。

地域基盤の小中一貫教育の鍵は、それぞれの町村固有の文化を活かすこと、学校評議員会も小中合同で行うこと、９カ年系統性のある総合学習「ふるさと学習」を進めることにある。この例として、これまでは学校ごとに開催していた学校評議員会を地域ごとに合同で行うようにした。これにより委員の皆さんは９カ年を見越した評価が可能になった。

また、一般的な夏休み期間の設定は、市内で一律（昨年度の南砺市は７月25日から８月31日）だった。しかし今年は学校評議員会で保護者や地域の方々に承認を得た夏休み期間の取り方を、それぞれ地域ごとに提案し、それを教育委員会が承認することとした。

図７　南砺市の小中学校の夏休み期間

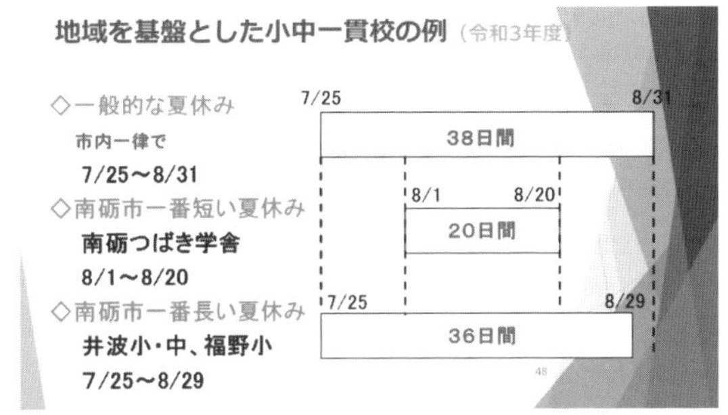

その結果、南砺つばき学舎（今年新設した南砺市唯一の義務教育学校）は８月１日から20日間、一番長い夏休みは、井波小学校、井波中学校、福野小学校の36日間と多様になった（図７）。

課題としては、ふるさと学習のカリキュラム作りなどに、時間を要することが挙げられる。しかしこの小中が一緒になって時間を要するこの時間こそ、よりよい教育のために必要な時間だともとらえることができる。

6．小中一貫教育の延長にある義務教育学校:「南砺つばき学舎」の新設

令和３年４月、将来の南砺市の義務教育学校化に向けてのトップランナーとして、井口小・井口中学校に代わって「南砺つばき学舎」を新設した。

この学校の大きな特徴が三つある。

一つ目は６時間目の廃止。通常の６時間目から放課後になり、教員の事務に費やす時間が保証でき、その結果、ブラック残業解消につなげることができる。

授業時数の足りない分は夏休みを短縮したことで補った。

二つ目、外国語教育の充実。小学校１年生からコミュニケーションを身に付ける時間を設定し、９年間で約400時間増加した。

三つ目、主体的に自分見つけをする『自学の時間』の設定。何をするかということを各自が決めて活動できる時間。１年生から９年生が混然一体となって、それぞれ学校内の先生のところへ尋ねていき、「自分見つけ」していく。

義務教育学校の新設は、他の小中学校に、うかうかできない状況を生み出す。それぞれの学校に各地域と協力しながらの主体的な取り組みが促され、結果的に特色が表れる。できれば２年後には全学校で特認就学ができることを目指す。

7．教育委員会が主導する部活動改革（令和３年委員会を立ち上げ、改革中）

最後は部活動改革、つまり部活動の地域移行と拠点校化である。現状としては、生徒数に対して部活動の種類が多すぎるために、どの部も試合にさえ出られないぐらいの少人数になっている。学校ごとに部活を減らそうとしても、小学校からいろいろな活動をしている子供の活動場所がなくなるという保護者の反対で、中学校では実現できなかった。

南砺市の人口は、中学生が今1,184人だが、その後、784人まで約12、13年間で減っていく。いまこそ部の数を大幅削減し、子供たちに充実した活動を送らせてやりたいと考える。

これらの現状から、南砺市の学校全体で部活動数を調整しながらの拠点校化を考えた。同じ種目の部活動を減らしながら、各学校で部分担して部を担当し、南砺市全体の地域指導者が一丸となって指導に当たるしくみ（図８右)。

各学校の部活動の種類は削減されるが、どうしても他の学校にある部活動を選択したい生徒には、全ての学校に特任就学制度を取り入れることで可能にする。

この改革は、単なる部活動の地域移行、教師の働き方改革が目的ではなく、持続可能な地域スポーツ、文化活動を目指すものである。

8．おわりに

「戦後74年間の『当たり前』､学校の均質を見直す！」と銘打って始めた「南砺　令和の教育改革」であるが、まだまだスタート地点である。

成功への鍵は、以下の２つではないかと、感じている。

図８　南砺市で目指す部活動の拠点校

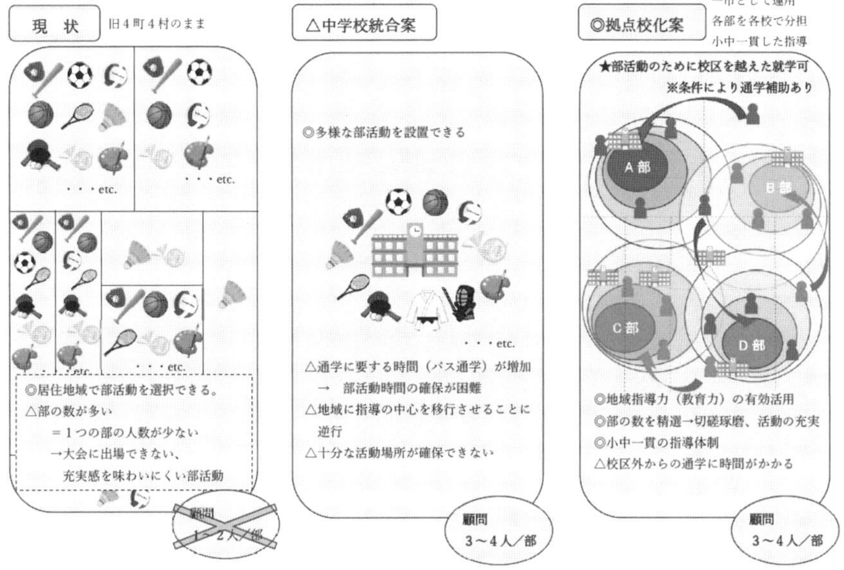

1　「教育委員会から学校へ」、「校長から教諭へ」とトップダウンが当たり前。これでは、主体性は育たない。これまでの経験では「当たり前」だったものを、本当にそれでよいか、もう一度見直すことが肝要。

2　教育委員会や校長が決めなくてもよいことまで、決めていたのではないか？どうしても変えてはいけないこと、守らなければならないことと、自分たちで創造的に取り組んでよいこと、この区別を明確にすることが欠かせない。

（南砺市教育委員会　教育長）

シンポジウム報告：EBPM時代における教育実践と制度改革の枠組みの構築～公立学校の変革支援の枠組みをどう創るか～

内在的な教師実践をホリスティックな公立学校改革に結びつける

—SDGsプロジェクト１報告—

櫻井　直輝・佐々木　織恵

はじめに

本報告は、文部科学省ユネスコ国内委員会委託事業「SDGs達成の担い手育成（ESD）推進事業」の一環として行っている、「ESD実践の基盤となる公立学校の組織・カリキュラムのモデル開発」（事業代表者：梅澤収（静岡大学、以下本事業）のうち、筆者ら若手研究者による事業実施チーム「ESD HoRIP」（A Framework Study Group that Links Public School to Holistic Reform through the Intrinsic Teacher Practice for ESD：ESD関連の内在的な教師実践をホリスティックな公立学校改革に結びつける枠組み研究会。以下、ESDほりぷ）の活動について報告するものである。以下、はじめに、１節、２節３節②、４節、５節は櫻井が、３節①は佐々木が記述した。

１．事業の概要とESDほりぷ

本事業は2020年度より文科省ユネスコ国内委員会委託を受けて静岡大学が中心となり進めてきたものである。2020年度は「ESD実践を日本の学校教育現場で本格的に取組む基盤づくりの開発（創発型のモデル開発）に着手するために、２つの自治体の教育改革事例を支援しながら、調査研究を立ち上げること」と「そのモデル開発の存在について全国に発信し、公立小中学校で『ESD実践』を推進するネットワーク構築を開始すること」（令和２年度ユネスコ活動費補助金交付申請書より抜粋）を目的として事業を進めてきたところである。

報告者らが属するESDほりぷのミッションは、上記の目的をふまえて、（A）自治体の教育改革・学校改革（変革）支援のための理論的枠組みの構築（ESDの視点）やSocial Impact Management / Logic Modelの視点から変革のための枠組みを検証すること、（B）Ecological Teacher Agency

表１　2020年度学習会一覧

月日	講師	テーマ
6月25日	手島 利夫 先生	コロナ後のESD
6月26日	永田 佳之 先生	ホリスティックな学校組織・カリキュラム改革への期待
7月3日	千葉 直紀 先生	Social Impact Management/Logic Modelの理論と実践
7月10日	曽我 幸代 先生	ESD実践の基盤となる公立学校の組織・カリキュラムのモデル開発
7月16日	押田 貴久 先生	自治体発カリキュラム改革動向と課題を考える
7月17日	玉井 康之 先生	「へき地・小規模校の学校組織・カリキュラム改革の特徴と目指す教育～ホリスティックな教育とつながるもの～」
8月27日	玉木 博章 先生	G.ビースタ著『よい教育とはなにか：倫理・政治・民主主義』解題
9月11日	米原 あき 先生	みなとみらい本町小学校のESDスクール・マネジメント実践
9月18日	住田 昌治 先生	カラフルな学校づくりのESD実践から、ホリスティックな公立学校改革を考え

出所：筆者作成

（Priestley et al: 2016, Leijen et al: 2020、以下ETAモデル）を発揮する教師の育成支援活動（ワークショップや研修会の実施、評価を通じた育成支援等）、（C）上記（A）、（B）の成果検証である。

２．初年度の活動

初年度である2020年度はコロナ禍の影響もあり研究活動とりもアウトリーチ活動が中心となった。具体的には（A）に関連して①リソースパーソン[(1)]を招聘しての学習会の開催、②教育政策・学校教育におけるロジックモデル運用の効果や課題についての検討、自治体との協議、③自治体の現状と課題、今後の見通しを共有するための川根本町・南砺市・ESDほりぷによる三者協議会の開催（於：南砺市、福島県大熊町がオブザーバ参加）、④ロジックモデル作成ワークショップの実施（川根本町・南砺市）、⑤シンポジウムの開催による成果発信、を行ってきた（③～⑤については、静岡大学教育学部（2021）を参照）。

①リソースパーソンとの学習会

2020年度の学習会はオンラインで全９回開催された。学習会は以下に示すように、ESDやSIM及びLMに関するもの、自治体発カリキュラム改革やへき地小規模校の改革に関するもの、ビースタによる民主主義教育などに関するものを取り上げ、自治体のニーズやESDに関わる基礎的な理論やグッドプラクティスについて学習した。

②ロジックモデルに関する検討

本事業では、「近年のEBM（evidence-based management）政策や社会的インパクト・マネジメントの考え方を導入し、事業と評価を一体化させた制度設計（システマティック・デザイン）をおこなう」ために、「『本事業ならでは』のロジック・モデルを研究し作成し実施する」ことを目指している（以上、申請書より抜粋）。自治体との協議の中では、教育政策レベルと学校経営レベルで別々にロジックモデルを作成した方がいいのではないか、両方作成する場合に両者の関係をどのように位置づけるのか、教育政策レベルのロジックモデルは、首長部局や教育委員、各種協議会などを巻き込みながら作成していったらいいのではないか、学校経営レベルでは管理職だけでなく教師を巻き込みながら作成する方法がないかといった点が論点として示され、検討が進められている。

3．本事業の理論的背景（基盤）としてのESDとETAモデル

① ESD

ESDとは持続可能な社会を主体的に担う人づくりとして80年代以降国際的に広まってきた活動である。日本においても、2020年以降実施されている学習指導要領の前文や総則に「持続可能な社会の創り手」という文言が記載され、その重要性が認識されてきている。ESDとは、現代社会の問題を自らの問題として主体的に捉え、身近なところから取り組むことで、問題の解決につながる新たな価値観の獲得や行動変容を目指すものである(2)。ESDを内発的に発展させるためには、生徒や教師の関心や疑問から始まる学びの連鎖を通して、生徒や教師の日常に寄り添うようなプロセスを形成することが重要である（永田・曽我 2015）。

ESDを特徴づけるキーワードとして、「変容的学習」と「システム思考」を挙げることができる。「変容的学習」とは、新たな社会像をイメージして学習者が持っている前提や価値観を問い直す、自分自身と社会を変容させる学びのプロセスを意味する（UNESCO2009、曽我2013）。また「システム思考」とは、自分自身と社会との関わり、現在と過去・未来とのつながり、システムの中での個人の位置づけや関わり、次なる一歩についての一連の思考プロセスで

図１　システム思考におけるＵ理論（出所：曽我2013；p.106）

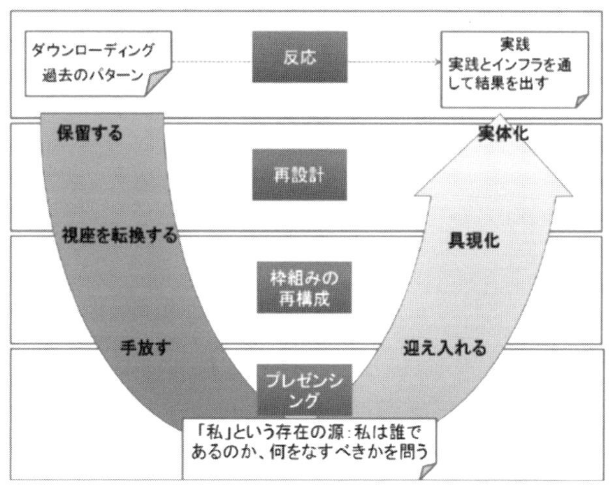

ある（曽我 2013）。図１はシステム思考の一つであるＵ理論を用いて個人変容と社会変容の接点について検討したものであり、Ｕ字の左側は古い枠組みを手放し崩していくプロセス、右側は失敗を経験しながら、新たな習慣や価値観などが作られていく再創造のプロセスを示す（曽我 2013）。

本事業では現場の教師が実際の教育改革について、それを自分ごととして取り組みつつ、自らの専門性を高めることができるような枠組みの構築を目指している。教師には過去の慣習やこれまでの実践にとらわれず、子どもの実態から自らの実践を振り返り改善していくことが求められるが、本事業ではさらに、20年後、30年後にどのような地域社会を作っていきたいか、そのための担い手の育成として今の教育に何が求められるのかを教師自身が振り返り、教育改革に参画していくための枠組みとして、システム思考やＵ理論の考え方に着目している。

② ETA モデル

本事業において着目しているもう一つの理論的枠組みが、Priestley らによって提唱された ETA モデルである。ETA モデルは、教師が環境と調和しながら能動的に意思決定を行い、現実に参加していく営みをモデル化したものである（p.136）。このモデルによれば、教師が目の前の状況にとらわれず、過去の次元と未来の次元から自身の実践を省察し、多様な選択肢の中からどの選択

図２　改革に取り組む教師の意思決定モデル

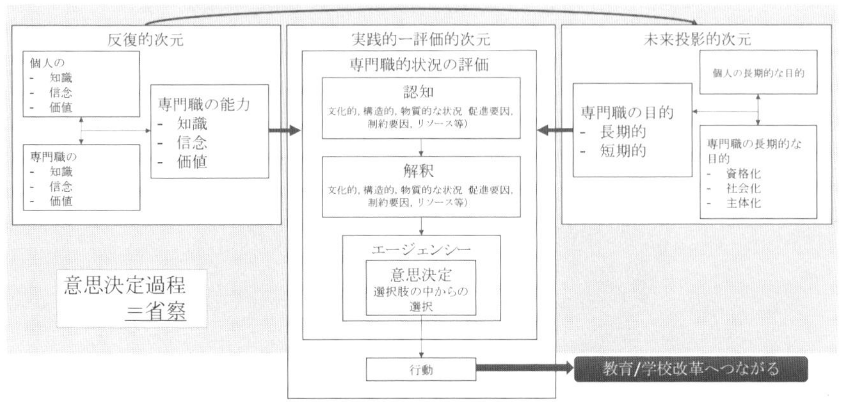

（出所：Leijen et al 2020, p.297に基づき筆者翻訳、一部加筆）

肢がより大きな専門的な目的から見て最も適切かを判断できるときにエージェンシーたり得るとされる（Leijen et al., 2020: 302-303）。

そこで、筆者らは教師が主体的・内発的に学校改革・教育改革に取り組むときにエージェンシーが発現しており、観察される行動の背景には、図２に示されるような意思決定がなされているという仮定に基づき、教師の現状の把握であったり、これから育成すべき教師像を考えていきたいと考えている。

４．今後の見通し

調査研究としては、南砺市の小中学校において、ETA モデルに基づいた参与観察・ヒアリング調査を予定している。分析の視点として反復的次元、未来投影的次元（変容的学習やシステム思考も参照する）、そして実践的、評価的次元のそれぞれの点について、教師それぞれの現在についての認知や、解釈を問う。また、併せて自治体による政策的介入や学校の人的・物的環境、筆者らが介入することによる影響についても調査を進めていく。また、川根本町の教育委員会と学校を対象に、教師の意見を反映させた自治体としてのロジックモデルの作成支援、教師のシステム思考を促すためのワークショップや研修会の開催等を予定している。

なお、本事業では介入が重要な意味を持つと考えている。筆者らは、現場の教師が実際の教育改革について、それを自分ごととして取り組みつつ、自らの専門性を高められるような枠組みの構築を目指している。その際に有効な枠組みとしてESDの分野における変容的学習、システム思考や、Priestlyらが提唱したETAモデルに注目している。教育委員会、学校の垣根を越えて、教師が自ら主体的に学校を変革する担い手になるようなシステムづくりを目指すためには、教師のリフレクションと、それに基づく行為というものが重要になる。

また未来投影次元に特に関連するが、教師が、学校や自治体の教育のあるべき姿、目指すべきところを共有していくために、ロジックモデル的な発想を活用することも重要である。ロジックモデルをただの成果検証の枠組みとするのではなく、教育政策のためのロジックモデルとして活用していくために、こちらからのどのような提案ができるか、あるいは一緒につくっていくことができるかを模索している。

5．論点

今後に向けた検討事項としては大きく三点の課題を挙げたい。第一に、ETAモデルに基づいた「省察（リフレクション）」を可能にするための働き掛けとは何かということである。具体的には、ESDほりぷが実施する教師向けワークショップや研修会をどのようにデザインすれば、あるいは教師間の学習機会をどのように生み出していけば、内発的な教師実践を通じた教育改革／学校改革が可能になるのかという点である。現在のところ、我々が直接関与できるのは、教育委員会との協働や、学校管理職との対話に限られている。外部からの介入は最小限とした上で、自発的な作用に任せるべきかあるいは、教師が自ら学び合うような環境を学校の中につくり上げていくような関与が望ましいのかについての検討が必要である。

第二に、ロジックモデルが「不磨の大典」とならないような仕組みづくりである。ロジックモデルを再検討する仕組みづくりが必要である。ロジックモデルは、関係者が必要に応じて試行錯誤の結果をふまえた修正を加えていくことを必要とするが、教育政策においてそのような見直しが行われることは多くない。一度作り上げたロジックモデルを見直すことについて、誰が、いつ、どのように発意するのか、あるいは発意すべきなのかという点を検討していく必要がある。

第三に、ロジックモデルの成果指標の考え方について継続的な検討をしていく必要がある。ロジックモデルの成果指標は数字で示すことで客観的な指標とすることが多いがこうした数値化された指標は教育にはなじまないと観念されることが多く、実際に安易な数値化への忌避感は強いといってよいだろう。また、数値が現実のある一側面を切り取ったものに過ぎないという点にも留意する必要がある。そうではない教育のための質的な成果指標といったものがあり得るのか、また質的な指標を用いる場合に、それが形式的な評価に陥らないためにどうすればよいのかということをこれからの調査研究を通じて検討することが重要である。さらに教育関係者が教育のため評価指標をつくったとして、それを誰しもが首肯し得る教育的視点を含んだ評価指標とするためにはどのようなプロセスを経る必要があるのかが検討されなければならないだろう。

注

(1) リソースパーソンとは「新しい知的リソースを提供する者」であり、「問題提起や問題解決のための知識提供、参加者の意見・提案・アイディア等をふまえて方向性等の助言を行う者」のことを指す（事業計画書より抜粋）

(2) https://www.mext.go.jp/unesco/004/1339970.htm（最終アクセス2022年2月10日）

参考文献

・Leijen Äli, Pedaste Margus & Lepp Liina (2020) "Teacher Agency Following the Ecological Model: How It Is Achived and How It Could Be Strengthened by Different Types of Reflection", *British Journal of Educational Studies*, 68: 3, pp. 295-310, DOI: 10. 1080/00071005. 2019. 1672855.

・永田佳之・曽我幸代（2015）「ポスト『国連持続可能な開発のための教育の10年』における ESD のモニタリング・評価の課題：国内外の評価枠組みに関する批判的検討」『聖心女子大学論叢』第124巻、第41号、pp41-88

・Priestley, M., Biesta, G., Robinson, S. (2016). "Teacher agency: what is it and why does it matter", in Evers, J. & Kneyber, R. ed. *Flip the System: Changing Education from the Ground up*, OX: Routledge.

・静岡大学教育学部（2021）『2020年度 SDGs プロジェクト１成果報告書：ホリスティックな学校組織・カリキュラム改革を考える』（事業代表者：梅澤収（静岡大学））。

・曽我幸代（2013）「ESD における『自分自身と社会を変容させせる学び』に関する一考察―システム思考に着目して―」『国立教育政策研究所紀要』第142号、pp.101-115。

・UNESCO (2009) Review of Contexts and Structures for Education for

Sustainable Development 2009. Paris: UNESCO.（国立教育政策研 究所訳（2010）『国連持続可能な開発のための教育の 10 年中間レビュー：ESD の文脈と構造』）

（放送大学・開智国際大学）

シンポジウム報告：EBPM 時代における教育実践と制度改革の枠組みの構築～公立学校の変革支援の枠組みをどう創るか～

中央政府レベルの教育政策 EBPM の制度設計
―その課題と方向性―

貞広　斎子

1．報告の目的

本報告では、まず、中央政府レベルの EBPM（Evidence Based Policy Making）の到達点を、教育政策の政策評価制度の観点から、特にロジックモデルに着目して共有する。その上で、教育政策―政治的・個人的創発から政策立案がなされる傾向が強く、定量的表現が馴染み難い部分がある政策領域においては、政策評価制度やロジックの精緻化が政策立案の質向上に結びつき難い実態を再検討し、アリバイとしての政策評価を超え、可能な部分においては、EMPM を機能させ、その逆機能を逓減させせうる方向性を提案する。

結論を先取り的に述べるならば、EBPM が機能するに当たっては、①戦略性と網羅性を伴った本気のデータギャザリング（「完璧」はないので、不完全性を前提として、可能な範囲）、②ロジックモデルの反証と政策の失敗に基づく撤退や試行錯誤の許容、③因果関係を成立させる構成要素への着目、④直線的因果関係構造の問い直し、⑤エビデンスの分析者・翻訳者（教育データサイエンティスト）の育成・配置、等が必要である。これらの要素が伴わない EBPM は、政策評価マインドのビルトインに貢献する可能性はあるものの、総合的には逆機能が勝る可能性が高いと考える。

2．政策評価とロジックモデル

我が国における政策評価は、「行政機関が行う政策の評価に関する法律」（平成13年法律第86号）および「政策評価に関する基本方針」（平成13年12月28日閣議決定）を根拠とし、その目的に、「所掌する政策について、必要性・効率性・有効性の観点から、自ら評価することにより、政策の企画立案や実施を的確に行うための重要な情報を提供すること。」を据えている。具体的には、政策―施策―事務事業として整理される政策の階層構造体系に基づき、政策の所

表１　政策評価の三方式

（１）実績評価方式
政策・施策を対象に、あらかじめ政策効果に着目した政策目標、施策目標および達成目標を設定し、業績（産出と成果）を定期的測定し、目標の達成度合いを評価する方式
（２）事業評価方式
事務事業等を対象に、事務事業の内容と採否を検討し（セオリー評価・事前評価）、事前評価の設定指標に基づいて、業績（産出と成果）を評価する（事後評価）方式
（３）総合評価方式
特定のデータに係わる政策・施策等を対象に、政策効果の発現状況や効果の発現に至る因果関係等を掘り下げて分析する方式。

表２　ロジックモデルの構成要素

①投入（Inputs）	：政策を実施するために投入される資源
②活動（Activities）	：投入資源をもとに政府が行った活動
③産出（Outputs）	：投入資源に基づく活動により生じた変化
④成果（Outcomes）	：産出によって社会にもたらされた結果（中間アウトカム・最終アウトカム）

管部局が自ら政策評価を実施し、マネジメント・サイクルの確立と客観性を確保しようとするものである。

政策評価には、表１に示す３つの方式があり、ロジックモデルは、（３）総合評価方式のツールの一つである。文部科学省の令和２年度政策の政策評価では、新規事業から各局１事業を選定した実例創出８事業と、新規10億円以上の４事業の合計12事業でロジックモデルが活用されている。秋吉（2017）によれば、ロジックモデルは、表２に示す４つの構成要素からなり、同省のロジックモデルもこれらの要素を考慮して、作成されている（文部科学省 2020b）。

３．教育政策における政策評価の実施・運営

文部科学省が所管する政策の評価は、所管部局が作成する自己評価書に、「政策評価に関する有識者会議」の修正意見等が反映されて行われる。専門家会議は、2001年６月から現在まで、計54回開催されており、具体的には図１の様なスケジュールで運営されている。

同スケジュールにも関わり、政策評価の実施・運営には、いくつかの困難性が指摘できる。第一が、指標設定の困難性である。政策を実施する前、具体的には前年の９月の段階で、事前分析表を作成し、予め、評価指標を決定しなけ

図１　政策評価のスケジュール

3月下旬	有識者会議 ・今後の政策評価の在り方について ・政策評価基本計画改定（案）、実施計画（案） ・政策評価体系の改定（案） 等
3月末	政策評価の結果の政策への反映状況　総務省送付
4月1日	政策評価基本計画改定、実施計画大臣決定
5月～7月	事後評価書（令和２年度実績）の作成 EBPM取組実践（ロジックモデル等の作成）
8月	サイバーセキュリティ・政策立案総括審議官ヒアリング（事後評価書等）
8月上旬	有識者会議総会 ・事後評価書（令和２年度実施施策）（案） ・その他 等
8月中旬	科技審計評分科会 ・研究開発課題の事前評価（案）
8月末	事前評価書（研究開発事業・租税特別措置） 事後評価書（令和元年度実績等）　大臣決定
9月～	事前分析表（令和３年度実施施策）の作成
１２月	事前分析表の総務省送付・公表
2月～3月	政策評価の結果の政策への反映状況の作成

※規制の事前評価・事後評価および研究開発の事後評価は随時実施

出典：文部科学省大臣官房政策課政策推進室の資料を基に執筆者作成

ればならない。具体的な運用や規模等が具体的に見通せない段階で、評価指標を、不足無く、網羅的且つ的確に設定することはそれほど簡単ではない。少なくとも、掬い上げることができるのは想定していた効果のみであり、仮に想定外の正の効果があったとしても、それは政策評価の対象外であり、「無かったこと」になる。第二に、データ不在と限界の問題がある。政策評価は、統計法等に基づいた調査のデータ等、既存のデータを用いて行われ、政策評価を目的とした新規データの収集は行われずに実施される。従って、対象となっている政策の評価に適切なデータが存在するとは限らない。その結果、手持ちのデータの中から、場合によっては当たらずとも遠からずといったデータを用いることにもなり、政策評価といいつつ、実際には状況証拠の列挙に留まる可能性をはらんでいる。第三に、評価に必要な過剰な労力と徒労感の問題がある。政策評価には膨大な労力が必要とされ、制度も年々精緻化していくことが求められている。しかしながら、実際には、良好な評価がなされても、それに連動して予算規模が拡大していく訳ではない。残されるのは、「評価疲れ」ともいえる徒労感であり、評価が手段ではなく、目的化・義務化されていっている状況が散見される。

4．政策評価の順機能を駆動させるために

本論冒頭でも述べた通り、政策評価の順機能を駆動させるためには、①～⑤までの必要条件がある。以下ではこのうち、特に③因果関係を成立させる構成要素への着目と、④直線的因果関係構造の問い直しについて、特に言及したい。

まず、③因果関係を成立させる構成要素への着目であるが、XとYに因果関係があると考えるためには、3つの要素―原因の時間的先行（X ⇒ Y）、共変関係（X ↑ ⇒ Y ↑）、他の変数の統制（Z ⇒ Y）が成立していることが必要である。ただし実際には、データ制約から、既存のデータをロジックモデルに後付け的に当てはめる様な運用もなされることから、特に、他の変数の統制を担保する点については、十分な吟味がなされているとは言い難い事例が出現することになる。

図２　どのステップが変化の起点であるか特定できない歯車モデル

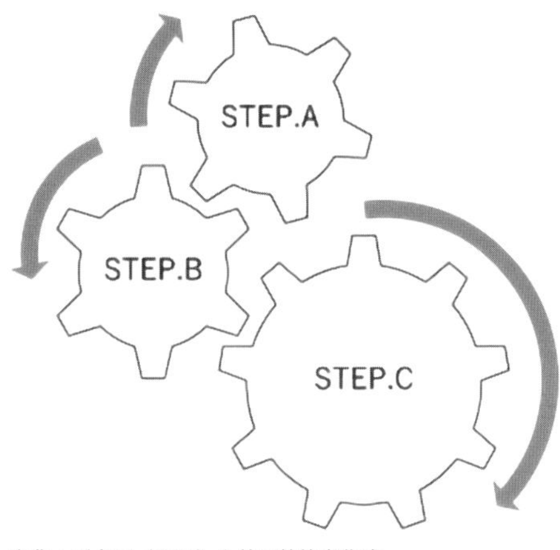

出典：百合田（2021）を基に執筆者作成

一方の④直線的因果関係構造の問い直しに関連しては、特に教育政策の分野では、原点を起点として介入→効果を想定する直線的モデルよりも、明確な起点の無い、変化サイクルの中で螺旋的に効果が高まっていくような歯車モデル（百合田2021）（図１）の方が適合できではないかという点を指摘したい。ロジックモデルは、あくまでも直線的なモデルを想定しており、介入からアウトカムまでが、複数段階を経て、直線的に設計されている。想定する「介入」も、特に効果的な介入を取り出して重視する上、各段階に特定の因果関係のみを想定するため、効果の検証も不完全で、網羅的ではない疑念もある。教育政策に関しては、これらの点に配慮した政策評価のスキームや、ロジックモデルの在り方を開発的に提案していく必要があろう。

5．政策の非合理的側面へ向き合う

最後に、政策評価にあたって考慮しなければならない教育政策の非合理的側面を指摘したい。

第一に、政策目的に照らして合理的且つ適切な政策（手立て）であったとしても、現場の能力を超えていれば、その政策は合理的とはいえない点である。現在の政策評価のスキームでは、この非合理性に着目した評価はできていない。これまで、特に教育政策では、政策立案時にリソースやロジスティックへの目配りが決定的に欠けていた。典型的なものが学習指導要領であり、授業時数や教科、教育活動等を増やす場合にも、現在のリソース（例えば、教員数）での実現可能性が改定過程で明確に検討されては来なかった。その結果が、学校現場の頑張りに依存する現在の学校のオーバーロード状態であり、今後はこの点を政策立案段階だけでなく、政策評価のスキームでも考慮するべきである。

第二に、教育的価値からみて合理的且つ適切な政策であったとしても、他の政策領域と対立するのであれば、政策としては導入できない点である。その際、教育政策としては期待効果の低い他の手立てを選ぶことになるが、その帰結として、教育政策に限定して評価を行う限り、良好な効果（評価）を得ることができない。これは、政策領域間のみならず、複数の教育政策の間にも当てはまるジレンマであり、現在のシステムでは、政策横断的な評価を標榜している総合評価でも、十分に対応できていない。

第三に、教育政策においては、例えば自由か平等かといった複数の教育的価値が対立したり、優先順位が異なったりすることが想定される上、社会の変化と連動して、教育の価値自体も優先順位も変化する。この対立や変化のプロセスをどのように政策立案と評価に連動させるのかも、課題になるであろう。

最後に、教育政策の決定は、科学的根拠やデータに基づいて行われるというよりも、政治に象徴される個人的創発とタイミングによってなされる傾向が強い（前川 2002）。そのため、政策が決定した後に、後付け的に効果を想定するロジックの反転が生じやすく、アリバイづくり的政策評価になってしまうリスクが高い。換言すれば、政策評価の質は、政策立案段階の正当性に連動しており、この点が担保できない限り、自ずと限界を抱えることになる。

これらの点が配慮できない限り、「データ駆動型」（教育再生実行会議2021）教育政策は、道遠しといえる。ロジックモデルに関しても、少なくとも、これらの懸案を前提とした運用がなされなければ、デメリットが大きいことを共有するべきであろう。

引用・参考文献

・秋吉貴雄（2017）『入門公共政策学：社会問題を解決する「新しい知」』中央公論新社。
・秋吉貴雄・伊藤修一郎・北山俊哉（2015）『公共政策学の基礎［新版］』有斐閣。
・深谷健（2018）「目標管理型政策評価に資するロジックモデル構築の可能性―各府省庁による「政策評価の事前分析表」の比較分析―」『季刊 評価クォータリー』No.44、2-18頁。
・教育再生実行会議（2021）「ポストコロナ期における新たな学びの在り方について」（第十二次提言）（令和３年６月３日）」。
・前川喜平（2002）「文部省の政策形過程」城山英明・細野助博編『続・中央官省の政策形成過程一その持続と変容一』第６章、中央大学出版部。
・文部科学省（2019）『令和元年度実施施策に係る政策評価の事前分析表』。
・文部科学省（2020a）『令和２年度実施施策に係る政策評価の事前分析表』。
・文部科学省（2020b）「GIGA スクール構想の実現 ロジックモデル」（EBPM アドバイザリーボード文科省提出資料）https://www.mext.go.jp/content/20210324-mxt_kanseisk01-000013681_2-2a.pdf（最終閲覧日2021年８月11日）
・総務省行政評価局（2015）『目標管理型の政策評価の点検結果』。
・ワイス、キャロル・H（佐々木亮監修）（2014）『入門・評価学：政策・プログラム研究の方法』日本評論社。
・百合田真樹人（2021）「令和の日本型教育」を担う教師を支える学校管理職の在り方をめぐる検討の視点～個別的で管理的な資質能力アプローチを超えて～学校組織としての教師集団を支える学校管理職の機能変化（中教審教員養成部会資料20210628）。

（千葉大学）

シンポジウム報告：EBPM時代における教育実践と制度改革の枠組みの構築～公立学校の変革支援の枠組みをどう創るか～

EBPM時代における学校変革支援の方法論
―ヴィジョン・ドリブンで内発的改革を励ます―

石井　英真

コロナ禍やGIGAスクール構想の展開の中で、文科省任せでも個々の学校現場任せでもなく、各自治体の教育委員会による、政策の伝達者・仲介者ではない、各学校の主体的な挑戦を励ます支援者としてのリーダーシップが問われている。本稿では、EBPMと内発的な学校改革とをつなぐ視点について述べる。

1．EBPMと目的合理的な経営をホリスティックなアプローチにつなげる

エビデンス・ベースの改革、あるいは、それとセットで展開しがちなアウトカム・ベースの改革やロジックモデルといった、目的合理的な管理・経営を志向するアプローチは、特に行政レベルのマクロな戦略的な取り組みにおいて一定の有効性を持つ一方で、線形で分析的な因果関係モデルに依拠しがちである。また、ひとたび作成した指標やモデルが独り歩きして、各学校や教師たちを受け身にする外発性を帯びることも危惧される。

こうした負の側面を緩和する上で重要なのは、部分の総和が全体と一致するとは限らないという認識である。政策目標を明確化し、学習者、教職員、保護者、地域等の分野ごとにブレークダウンするとともに、「○○ができる」といった成果指標を明確化し、アクションプランを作成する。こうすることで、取り組みの見通しが共有され、進捗状況の確認もされやすくなる一方で、こうした成果指標の達成や取り組みの総和が「よい学校」につながるとは限らない。学校を改革、改変していく際に、立ち戻るべきは、究極的に目指している具体的なまるごとの児童・生徒像（ヴィジョン）である。

高等学校ではスクール・ミッションとスクール・ポリシーの策定が求められている。たとえば、「未来のイノベーターを育てる」といった目指す生徒像を、創造力、協働力、行動力といった資質・能力の要素にブレークダウンして、そ

れぞれの要素について成果指標を分析的に設定し、抽象的な数値データの収集に落とし込んで改善・改革の成果を評価しようとする。それは、エビデンスに基づいて合理的に取り組みを進めていく上でも、また、対外的な説明責任の文脈でも一定の意味はある。しかし、スクール・ポリシーとして資質・能力等の形でブレークダウンされた要素目標は、レントゲン写真のようなものであって、それらがもともとスクール・ミッションに示された目指す生徒像（ヴィジョン）の丸ごとの姿のエッセンスを抽出できているとは限らない。また、要素的な成果指標で得られた数値は、実際の生徒の姿に照らして解釈されて初めて意味が明確になるし、取り組みの成果と課題の検討にもつなげうる。

だが、カリキュラム評価や学校評価といったとき、資質・能力ごとの目標達成は検討しても、その先にあるそもそもの子ども像（ヴィジョン）にまで立ち戻らないことがほとんどである。個々の要素目標や取り組みごとの部分最適に止まらないためにも、「結局、学校はよくなったのか」ということを、教職員集団の生産性（パフォーマンス）、同僚性（人間関係）、挑戦性（組織文化）の観点から吟味することが重要である。さらに、「それで子どもたちは育ったのか」ということを、テスト結果や資質・能力の要素ごとのアンケート結果といった分析的で数量的なデータのみならず、子どもたちとともに学校生活を送る教職員による直観的で全体的な見取りや、子どもたちの学びや育ちの固有名のエピソードや事例といった、全体論的で質的なナラティブも合わせて、統合的に見ていく必要がある。そして、実際の子どもの学びの履歴から、計画していたカリキュラムの言葉や枠組みや学校教育目標自体をも吟味していくわけである。

また、資質・能力としてブレークダウンされた要素をルーブリックにまで具体化して、それを各教科等で直接的な教育目標として掲げ、観点別評価と直結させる取り組みも見られる。だが、多くの場合そのような取り組みは、教科指導においてトリプルスタンダード（①教科の知識・技能、②教科固有の思考力・判断力・表現力、③汎用的スキル）を追求することになり、授業の煩雑化や形式化をもたらしがちである。重要なのは、目標・評価関係のレイヤーの違いを意識することである（表１）。目標と一口にいっても、レイヤーによって果たす機能が違うし、カリキュラム評価（コミュニケーション）、授業研究（リフレクション）、学習評価（アセスメント）は区別すべきものである。ヴィジョン（「ねがい」）は、学校の構成員の方向性を合わせたり共通言語を提供し

表１　目標・評価関係のレイヤー（筆者作成）

<table>
<tr><td rowspan="2">カリキュラム評価</td><td>政策レベル</td><td>学習指導要領、自治体のロジックモデル</td><td>理念提示・枠組み設定・条件整備と政策評価</td><td>量的・質的エビデンスに基づく熟議と検証</td></tr>
<tr><td>学校レベル</td><td>学校教育目標（組織のヴィジョンとミッション：ねがい）</td><td>理念の対話的・探究的共有と学校文化の形成</td><td>第三者評価としてのゴール・フリー評価</td></tr>
<tr><td rowspan="3">学習評価</td><td rowspan="2">教室レベル</td><td>教育課程の学年・年間目標（ねらい）</td><td>成長保障と成長評価</td><td>ポートフォリオ等によるナラティブと個性的記述</td></tr>
<tr><td>教科課程の単元目標・授業目標（ねらい）</td><td>学力保障と学習評価</td><td>テストとタスクによる目標準拠評価</td></tr>
<tr><td>学習者レベル</td><td>学習目標（めあて）</td><td>善さの共有・鑑識眼形成・自己調整と学び超え</td><td>評価規準の共有やメタ認知・学習方略を意識した振り返り・自己評価</td></tr>
</table>

たりして、つながりや文化を創出する機能があり、子どもたちも含めて共有し「目指し続ける」ものである。授業研究は「評価」ではなく教師同士が学び合い、授業や子どもの学びについて「理解」する場である。観点別評価は、子どもたちを伸ばし切り、すべての子どもたちに教科の目標（「ねらい」）の「達成を保障する」ものである。マクロな学校経営については、価値追求的に、ミクロな単元・授業改善については、目標達成的に考えることが肝要である（図１）。

学びや活動の可視化に関わる「評価」は、成果につながる目標達成（パフォーマンスの向上）に向けた調整機能と、人間関係構築（コミュニティの構築）につながる経験や価値の共有・承認機能の両方に深くかかわる。学習評価では成果につながる目標達成を意識し、カリキュラム評価は、信頼やコミュニティ形成に向けたコミュニケーション的側面（説明責任における間主観性や納得可能性の成立）を意識することが肝要である。目標・方法・評価のアラインメント（整合性）は、目標のブレークダウンのみでは保証されないし、ヴィジョンは一度設定したら終わりで、下位目標の具体化に進み、達成の手立てを講じ改善することに集中する直線的な段階論は、部分最適に陥りがちである。ヴィジョンは、常にその意味が実践の中で確認され共有され理解し直され続けるものであって、ヴィジョン（目指す子ども像・ゴールイメージ）に始まりヴィジョンに戻る（目指す子ども像自体の理解の深化につなげる）ことが肝要である。

図1　教育目標の階層性と機能の違い（筆者作成）

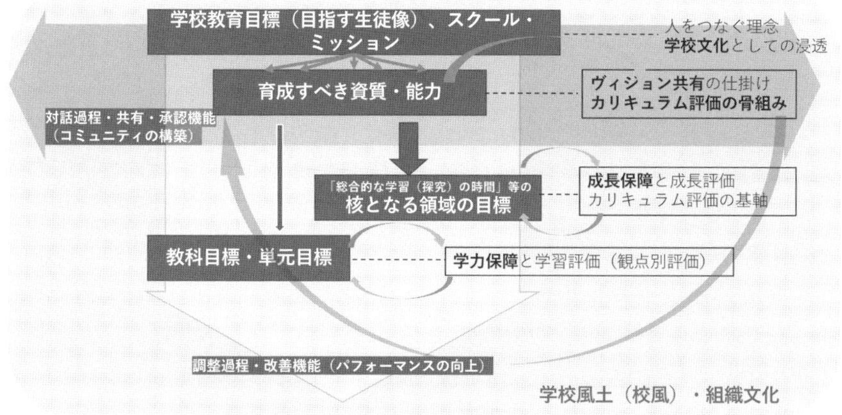

2．内発的な学校改革の方法論

ヴィジョン・ドリブンであることは、EBPMやカリキュラム・マネジメントなどによるPDCAサイクルの駆動を、「学習する組織」づくりと接続させ、内発的で持続的な学校改革（個々の教師の「点の授業改善」ではなく学校ぐるみの「面の授業改善」）につなげる方法論となりうる。すなわち、ヴィジョンの対話的共有と教職員が本業で協働し対話する場づくりの両輪によって、教職員集団が目の前のすべての子どもたちの学びにチームとして責任を引き受け、協働で授業改善に取り組むシステムと文化の構築につなげるわけである。

まず、資質・能力ベースの改革をきっかけに、教職員が協働で、子どもや学校の実態や課題について話し合い、「目の前の子どもたちの課題はどこにあるのか」「自分たちの学校ではどんな子どもを育てたいのか」「目の前の子どもたちに必要な学びや授業はどのようなものか」「授業づくりで何（どんなコンセプト）を大事にしていきたいか」を問い、改革のゴール・イメージとしての学校教育目標（目指す子どもの姿によって語られ学校全体で追求され続けるべき改革のヴィジョン）を共有する営みにつなげる。アクティブ・ラーニングやICT活用など、手法から入ると、教職員の間には抵抗も大きくなる。しかし、子どもの実態から始めると、方向性も共有されやすい。そうした学校の診断的な自己評価に裏付けられたボトムアップの協働的な目標づくりによって、実践の基本的な方向性や目標を共有する一方で、それぞれの教職員の実践哲学や授業スタイルを生かした創意工夫を尊重し、新たな実践の提案を期待するわけである。

目の前の子どもたちに必要なことという観点で、教職員の間で取り組みの視線やマインドセットをそろえた上で、新しい取り組みのよさを頭で理解するだけでなく、実際にその方向で取り組みを進めてみて、子どもの変化や育ちを感じたときに、教職員は取り組みの意味を実感し実践は変わっていく。学校改革は子どもの姿が駆動するものである。そこで、ヴィジョンの対話的共有と教職員が本業で協働し対話する場づくりとを結びつけるべく、学習する組織の中心として授業研究を生かしていく。たとえば、授業後の協議会の議論は、PDCA サイクル（成果や方法へと急ぐ評価的思考）、あるいは逆に、出来事の意味のエピソード的理解（学びの多様性やプロセスの一回性を掘り下げる解釈的思考）であるだけでなく、目指す子ども像の内実を実践を通して探り確認しつづける視点を持って（価値追求的思考）、そして、子どもの学びのプロセスや授業という営みの本質に関する理解や信念（観）を研究的に深めること（ダブル・ループの批判的省察）として遂行することが重要である。

ヴィジョン・ドリブンを貫くことは、技術的合理化・システム化の進む学校経営の中に、規範性や価値葛藤を含んだ人間的活動を読み取り、形式的な経営技術論（目標達成）を実践共同体論（価値追求）として読み直すことを意味する。学校の業務改善や組織改革が、教師の専門的力量の形成、および、子どもたちの学力や学びの質の保障につながるとは限らない。逆に、授業改善はそこに閉じていたのでは、取り組みの安定性や持続性を欠き、子どもの学力や学びの質の保障につながりきらない。また、目新しいカリキュラムや手法の導入は、一過性の取り組みとなりがちで、教室の日常的な風景を変えるには至らない。学校の組織マネジメントと授業研究という、学校の取り組みのマクロ（外枠部分）とミクロ（本丸部分）の両極を、めざす子どもの姿の探究という軸でつなぎ、PDCA サイクルから価値追求へとシステムと関係性の転換を図る。そうした学校改革を推進する幹の部分を構築しつつ、それにつながる形でカリキュラムレベルの取り組みなどを位置づけ構想・推進していくことが必要だろう。

また、社会との関係において教育の境界がゆらぎ、そこに関わるアクター間の関係も多様化している状況において、アクター同士が向き合って対峙する二項関係ではなく、教育活動の目的であり対象である子どもたちの学びと生活の事実を共にまなざす応答的な三項関係（共同注視）を意識することが有効である。子どもの姿（実態）から対話的にゴールをイメージし共有・追求していく営みを通して、教職員集団、そして大学の研究者も含めた、学校に関与する様々なアクターの間に、子どもたちの学びをともに見守る共同注視の関係性を構築してこそ、それぞれのアクターの責任の範囲と役割分担を、機械的分業に陥らせず、相互浸透を含んで有機的に組織化し、共有ヴィジョンと協働的に応答責任を担う機動性のあるネットワークの創出につなげていけるだろう。

以上のように、子どもの姿で学校経営に背骨を通しておくことで、教職員同士はもちろん、学校内外のアクターや支援者の間で連帯もしやすくなり、学校経営やカリキュラム開発は、業務や組織の改善に止まらず、子どもの学びの変革に届くものとなっていく（「子どもの姿で勝負できる学校」へ）。

3．学校現場をエンパワメントするガバナンスとマネジメント

EBPMにしてもカリキュラム・マネジメントにしても、近年の学校ガバナンス改革は、行政以外の諸アクターに裁量をゆだねつつも質を保証する、分散型のガバナンス構造を構築する課題を一つの背景としている。そしてそれは、市場化に向かう新自由主義的な方向性とそれへの対抗軸を模索する動きとの相克の中にある。たとえば、カリキュラム・マネジメントの三つの側面（①教科等横断的な視点、② PDCAサイクルの確立、③地域等の外部の資源も含めた、人的・物的資源等の確保）については、より包括的な学習成果の数値化や、行政の掲げる達成目標に向けたPDCAサイクルの効率的遂行による主体的従属（説明責任の論理と教職の専門性の軽視）に向かうのか、専門家が行う質的判断を信頼し、ヴィジョンの協働構築と自律的な学校運営（応答責任の論理と教職の専門性の尊重）に向かうのかが論点となる。

後者の方向性を志向するなら、カリキュラム・マネジメントの側面①に関して、カリキュラムづくりを、内容や活動やスキルのマッピング（表づくり）ではなく、具体的な子どもの姿をイメージしたヴィジョン（学校教育目標）の対話的共有と教師のカリキュラム構想力（教科横断的かつ長期的に学びをイメージしつないでいく鳥瞰的視野）の練磨を軸として、側面②に関して、目標・評価のサイクルを、機械的な作業（ノルマ（目標）の達成と達成自体の自己目的化）としてではなく、創造的な実践（飽くなき価値追求）として捉えていくことが重要だろう。そして、側面③に関しては、行政による条件整備や必要なサポートの不十分さを現場の自助努力で補わせることで、結果として現場からカ

リキュラムづくりの力を奪うことにならないよう、カリキュラムづくりの主体として現場を尊重し権限を委ね、エンパワメントしていくことが求められる。構造的な制度改革は機能的効率化のみならず地域や学校の共同性の再構築と結びついてこそ機能するのである。

参考文献

・石井英真（2020）「カリキュラム・マネジメント再考」『九州教育経営学会研究紀要』第26号、pp7-14。
・石井英真（2020）『再増補版・現代アメリカにおける学力形成論の展開』東信堂。
・石井英真（2021）「カリキュラムと評価の改革の世界的標準化と対抗軸の模索」広瀬裕子編『カリキュラム・学校・統治の理論』世織書房、pp.13-37。

（京都大学）

課題研究報告

With/After コロナ時代の教育と教育政策／統治

課題研究報告：With/After コロナ時代の教育と教育政策／統治

コロナ危機下の教育政策と地方自治

—教育の自律性を支える教育政治のかたち—

荒井　文昭

コロナ危機によって顕在化し加速化された、教育政策をめぐる研究課題は、さまざまに存在しているであろう。たとえば、貧困と格差の問題は生存権と学習権の結びつきをあらためて示した。また、危機に乗じて政策を加速化させる動きが、DX 政策、そして、緊急事態宣言を利用した憲法改定をめぐる動きとして現れているように思われる。

教育における地方自治のあり方にかかわっても、いくつかの論点が浮かび上がってきているだろう。教育機関（学校や公民館、図書館など）の管理運営をめぐる、国と自治体、教育委員会と首長部局、都道府県と市町村の関係をめぐる問題は、命を守るための感染症対策と、教育を受ける権利を実現させる教育政策との関係をめぐる問題としてもあらわれた。また、学校教育の領域においては、学習指導要領の扱い方をめぐる文部科学省と教育委員会、そして各学校現場での対応にズレを生じさせたが、その評価をめぐっても研究者の間に違いが生まれているように思われる。

本論では、コロナ危機下における教育の地方自治のあり方に注目しながら、教育政治研究の視点からとらえられる教育政策研究の課題について考えてみたい。そして、コロナ危機下においても保障されるべき学びを実現させていく上で必須となる、教育の自律性を支えることのできる教育政治のかたち（民主主義のあり方）に焦点をあてることにしたい。

なお、本論は、2021年７月に開催された第28回研究大会の課題研究で論者が報告した内容をもとにしている[(1)]。

1．教育現場における「指示待ち」状態と、教育行政に対する不信感

（1）「指示待ち」

2020年５月の緊急事態宣言下、論者は気になる記事を目にした。それは「先

生たちは『何かしたい』という気持ちはあっても、自分だけで判断できず、指示待ちの状態になっていないか[2]」という、現場教員の自戒が紹介されていた記事であった。一部の私立学校やNPOなどで「双方向性」を確保しようとする取り組みが進められる一方で、多くの公立学校現場が指示待ちの状態に置かれてしまっているのだとすれば、これは深刻な事態と言わなければならない。

「指示待ち」の状態になっているのは、論者の職場でも同じであった。東京都立大学では、2020年３月25日に学長名で、授業の開始が５月のゴールデンウィーク明けになることが発表されたのだが、これらの発表が感染拡大対策として必要な措置であったとしても、その決定過程は一般の教職員、学生、大学院生にはいっさい知らされなかった。しかも、これらの決定は大学執行部が自律的に決めたというよりも、実際には都知事の発表した方針にあわせて決められ、それが学長名で発表されたのだと、多くの教職員は受け取ったのである。

こうした事態は、論者の住んでいる自治体でも起こった。公立学校だけではなく、図書館、公民館などの社会教育の現場でも、公共施設とされるものが、現場ごとの話しあいを踏まえないまま、まっさきに閉められてしまったのである。

（２）文部科学省通知と教育委員会対応のズレ

2020年５月15日、文部科学省初等中等教育局長名で各都道府県教育委員会教育長、各都道府県知事などに向けて通知が出された。「新型コロナウイルス感染症の影響を踏まえた学校教育活動等の実施における『学びの保障』の方向性等について（通知）」（以下、文科省通知と略す）である。この通知には、感染症対策をしながら「誰一人取り残すことなく、最大限に学びを保障する」ことがかかげられていた。さらに、保障すべき学びの内容に関しても、学校でしかできない学習活動を、個人でも実施可能な学習活動から分けて、重点化させていくことが、学校現場に求められる内容となっていた。そして、これらを実現させていくために通知では、標準授業時数が下回ったことのみをもって学校教育法施行規則に反するものとはされないことを示しながら、児童生徒や教職員の負担軽減に配慮することを求めると同時に、最終年度児童生徒以外については、年度をまたいだ教育課程の編成も特例として可能にすることを通知した。

文科省通知にはこのように、学習活動の重点化や最終学年以外については年度をまたいだ教育課程編成も可能であることが示されていたのだが、実際の学校現場では、これらの通知内容とは異なった状況が生じていた。少なくない学校現場では、年度中に各学年の単元すべてを終わらせるために、週あたり1時間増やし、夏期休暇を短縮するなどの対応がおこなわれた。

こうした事態が少なくない学校現場で起こったことからは、文科省通知で示された内容とは異なり、授業時数の確保を最優先にさせる対応を、教育委員会は取ろうとしていることが浮かび上がってくる。文科省通知の内容と違って、学習内容の確保を求める教育委員会通知が学校現場に一斉に降りてきたり、あるいは職員会議で議論をすることもなく、学習内容確保の学校運営方針が校長らによって示されたりした状況が生まれた原因の分析は、教育政策研究の課題とされるべきものであろう。

（3）教育行政に対する教育現場に募る不信感

コロナ危機においてさまざまな不安があったとしても、それを声に出して議論していく場も、時間的な余裕も、現場の教職員になくなっていることが危惧される。しかし、それ以上に深刻なことは、教育委員会や文部科学省が言っていることに対する根の深い不信感が、現場教職員のあいだに広がってきているのではないか、ということにある。

標準授業時間数を確保しておかないと、結局は首長や議会などから教育委員会に圧力がかけられたりするのではないか。あるいは、文部科学省の方針も、内閣の意向によって簡単に変更させられてしまうのではないかという疑念が、現場教職員の間にあると思われるのである。

教育委員会が自律的な判断をくだせず、硬直的な対応をする原因は、「政治」によって文部行政が豹変するリスクを把握しているからではないか。そんな疑念を持たざるを得ないのである。教育行政に対する現場教職員からの信頼性がなくなってきているのだとしたら、それは深刻な事態と言わなければならない。

2．「政治主導」下の教育機関における、危機対応主体をめぐる課題

（1）国家による「危機」の輸出

コロナ危機に対応しようとする、文科省の教育政策をこのようにとらえることは、1980年代前半において、福祉国家の変容を分析したクラウス・オッフェの議論を借りてくれば、国家による「危機」の輸出という事態として、ひとまずは説明できるように論者には思われる。田村哲樹の研究によれば、クラウス・オッフェは1980年代において、資本主義と福祉国家の関係を分析しながら当初、「福祉国家による『制御の不可能性』」を論じていた(3)。このことは、

1990年代前半に地方分権と再中央集権化の政策が、極めてラディカルに展開していたニュージーランドの教育改革を調査していた論者が当時、ニュージーランドの研究者から何度か、オッフェの名前を耳にし、国家による「危機」の輸出という課題のとらえ方に接したことと重なっている[4]。

コロナ危機に乗じて、DX などを教育政策でも加速化させる側面と同時に、国家が抱え込むことのできなくなった「危機」を、自治体や教育現場に放り投げる事態が起こっている。コロナ危機下の学校現場で起こった事態は、まずはこのようにとらえることができるのではないだろうか。

（2）市民社会における紛争の顕在化をめぐる課題

田村の分析によればオッフェは次のように、制度は国家によりバイアスを受けていると同時に、そのバイアスは、市民社会における再解釈が可能なものでもあることに、1980年代後半から着目するようになったという。

「一方で設計者の有する権力が浸透するがゆえに制度はバイアスを帯びざるを得ないが、しかし他方でそうしたバイアスは制度に内在する価値・規範の再解釈によって変更可能である[5]」

そして田村自身もその後、熟議民主主義の可能性についての分析を重ねている。

コロナ危機下において、2020年度前半に立て続けに発出された、文科省通知の内容は、あくまでも例外的な対応としてのものであり、文科省が学習指導要領などを介した学校の教育内容に対する管理を手放したものではもちろんない。それでも、国家が権力を維持するリスクが高まり、その危機を一時的にせよ、教育委員会、学校現場に丸投げせざるを得ない状況が生まれ、そこに再解釈の可能な領域が拡大しうる状況が生じたことは、教育政策研究にとって重要な調査対象になると、論者はとらえている。

そのように見た場合、学校現場の対応に「指示待ち」が多くなってしまっていることは、やはり深刻な事態と言わなければならないだろう。

同時に、「危機」に対して自律的な対応を試みている教育現場、教育委員会の事例は、教育自治を実現させていくうえでは重要な経験となりうると、論者は捉えようとしている。

教育課程編成を教育現場に投げる事態が生じたことの意味と、現場での対応動態をていねいに分析していくことは、たとえこの事態が、コロナ危機下における例外的な対応として生じたものであったとしても、教育実践に求められる自律性を支えることのできる、教育機関の管理運営のあり方をさぐっていくためには、重要な教育政策研究の課題になりうるのではないだろうか。

（3）教育が政治に及ぼす影響

なお田村は、政治が教育に及ぼす影響だけではなく、教育が政治に及ぼす影響についても分析されるべきことを指摘している(6)。

田村は、1980年代におけるオッフェの政治理論に転換が起こったと分析し、1980年代後半以降におけるオッフェの熟議民主主義論に注目し、それを展開させようとしている研究者の１人であろう。その田村が注目してきたのは、熟議民主主義を、市民社会においても国家においても推進していくことの可能性であるように思われる(7)。

いずれにしても、政策の役割は富の再配分だけではなく、一人ひとりの市民の理性的能力開発にあるという指摘は、学ぶ権利にも関わる議論でもあるだろう。複数の観点から熟慮できることの価値と、それを可能とする仕組みのあり方を探ることは、権利としての自由な学習を、教育機関ごとの統治機構によって実現させていこうとする場合には、検討されるべき指摘となる。

2018年に書かれた論説においても田村は、参加民主主義論における「参加の教育的効果」についてふれていた(8)。参加の教育的効果を調査によって分析していくためには、教育と政治における相互の関係がリアルに把握される必要があり、そのためには、法規定とその運用動態の相互関係を把握できる調査研究の方法が必要となる。しかもその調査研究は、諸政治主体の力関係を分析することにのみとどまっているわけにはいかなくなる。「教育行政の社会学」をめぐる調査方法については、アンケート調査だけではなく、参与観察を含む参加過程自体を、社会システム全体との関係から分析できる調査研究の方法が求められるだろう。

３．教育実践の自律性を支える、教育政治のかたちをめぐる課題

（1）「公正な民意」を欠いた教育委員会をめぐる課題

学校や公民館などの教育機関を、首長部局から一定の独立性をもって支援しているはずの教育委員会制度も、2014年の制度改定によって変えられてきた。すなわち、首長が教育長を直接任命することとなり、教育公務員であるはずの教育長は、教育現場をみることよりも、首長の意向をうかがうようになってきている。その結果、現場教育職員の声は現在、住民には届きにくくさせられて

いる。教育現場の多くは、このような状況の中で、コロナ危機に向き合わなければならなかったのである。

教育機関の管理運営に関わるはずの教育委員会制度が、その役割を十分にはたせていない状況が続くなかで、教育実践に対する首長や与党議員、あるいはそれらの意向を反映した教育委員会による教育実践に対する干渉によって紛争がこれまでも続いてきたが、コロナ危機は、多くの教育現場の声をさらに奪う状況を広めてしまったように思われる[(9)]。

（2）現場の声を取り戻し、現場で決めていける仕組みを重層的につくる

命を守ることと、自由を守ることとの両方を譲り渡してはならない。これは、今回のパンデミックが2020年３月11日に WHO により宣言された直後に、ユヴァル・ノア・ハラリによって指摘されたことであった[(10)]。

ハラリの提起を、教育学に引きつけてとらえれば、命を守ることと、学ぶ権利、特に、権力を監視する学びは、選択の問題ではなく、その両方が必要であると言うことができるだろう。特に緊急事態宣言は、その運用に対する主権者からの監視ができにくくなれば、合法的に基本的人権に制約を課す側面ばかりが肥大化してしまう危険性をもっている。

ところで、コロナ危機に対して、障害者をインクルーシブできる社会の構築によって向き合うことを訴えた、国連の2020年５月政策提言[(11)]を、熊谷晋一郎は次のように紹介している。

「コロナが始まる前から人々は非常に多様で、障害がある人もいれば、ない人もいる。男性もいれば女性もいる。LGBT の方もいる。それぞれの現場で、他の人には思いつかないような困りごとを抱えているわけです。たぶん誰一人として全貌は知らない。強権的なリーダーが１人いて、その人の指揮系統でうまくいくわけではない。こういった非常に多様な困りごとが多様に分散している状況では、指揮系統を現場に移さなければならないということが“アジャイル”の意味することです。トップダウンではなくボトムアップです。現場から声を吸いあげて、そこから組織全体が絶えず学習して、そして適切できめ細やかな対応をとっていく、それがアジャイルという言葉がイメージするものだと思います[(12)]」

現場ごとの自律的な判断によって、コロナ危機下においても、障害者を含む多様な人々が生活していける社会をつくっていくことを、熊谷はアジャイルな社会の実現として紹介している。この熊谷の指摘は、教育政策研究にとっても示唆に富むものであろう。

（3）教育の自律性を支える教育政治のかたちを、調査を通してさぐる研究課題と方法

現在の危機は新型ウイルスの感染拡大によって引き起こされているが、この危機をより深刻なものにしているのは、主権者であるはずの一人ひとりの住民がその選択肢を自律的に判断していく力を身につけていくことのできる、自由な学習の場を奪われ続けてきたことにあるように思われる。

紛争をともなう、教育に関する集合的意思決定を教育政治と定義し、その決定過程を調査によって明らかにし、教育実践の自律性を支えることのできる教育政治のかたちを追求していくことが、教育政治研究固有の課題として設定されること。このような、教育政治研究による調査がおこなわれるようになれば、法規定はその運用動態との相互関係から捉え返すことができるようになり、教育実践に求められる自律性を、よりよく確保できる法規定とその運用環境をつくっていくことの可能性が広がるのではないだろうか。

教育の自律性を支えることのできる民主主義のあり方を調査によって追求していくことは、教育政治研究固有の課題として設定されるべきであろう(13)。

注

（1）大会当日の報告内容は、『季刊教育法』206号（2020年９月）に掲載された論文「コロナ禍における学習権保障と教育委員会の役割」に加筆を加えたものであった。そちらも参照されたい。

（2）「リズム崩れ　進まぬ学習（土門哲雄）」『東京新聞』2020年５月１日。

（3）田村哲樹「クラウス・オッフェの政治理論　―『制御の不可能性』から『制御の可能性』へ」『年報政治学』第53巻、2002年。

（4）荒井文昭「分権化のなかの学校選択と教育参加―ニュージーランドにおける教育改革の動向」『人文学報』第259号、1995年３月。

（5）田村、2002年前掲論文、203ページ。

（6）田村哲樹「論説　『教育政治学』の射程　―『政治／政治的なるもの』と『教育／教育的なるもの』との区別の導入を通じて―」『名古屋大学法政論集』280号、2018年、89頁。

（7）田村哲樹『国家・政治・市民社会―クウラス・オッフェの政治理論―』青木書店、2002年、215頁ほか。

（8）田村、2018年前掲論文、106頁。

（9）日本教育政策学会『「不当な支配」と「公正な民意」』年報26号、学事出版、2019年。

(10) Yuval Noah Harari, the world after coronavirus, Financial Times HP, March 20, 2020.

(11) United Nations, Policy Brief: A Disability-Inclusive Response to COVID-19, May 2020.

(12) 熊谷信一郎「コロナの向こう側で（１）“全員が障害者”で見えたもの」NHK ハートネット、2020年６月５日。NHK ウェブサイト（https://www.nhk.or.jp/heart-net/article/364/)、2021年９月14日閲覧。

(13)「教育の自律性」ということばを本論では、“既存の社会的分業のあり方を批判的にとらえ返していくことのできる、学習者一人ひとりの声に向きあえる教育実践をおこなえる仕組み”として使っている。教育政治研究固有の課題と、この教育の自律性については、荒井文昭『教育の自律性と教育政治―学びを支える民主主義のかたち―』大月書店、2021年を参照されたい。

（東京都立大学）

課題研究報告：With/After コロナ時代の教育と教育政策／統治

with コロナ期の新たな改革構想と教育統治

―「未来の教室」か、「令和の日本型学校教育」か？―

児美川　孝一郎

2010年代半ば以降の教育政策・改革構想の展開プロセスを３つのステージに分けて考えてみたい。〈第１ステージ〉は、2018年３月の高等学校学習指導要領の告示を仕上げとして、「高大接続改革」と併せた「2020年教育改革」の実現がめざされていた時期である。〈第２ステージ〉は、同年６月以降、Society5.0の実現に向けた教育改革の構想が表面に浮上する時期であるが、教育関係者にはとりわけ、2019年12月の「GIGA スクール構想」が注目を集めた。そして、〈第３ステージ〉は、コロナ禍を経て2020年夏以降、Society5.0に向けた教育改革の構想に政策サイド内部での分岐が生じた時期であり、現在に至っている。

詳しくは本文で述べるが、３つのステージは、教育政策としての連続的な延長・発展上に理解できるものではない。わずか３年のあいだの出来事であるが、各ステージは、非連続的に展開してきた。〈第１ステージ〉と〈第２ステージ〉間には明らかな「断層」があり、〈第２ステージ〉と〈第３ステージ〉には、連続面も見られるが、局面が二層化したという点での「転換」がある(1)。

いったい何が起きたのか。本稿では、この３年間における教育政策の展開＝転回のプロセスを、教育政策の内容上の変化と、政策の立案・実施にかかわるアクターの布置状況や力関係の動態に即して、明らかにしていく。

１.「2020年教育改革」を頓挫させたもの

まず、〈第１ステージ〉から〈第２ステージ〉への転換は、なぜ生じたのか。

「2020年教育改革」については、さまざまに論じられているので(2)、ここでは説明しない。このうちの「高大接続改革」、とりわけ大学入学共通テストが、なぜ看板倒れに終わったのかについては、端的に「内部崩壊」と言ってよい。他にも問題点は少なくなかったが、決定的な要因としては、制度設計の現実性や具体性に致命的な欠陥があったのである。それゆえ、英語外部試験や数学・国語の記述式問題の導入という目玉とされた改革案は、実施直前の段階で相次いで頓挫することになった(3)。

これと比較すると、新学習指導要領は、それ自体に内在する要因からではなく、専ら「外圧」によって宙づりにされたと言える。本来、〈第２ステージ〉は、新学習指導要領への移行措置の時期にあたり、2020年度からの全面実施に向けた総仕上げの段階に位置づくはずであった。にもかかわらず、ここに、新たな政策構想（＝Society5.0に向けた教育改革）が突如として登場し、大きな力を持ちはじめたのである。

Society5.0の定義（1.0＝狩猟、2.0＝農耕、3.0＝工業、4.0＝情報に次ぐ未来の社会）や、その怪しげな将来像の触れ込み（最新テクノロジーの発展により、経済成長と社会的課題の解決が両立し、「人間中心の社会」が実現する）については、ここでは論じないことにする。重要なのは、Society5.0に向けた教育改革の構想が、なぜ、瞬時のうちに、新学習指導要領をはねのけるほどの力を発揮できたのかである。

Society5.0は、2016年１月の「第５期科学技術基本計画」で初めて登場した概念であるが、実は、その強力な旗振り役をつとめたのは経団連であった(4)。経団連は、その後も政府に対するSociety5.0の売り込みを強め、それは最終的には、2017年６月に閣議決定された「未来投資戦略2017」にも位置づけられることになった。つまり、安倍政権による成長戦略として、国家戦略にまで押し上げられたのである。こうした意味で、Society5.0とは、「失われた30年」とも称される日本経済の長期停滞を背景として、国がかりの大規模な産業振興や財政支出によって、そこからの脱出を図りたい財界の欲望と、アベノミクスの失敗に成長戦略上の手詰まり感を覚えていた政権との「野合」が生み落としたものであった。

かかる意味でのSociety5.0の国家戦略化によって、その実現のための人材育成と教育改革が求められることになった。そのための政策構想や実績づくりに総務省や経産省が動き出し、遅れをとるわけにはいくまいと行動を急いだのが文科省だったのである。こうして、〈第２ステージ〉への静かな移行が完了した。

教育関係者の多くがこのことに気づかされたのは、2019年12月の「GIGAスクール構想」であろう。一部には誤解があったようにも思われるが、GIGA

スクールは、文科省がこの間すすめてきた「教育の情報化」政策[5]の延長上にあって、教育のICT化を推進するための純粋な条件整備を目的に登場したわけではない。Society5.0とSociety5.0型の教育を実現していくためにこそ、児童・生徒への１人１台端末の配備と学校の通信ネットワーク化は、不可欠であった。だからこそ、教育には最低限のお金しかかけないことを「国是」としてきたかのようなこの国において、GIGAスクールには気前よく国家予算が注ぎ込まれることになったわけである。

〈第１ステージ〉から〈第２ステージ〉への転換に関しては、教育政策研究の観点から、注目しておくべき点がいくつかある。

第１は、そもそも〈第２ステージ〉への移行を、誰がリードしたのかという点。Society5.0の国家戦略化という大前提は存在していたとしても、それを具体的な教育政策のかたちに落とし込もうとしたのは、自民党の教育再生実行本部でも、教育再生実行会議でも、ましてや中教審でもなかった。経産省や文科省の内部に設置された研究会等が、その任に当たったのである。これまでにない事態であるが、そうした政策立案のプロセスの正統性をどう考えればよいのか。

第２は、経産省が教育政策の作成主体へと、民間企業が教育政策の実施主体へと本格的に躍り出てきたという点である。これまでにも、経産省や民間企業が公教育を遠巻きにしつつ、そこに影響力を発揮しようとしてきたことはある。しかし、〈第２ステージ〉においては、「経産省・民間教育」と「文科省・公教育」が完全にフラットな関係（むしろ、前者が後者を飲み込もうとするかの事態）となる状況が生じたように見える。

第３は、〈第２ステージ〉における教育改革構想は、実は〈第１ステージ〉に準備され、2020年度から全面実施に移行するはずであった新教育課程との関連づけを、言ってしまえば、「棚上げ」して練られた。そのために残された懸案は、文科省にとっての「宿題」となり、それが、〈第３ステージ〉への政策局面の移行を生み出す一つの要因にもなっていった。

２．Society5.0に向けた教育改革の構想

それでは、〈第２ステージ〉において、実際にはどのようなSociety5.0に向けた教育改革が構想されたのか。

手がかりとして、まずは文科省による報告書「Society5.0に向けた人材育

成—社会が変わる、学びが変わる」（2018年６月）を見てみよう。ここで、今後の教育の方向性として実現がめざされたのは、「公正に個別最適化された学び」である。その学習イメージの中核にあるのは、子どもたちが PC やタブレット等の端末を前にして、AI が提供する学習プログラムにそれぞれ取り組む個別学習であろう。新学習指導要領ではあれほど「主体的・対話的で深い学び」が強調されたにもかかわらず、その延長上にあるとは思えない（むしろ、非連続な）学びの形態が、いとも簡単に推奨されるのである。さらに、報告書に従えば、「個別最適化」された学びを軸にした学校では、①「一斉一律授業」から「個人の進度や能力、関心に応じた学びの場」へ、②「同一学年集団の学習」から「学習到達度や学習課題等に応じた異年齢・異学年集団での協働学習」へ、③「学校の教室での学習」から「大学、研究機関、企業、NPO、教育文化スポーツ施設等」における「多様な学習プログラム」への転換が必然化するのだという。

ありていに言ってしまえば、文科省からすれば、これまでの政策展開を自己否定し、学校のかたちを壊してしまいかねないものではないのか。なぜ、そんなことになったのか。

背景には、近年の文科省が、もはや教育政策の自律的な立案主体たりえていなかったという事情もある。教育政策の決定は、首相官邸やその直下の教育再生実行会議に吸い上げられ、文科省は、中教審も含めて、決定済みの政策方針を具体化する実行機関としてのみ位置づけられてきた。とすれば、国家戦略である Society5.0を前にして、文科省にはそこに抗うような芸当はとうていできなかった。さらには、首相官邸にも近い経産省が、Society5.0に向けた教育改革の立案に参画しつつあり、そうした経産省の影が文科省を脅かしてもいたのである。

では、経産省は、どう動いていたのか。省内では2016年に「教育産業室」が立ち上げられ、ここが基盤となって、2018年１月に有識者会議である「『未来の教室』と EdTech 研究会」が発足している。EdTech とは、教育とテクノロジーを合成した造語であり、経産省の思惑は、教育のイノベーションを軸にして、教育産業や IT 産業を中心とする民間企業を学校教育に参入させる道筋をつけることにあった。同研究会は、2018年６月には「第１次提言」を発表し、１年後の2019年６月には、第２次提言「『未来の教室』ビジョン」を発表した。

これらの提言の内容は、教科学習に関しては、ICT や AI を活用した学びの

「個別最適化」をめざし、協働学習としては、「STEAM 教育」（産業界等と連携しつつ、Science、Technology、Engineering、Art、Mathematics を組み合わせて横断的に、課題解決的に学ぶ）の推進を主張するものである。文科省の報告書とも基本線は一致しているが、違いを探すとすれば、産業界との連携がより大胆に強調され、「教育産業起点の教育イノベーション」(6)を改革の推進力と考えている点にある。言ってしまえば、経産省が主張する「未来の教室」とは、民間発の教育機会が豊富に準備され、社会全体が学びの場となることなのである。

付け加えれば、経産省による「未来の教室」事業は、2018年度以降、すでに実証事業の段階に入っており、机上のプランではない。そこでは、民間企業と学校（2020年度事業では、さらに自治体と大学も加わる）の連携・協働によって、さまざまなパイロット事業が取り組まれている。めざすは、学びの「個別最適化」の推進のモデルづくりであり、学びの「STEAM 化」のためのコンテンツ開発（STEAM ライブラリーの構築）である。

〈第２ステージ〉は、文科省と経産省が、実際のところは同床異夢だったのかしれないが、少なくとも公表された報告書等に即してみれば、両者の政策構想に深刻な齟齬が生じていなかったように見える段階である。それでは、そこでの Society5.0に向けた教育改革は、結局、日本の教育をどう変えようとしていたのか。端的に、危惧される問題点を指摘しておこう。

第１に、公教育に課せられる役割は、Society5.0を担うことのできる人材育成に焦点化される。本来、教育の目的は、人材ではなく「人格の完成」であり、「平和で民主的な国家及び社会の形成者」（教育基本法第１条）の育成であるはずなのだが、Society5.0における人材育成がめざすのは、象徴的な言い方をすれば、「１つの国民」ではなく、幾重にも階層化された人材像（Society5.0を担うエリート層、エリートを支援するフォロワー層、Society5.0に受動的に適応するノンエリート層、Society5.0に適応できないアンダークラス）にほかならない。

第２に、Society5.0下における教育の空間は、ICT や AI、ビッグデータ等の最新テクノロジーがフル稼働する場として編成される。それは、教育課程、学年・学級、授業時数といったこれまでの学校制度のかたちを根本的に変容させる。少なくとも、就学義務（通学）を軸とするような公教育、学校教育のかたちは、解体を余儀なくされる。

第３に、教育と産業界との連携が必須とされ、実質的には、産業界による公教育への「侵入」が可能となる。公教育は、民間企業にとっての「市場」として大胆に開放される。

第４に、これまでの学校教育のかたちが解体されることは、結局は、学びにおける「能力主義」が貫徹されることを意味する。結果として生じる学習成果の格差は、「自己責任」とされる。ここでは、公教育の本質的な役割、教育の機会均等や平等にかかわる教育の公共性の思想が欠落してしまう。

３．教育政策として着地点へ

見てきたようなSociety5.0に向けた教育改革の構想は、実際の教育政策としては、どこに着地点を見出したのか。

最初に動き出したのは、2018年８月に再開された教育再生実行会議である。そこでは、①「技術の進展に応じた教育の革新」②「新時代に対応した高等学校改革」がテーマとされたが、①はSociety5.0への全般的な対応、②は高校改革を皮切りに、その具体化を図ろうとしたものである。2019年６月には「第11次提言」が出されたが、そこには、先端技術の活用、産学連携によるSTEAM教育の推進、各高校における教育理念の明確化と３つのポリシー（生徒受入れ、教育課程編成・実施、卒業認定のそれぞれに関する方針）の策定、普通科への「類型」導入などの改革アイデアが踊っていた。高校改革のアイデアは新規のものであるが、産業界との連携・協働を強力に推奨するなど、基本的には2018年６月以降の文科省・経産省によるSociety5.0に向けた教育の改革構想を、どちらかと言えば経産省寄りに、現実の学校制度に着地させようとするものであったと言える。

こうした教育再生実行会議の動きを意識しながら、2019年４月には中教審も再開された。テーマは、初等中等教育改革の全般にわたったが、文科大臣による諮問には「Society5.0時代における教育・学校・教師の在り方」という文言が堂々と登場した。（審議は、2019年度だけではなく、コロナ禍を挟んで2020年度へと継続され、最終的には2021年１月に答申が出された。このプロセスにおいて、文科省の立ち位置が変化して〈第３ステージ〉となるのであるが、これらの点については、すぐ後で述べる。）

そして、2019年12月には、こうした動きの延長上に「GIGAスクール構想」が発表された。この構想の直接の出自は、景気対策として2019年度の補正予算に組み込まれた「安心と成長の未来を拓く総合経済対策」であったが、その内容が、子どもたちへの１人１台端末の配備と学校の高速ネットワーク化であったのは、明らかにSociety5.0に向けた教育改革の推進を念頭に置いたものである。そうした意味で、GIGA スクールは、Society5.0に向けた〈第２ステージ〉の教育政策が、改革構想の次元を超えて、実際の教育施策として着地していく第一歩であった。

４．コロナ禍における教育改革構想の分岐

その後、2020年のコロナ禍のもとでの全国一斉の臨時休校の経験などを踏まえ、教育政策の動向には〈第３ステージ〉が到来する。端的に言えば、文科省が経産省への追随路線からの「自立」を模索しはじめ、結果として、改革構想には２つの潮流が分岐しはじめたのである。

１つめの潮流は、コロナ禍の到来を、Society5.0に向けた教育改革を推進していく絶好のチャンスと捉える「急進派」である。

「学びを止めない」という巧妙なスローガンのもとに、学校の休校期間における民間教育産業の教育プログラム等の利用を促した経産省の施策や新たな「EdTech 導入補助金」事業、１人１台端末の配備年度を大幅に前倒しした「GIGA スクール構想」の増強などは、この潮流に位置する施策である。政府の「経済財政運営と改革の基本方針2020」や経団連の「Society5.0に向けて求められる初等中等教育改革 第一次提言」（2020年７月）「第二次提言」（11月）も、基本的にはこの系譜に属する。また、菅政権の成立後に追求されるようになったDX（デジタルトランスフォーメーション）やデジタル改革も、この流れに位置すると言える。

これに対して、２つめの潮流は、長期にわたる臨時休校を通じて、多くの人々のあいだで学校の役割や価値が再認識・再評価されたことを踏まえ、これまでの学校教育のかたちを維持しつつ、Society5.0時代の教育への緩やかな着地をめざそうとする「漸進派」である。

言うまでもなく、文科省がこちら側の陣営になるが、その考え方は、典型的には2021年１月の中教審答申「『令和の日本型学校教育』の構築を目指して」に見て取ることができる。そこでは、「個別最適な学び」は、AI ドリルを彷彿とさせるような学習イメージから抜け出ることを企図し、従来から日本の学校教育が取り組んできた「個に応じた指導」を、学習者視点から言い換えたもの

にすぎないと説明された。そして、そうした「個別最適な学び」だけでは限界があるとされ、「協働的な学び」に取り組むことの重要性が主張されるのである。加えて、学年、学級、教育課程、一斉授業、授業時数といったこれまでの学校教育の枠組みは、基本的な前提とされ、まさに漸進的に Society5.0に向けた教育を実現することがめざされている。もちろん、「漸進派」といえども、Society5.0に向けた教育改革を推進する立場であることは覆しようがなく、答申においても、ICT の活用は大前提として主張され、高校教育改革の提案では、STEAM 教育の推進も積極的に位置づけられている。

こうした意味で、答申のポジション取りには苦し紛れのところもあるが、〈第２ステージ〉の政策段階において諮問を受けた中教審に、〈第３ステージ〉における文科省の立場を具体化させた点が、この答申の真骨頂である。ポイントは、Society5.0に向けた教育改革の推進には同意しつつ、学校制度のスリム化や解体には最後まで抵抗を示すという点にある。

５．今後における教育統治のゆくえ

〈第３ステージ〉における教育政策・改革構想の分岐・対抗は、今後どう動いていくのか。

同じく Society5.0に向けた教育改革の推進をめざしつつも、「急進派」は、デジタル教科書、オンライン授業、全国学力テストの CBT（Computer Based Testing）化、教育データの利活用等について、さらには既存の学校教育の形態の解体にもつながる標準授業時数、卒業認定等についても、いっそうの規制緩和を求めてくる。これに対して、「漸進派」である文科省は、抵抗を図りつつも、一定の譲歩をせざるをえない局面にも遭遇する。こうしたせめぎあいを何度も繰り返していくのであろう。

ただし、注意しておきたいことがある。こうしたせめぎあいの帰趨に影響を及ぼす諸アクターは、経済界から、首相官邸、自民党文教族、教育界、そして復古的な国家主義団体までのラインアップが揃っており、基本的に従来と変わるわけではない。しかし、こうした諸アクターのうち、経済界は今や、教育政策・改革への「外側からの要求主体」であるにとどまらず、経産省を媒介としながら、もう１つの教育政策・改革の構想・立案・実施主体にまで躍り出てきている。この意味での局面の新しさを看過するわけにはいかないだろう。

注

（1）拙稿「GIGA スクールというディストピア―Society5.0に子どもたちの未来は託せるか？」『世界』2021年1月号、岩波書店、を参照。

（2）例えば、拙稿「2020年、教育改革下の高校の不透明なゆくえ―高大接続改革、新学習指導要領、Society5.0時代の高校」『月刊高校教育』2020年1月号、学事出版、を参照。

（3）拙稿「大学入試の現状と課題」日本婦人団体連合会編『女性白書2020』ぽるぷ出版、2020年、を参照。

（4）日立製作所取締役会長・中西宏明「ソサエティー5.0」『日刊工業新聞』2016年7月6日、を参照。

（5）文科省『教育の情報化に関する手引』2010年、を参照。

（6）浅野大介氏へのインタビュー「『未来の教室』とEdTech 研究会が目指すところ（下）」『月刊高校教育』2018年11月号、学事出版、8頁。

（法政大学）

追記（2022.5.3）

本稿は、2021年8月末に脱稿したものであり、その後の内閣府の総合科学技術・イノベーション会議・教育・人材育成ワーキンググループの動き等は追えていない。

課題研究報告：With/After コロナ時代の教育と教育政策／統治

コロナ危機における教育政策の国際比較
―フランス初等中等教育の状況から―

園山　大祐

ユネスコの報告によれば[1]、2020年９月時点では、94か国でしか開校されておらず、2021年９月現在でも、117か国に過ぎない。18か国の１億1700万人の生徒が学校閉鎖によって学習権がはく奪されている。世界平均では、18週間の閉鎖期間となる。地方自治体や学校単体による平均閉鎖期間では、34週間となり、ほぼ１年間となる。2021年４月30日までに１億7424万人の生徒が感染している。フランスでも154万人を超える感染者数（全感染者の３分の１弱）である。それでも、この１年半の完全休校は12週間で欧州諸国中でも短い。

2020年11月の世論調査（IPSOS-FSU）の結果をみると、コロナ（COVID-19）禍の学校において、学校閉鎖を希望する生徒は18％（教師17％）、ハイブリッド授業は41％（教師39％）、可能な限り開校は41％（教師44％）となっている[2]。保護者が心配しているのは、感染リスクの44％よりも、学力問題である。特に高校生の保護者は71％が心配であると答えている。別の同時期の調査では[3]、この１年で親子の関係が強化されたと回答した人が６割、９割が幸福と答え、同時に料理、読書、運動などを通じて親子の関係を深めたとしている。

以下に、この１年半のフランスの学校におけるコロナ対策を振り返りつつ、今後のデジタル教育の課題を明らかにする[4]。

１．コロナ禍、フランスの学校はどう取り組んだか

2020年３月16日から５月10日の初期段階において学校閉鎖にもかかわらず、概ね遠隔教材・授業をはじめとした対応が一定の成功と満足を与えたとされている。フランスは教育法典第３章第１節 L131-2条によって教育義務はあるが就学義務がないために、元々存在していた不登校者および学校嫌い、あるいは、院内学級やホームエデュケーション[5]の児童生徒のために用意された国立遠

隔教育センター（CNED）のプログラムが即活用できた点が功を奏した。特に「自宅学級（Ma classe à la maison)」というサイトの充実強化がとられた。既存のヴァーチャルな授業は、３分の２に相当する50万人の教師に活用されることになる。同時に、デジタル教材にアクセスできない家庭には、国民教育省は郵便局と提携して、４万１千人の児童生徒には郵送による33万件以上の課題を送付している。さらには、国営テレビ局（France4）とも提携し、既存の子ども向けの番組「Lumni 家（la maison Lumni)」の普及拡大を実施し、計700以上の授業番組を国民教育省の正規教師によって制作配信した。約百万人の視聴者を数える。くわえて「国民皆学習者（Nation apprenante)」というキャンペーンを展開し、ラジオ、テレビ、新聞・雑誌等に動員を求めた。ほかにも、何らかの理由で学校に受入れることができない小中学生を「スポーツ、健康、文化、公民（2S2C)」教育活動の場として地方自治体に受入れるよう働きかけた。３千の自治体と契約締結にあり、約17万人が登録されている。外出制限があるなか、学校外の運動の重要性は、当初から大臣は指摘していた。これは長時間のデジタル教育による子どもの発達への弊害について、平時からのフランスの ICT 教育へのアレルギー反応における科学的な根拠（脳科学や精神医）によるものである(6)。また学校が休みの水曜日には、脆弱都市のなかでも特に「80の教育団地（80 Cités éducatives)」の３歳から25歳の54万人が教育活動に参加している。学校—地域（行政・協会等）—家庭の三者連携を通じた幼児から若者の安定した健康的な生活と学業から職業参入に向けた支援活動を行っている。活動は勉学から、健康面、運動、音楽、文化、市民教育など多岐にわたる。

それでも、この第１期中に全国平均およそ4–5%の子どもがこれらの恩恵を受けることができなかった（この数値は、地域や年齢によって差がみられる)。

休暇中の学校開放事業であるが、2019年度の春休みおよび夏休みだけで、小学生18万７千人、中学生２万９千人が利用した。特に夏休みは、3800校が協力している。これらは１日３時間×５日間の無償事業で、小学校４、５年生と中学１年生を優先するもので、2020年春休みは25万人に、夏休みは50万人に提供された。夏には、職業高校生も１万５千人が参加し訓練を受けている。

ちなみに平時から８月末の新学年前と10月末の秋休みにも少人数制の補習学習週間として１日３時間の計５日間の学習が用意されている。教師は臨時雇用のため手当てがつく。このほか長期休暇中の林間学校には、５千の事業が展開され、参加費の８割は国家が負担し、経済的に脆弱な家庭を優先している。

2020年度において最重要課題とされているのは、児童生徒の現状把握である。通常の小学校１、２年生と中学校１年生の学力調査以外にも学齢期のそれ以外の全学年の学習状況調査（フランス語と算数・数学）が９月14日から25日に実施されている。こうした診断を基に、10月９日までに結果をフィードバックし、個別学習計画を用意したり、補習授業を受けさせたり、「宿題完了（Devoir faits)」の活用を促進することで、学習の遅れを補い、学力格差縮小と早期退学を防止するよう対策を講じている。なお、2020年度は高校１年にも同様の調査が実施され、各教師は対策を講じている。また大臣の下、迅速なデジタル介入対策チームも設置された。これらは、今後の一時学級閉鎖および数週間に及ぶ学校閉鎖における対策支援として、地方教育委員会をバックアップするものと位置付けている。

また先の学習状況調査におけるフランス語と算数・数学における追跡カルテは、少なくとも７週間（11月の休暇まで）継続され、学年終了までの学習計画案を作成する。各学習期（小１から中学終了までの９年間３年ごとに分けている）に応じた個別対応、学級内、学級外、習熟度別対応など工夫するよう指示がされている。積極的な課外における学習活動への参加を保護者に促すことや、課程内の授業時間中における取り出し授業（週５時間内）も適宜用意する。中学生向けの「宿題完了」には、校内における放課後の補習時間の利用（約３割70万人が受講、うち４割が中学１年、平均週２時間利用、約６割は教師による補習)、デジタル教材「Jules」を用いた宿題支援の活用も推進されている。そして、これまで以上に、休暇中の学校の開放を実施する。公立以外の契約私立校にも提供されていて、特に学習困難な生徒、経済的困窮家庭、過疎地域において拡大するとされている。

また2019年から取り組まれている、無償朝食および１昼食１ユーロ運動も脆弱都市（QPV）や優先教育地域の学校を中心に拡大する予定となっている。

そのほか、この初期から一貫して注意が注がれたのは障碍や、特別な支援を必要とする子どもたちと教職員への配慮である。障碍児童生徒については、通常より手厚く５名あたり１名の教師の割当に変更した対応を2020年５月の登校再開時に各教育委員会に通知がされた。ブランケール大臣の関心事でもあり、2019年度からより積極的なインクルーシブな学校教育体制づくりが実施されていて、様々な相談窓口や校長との定期的な面談などが制度化されている(7)。

他方、過疎地域への対策もとられている。新年度においては、人口５千人以下の自治体における市長の支持なしによる小学校の閉鎖はゼロであった。フランスの小学校の約２割は１学級ないし２学級である（うち85％は、1500人以下の高齢化した市町村）。そしてこうした学校は校長兼教師が１名体制となるため、コロナ禍、学級閉鎖や緊急時の対応がより難しかったはずである。こうした背景も、デジタル教材に対応できる人員の配置と研修と過疎地域の学校のデジタル環境の整備は死活問題と言える。

２．2020年度を迎えて

コロナ禍の2020年３月からの教訓から生まれた新年度の中核的な政策としては、学校教育におけるデジタル化の促進にある。2018年の TALIS 調査（国際教員指導環境調査）においても、フランスは OECD の平均以下であり、日常的に授業でパソコンを使用するのは、初等教育で14.5％、中学校で36.1％である。この数値の背景としては、パソコンやタブレットの保有率の低さ、インターネット環境の整備の不十分さ、教師の知識の不十分さなどがあげられている。そこで、生徒だけではなく教師におけるデジタルディバイドも縮小するために、そしてデジタル教育の普及拡大に向けた取り組みの実験特区をフランス北部のエーヌ県とパリ市の隣のヴァルドワーズ県に指定した。重要課題として、すべての教師におけるハイブリッド教育の実現、実験的なサイトにおける全教科のデジタル教材の実施、家庭において PC 環境のない１万５千人の小学生に対するタブレットの貸出、デジタル環境が未整備の３千学級の環境整備、小中学校に千人の新規教師の配置、小中学校の１万５千学級にハイブリッド教材の提供、最後にこれらの教育と学習効果を評価することがあげられている。

2020年５月の学校閉鎖中の中高生の学習状況調査(8)からは、４割の生徒は１日３時間未満自宅で勉強をしていたとする。自立した勉強が可能な生徒の特徴は、高成績、女子、高所得層の家庭とされている。また保護者の支援をより多く受けたのも、同様の特徴となっている。つまり、この間の学習の質量に格差が開いた可能性が指摘できる。デジタル教材やビデオ教材などが普及していたフランスでは、こうした利用率と利用者の特徴から、今後の課題として自立的な学習だけでは難しいため、対面授業の重要性が示された結果とも言える。本調査結果を踏まえれば、学習意欲や共同作業などを補うためにも一定の学級生活は必須と言えるのではないだろうか。

フランスでは、小学校１、２年生（2018年から）と中学校１年生（2017年から）の全生徒への学力調査がフランス語と算数・数学に限定して学年始に実施されている。2020年11月に国民教育省（DEPP）より経年比較による報告がされた[9]。そこでは、小学生においては、前年比で少し2020年度の調査結果に低下がみられた。特に保育学校の年長組の終わりに学習する算数において、不正解率が高いという結果が明らかとなった。いわばコロナ禍の学校閉鎖の影響がうかがえる。さらに全国平均より1-2%の低下であるが、優先教育地域の小学生についてはより大きな低下がみられ、つまり社会階層間の家庭における学習環境の格差が反映された結果となった。ただ、2017年から優先教育地域では、学級規模を15人以下にさせ、学級環境は大きく変わった点もあり、調査結果にはより慎重な解釈も必要とされている。中学１年生については、2017年から４年連続で正解率が増加している。2020年は前年比でもフランス語と数学の両方で、全国平均、私学、優先教育地域のいずれの点数も上がっている。

３．2021年度デルタ株にみる対応

2021年９月の新年度からは、デルタ株への対応が本格化し、４つの段階（緑、黄、橙、赤）を設けている。自治体の保健所からの判断を基に学校の閉鎖を含めた連携をとることになっている。例えば、初等教育では最もリスクが低い第１段階（緑）から最も高い第４段階（赤）においても対面授業を基本としている。マスクの着用は第２段階から、生徒の接触は第１段階では同一学級内まで、第２段階では同一学年内、第３段階からは給食は同一学級生徒同士に限定される。教室内の消毒も、第１段階では１日１回で、第２段階以降、複数回とされている。体育の授業も第２段階から接触競技を禁じている。第４段階になると屋外のみとなり、また２メートルの距離をとった体育授業となる。

これら対面授業は、中学校３年と４年の高学年では第４段階から、高校では第３段階から50%のハイブリッド授業としている。

学級閉鎖は、初等教育では学級内に１人陽性者が発見された翌日からオンライン授業に切り替えることになっている。中学校以上では、ワクチン未接種者においては７日間のオンライン授業を課し、ワクチン接種者には、登校を認めている。６月15日から12歳から18歳のワクチン接種を行い、９月15日現在58%が２回の接種を終えている[10]。教師の８割以上が２回接種を完了。

おわりに

最期にフランスの動向で注目したいのは、コロナ禍のピンチをチャンスに転換する力と同時に、デジタルディバイド、医学的、社会文化的障碍に対する特別支援への配慮にある。例えば、経済的な支援として、上記の事業のほとんどが無償であるのに加えて、学年始の教育手当（ARS）に追加して100€の支給や中学校、高校生への奨学金の前年度比+2%、寄宿生への手当は最大64%も上げられている。並びに教師の給与の見直しやデジタル対応として2021年１月より毎年150ユーロの手当が支給される（2020年12月５日付デクレ2020-1524号）。今回取り上げなかったが、労働者（教職員）への配慮なども検討されており、エッセンシャルワーカーとしての教師以外の公務員や、課外活動、余暇活動に従事する人たち（特に女性が多い職業のため）に対する労働環境へのケアも同時に議論がされている点は、日本にも示唆的である(11)。あるいは、女子生徒と学生における生理貧困、難民・非正規滞在者へのケアと教育についても、様々な対策が、初期から用意されたことは、平時からの危機管理能力および政治家の意識の違いによる。以上の１年半の政策実態評価には、もう少し時間が必要である。この間のコロナ禍の学習への影響以上に心配なのは、子どもたちの社会化やコミュニケーション能力など心の発達への影響にある。子どもを取り巻く社会と家庭環境の差異が、子どもたちに少なくない影響を残すことになるだろう。より公正な社会を実現するために、有事に何ができるか各国で試されている。フランスの施策から共通して感じられるのは、アナログとデジタル、学校と家庭、教科間、教科教育と生徒指導、など別々に存在していたものを協働、連携、横断、協力、連帯などでつながりを模索することにある。学校、教師、家庭、地域などが一緒に子どもの成長を支えるために、より密接に話し合いの時間と場所をつくることで、コロナによっていったん分断されそうになった社会関係を取り戻す糸口が見いだせるのではないだろうか。フランスの特長でもある国営企業（郵便局、テレビ、ラジオ等）と、国家公務員であるCNEDの教師による遠隔教材の作成、地方公務員である地域の余暇活動の維持・普及など、コロナ禍の有事に活かされた点も忘れてはならない。何よりも教師の専門性としてのエッセンシャルワーカーという社会的地位の再評価に気づいた国民は多く、教師の社会的地位が下落しているなか、国民的討論を通じて教師の再評価を試みようとする国民教育省の次期大統領選挙に向けた動向に期待したいところである（CSEN 2020)。

注（最終閲覧日は明記していないところはすべて2021年６月９日）

（１）https: //fr. unesco. org/news/lunesco-sonne-lalarme-117-millions-deleves-monde-ne-sont-toujours-pas-scolarises

（２）https://www.ipsos.com/fr-fr/etat-desprit-des-personnels-de-leducation-nationale-et-des-parents-deleves　IPSOS（2020b）教職員組合との共同調査：1000人（850人の教師（公立と私立）と150人の職員（公立のみ））教職員と保育学校から高校までの保護者500人を対象に2020年11月17-20日に実施したインターネット調査。

（３）https: //www. ipsos. com/fr-fr/famille-6-parents-et-enfants-sur-10-considerent-que-le-confinement-renforce-leur-lien　7-15歳の500人の子どもとその親を対象に2020年10月から11月にかけて実施したインターネット調査。

（４）以下、主要データは国民教育省の HP より引用：https://www.education.gouv.fr/mars-2020-mars-2021-un-de-continuite-pedagogique-et-de-gestion-de-la-crise-sanitaire-dans-les-ecoles-322704

（５）2020年10月２日、大統領より『共和国諸原理尊重の強化と分離主義との闘いに関する法』が提案され、教育委員会の審査基準が問題とされた。最終的に「共和国諸原理の尊重に関する法」（2021年８月24日付、2021—1109号）の第５章49条にて、ホームエデュケーションの申請制から許可制による厳格な審査の導入が来年度から実施されることになった。

（６）例えば、Mons et Tricot（2020）、Desmurget（2019）に詳しい。日本でも、バトラー（2021）、佐藤（2021）などが参考になる。

（７）一貫して大臣の前向きな発言に反して、全国精神障碍者の保護者と盟友連合（UNAPEI）の調査からも68％が不十分と判断し、91％が教師教育が不十分としている。https://www.unapei.org/wp-content/uploads/2021/08/2021 0820_CP_Jaipasecole.pdf（2021年９月20日閲覧）LeParisien の新聞報道では、コロナ禍においては、補助教師（AESH）との連携など人手不足が深刻とされている（2021年８月24日付）。補助教師なくして障碍児童生徒を受入れることを躊躇する教師が多いからでもある。UNAPEI は、2016年の35万人の障碍児童生徒のうち約12000人が受入れ困難だったとしている。先の UNAPEI の HP には740名の子どもの証言が紹介されている。

（８）https: //www. education. gouv. fr/confinement-un-investissement-scolaire-important-des-eleves-du-second-degre-essentiellement-307441

（９）https: //www. education. gouv. fr/evaluations-2020-reperes-cp-ce1-premiers-resultats-307122
https: //www. education. gouv. fr/evaluations-de-debut-de-sixieme-2020-premiers-resultats-307125

(10) https://solidarites-sante.gouv.fr/grands-dossiers/vaccin-covid-19/article/le-tableau-de-bord-de-la-vaccination（2021年９月20日閲覧）

(11) ユネスコによれば、197か国中57か国が日本同様にワクチン接種に対する優先順位を与えていない。ドイツやスペインのように高齢者に次ぐ順位ではなくても教育従事者は優先的に接種できた欧州諸国が多い。（2021年９月20日閲覧）https://en.unesco.org/covid19/educationresponse/teacher-vaccination

参考文献

・バトラー後藤裕子（2021）『デジタルで変わる子どもたち』筑摩書房

・CSEN（2020）*Quels professeurs au XXIe siècle ?*, Rapport de synthèse, Grenelle de l' éducation, 1e décembre 2020, 120p.

・Desmurget M.（2019）*La fabrique du crétin digital*, Seuil

・IGESR（2020）*Les usages pédagogiques du numérique au service de la réussite des élèves*, 2020-133, Octobre 2020, 71p.

・IPSOS（2020a）*Bilan de la continuité pédagogique et préparation de la rentrée*, Juillet 2020, 23p.

・IPSOS（2020b）*Enquête auprès des personnels de l'éducation nationale et des parents d'élèves*, Novembre 2020, 34p.

・MEN（2020）*Année scolaire 2020-2021 Réunis*, 102p.

・MEN（2020）*Territoires numériques éducatifs 2020-2021*, 19p.

・MEN（2020）*Vacances apprenantes*, Juin 2020, 13p.

・MEN（2021）*Année scolaire 2021-2022 Réunis*, 48p.

・MEN（2021）*Cadre sanitaire pour le fonctionnement des écoles et établissements scolaires année scolaire 2021-2022*, Juillet 2021, 10p.

・MEN（2021）*Coronavirus COVID-19 Foire aux questions*（*FAQ*）, Mise à jour le 01/09/2021, 35p.

・Mons N., Tricot A.（2020）*Numérique et apprentissages scolaires*, Cnam, Cnesco, Centre national d' étude des systèmes scolaires, Dossier de synthèse, 67p.

・佐藤学（2021）『第四次産業革命と教育の未来』岩波書店

・園山大祐、辻野けんま編（2022）『コロナ禍に世界の学校はどう向き合ったのか――子ども・保護者・教育行政に迫る』東洋館出版社

（大阪大学）

課題研究報告：With/After コロナ時代の教育と教育政策／統治

課題研究「With ／ After コロナ時代の教育と教育政策／統治」のまとめ

横井　敏郎・前原　健二

1．第10期課題研究の統一テーマと本シンポジウムの趣旨

第10期の課題研究は３年間の統一テーマを〈With ／ After コロナ時代の教育と教育政策／統治〉とした。

戦後日本の公教育はさまざまな面で綻びを見せており、多くの教育改革案が提示されてきたが、新型コロナウイルス感染症の流行は従来の政策や既存の政治力学を変動させ、新たな政策の創出や教育統治システムの変容をもたらす可能性を孕んでいる。こうしたコロナ時代あるいはポストコロナ時代における教育政策、教育統治について明らかにすることを今期の課題研究のテーマとした。

第１年目では、コロナ禍における教育政策実施のあり方を検証し、またこの間新たに提案されてきている教育改革構想について分析をすることとした。

まず、コロナ前にから打ち出されていたSociety5.0に基づく教育改変の構想に注目する。これは公教育のかたちを大きく変えようとする大胆な内容を含んでいるものである。「個別最適化された学び」というワードで示された教育構想は、最適と考えられる場があれば、学びの場は公教育内か民間かは問わない、つまり学びの場の点において公教育と民間教育産業の垣根を取り払う、両者を溶融させるような提案がなされている。

そこに昨年来のコロナ危機下の教育政策が相乗し、GIGA スクール構想の前倒しなど、教育のあり方をめぐって改革をより加速させるような状況が生まれている。こうした公と民の関係の再編を中心とした現在の教育改革政策の分析、これがまず第１の検討課題点である。これについて児美川会員に報告をお願いした。

他方で、戦後の教育統治の構造は依然として強固に残っている。戦後教育行政体制は教育委員会制度を導入し、外形的な面では一定分権的に作られながらも、多くの決定を中央で行い、また強力な指導行政によって地方を統制してき

たため、地方は自律性を喪失し、むしろ政府の政策に先回りして備えるという転倒した状況が生まれてきている。

これに加えて、この20年来の政治主導型の政策決定の浸透、また教育委員会制度の改変もあって地方教育行政においては首長の影響力の増大が見られる。この点からも教育委員会や学校の自律性、あるいは現場と子どもへの応答性が変化していることが考えられる。これらの点から、コロナ危機下において地方教育行政や学校はどう対応してきたのか、あるいはできなかったのかを検証したい。これについては荒井会員に報告をお願いした。

いま述べた公民関係と中央地方関係の２つの面からの考察を踏まえ、国際比較の観点から園山氏にご登壇を依頼した。園山氏には欧州、特にフランスのコロナ危機対応の教育政策について紹介をお願いし、教育におけるコロナ対応の日本的な特質を浮かび上がらせようと試みた。

２．あらためて問われる教育の地方自治と学校の自律性

荒井報告は、2020年前半のコロナ危機下における文科省等のコロナ対策の過程と学校現場、地方教育行政の実態を取り上げた。そこでまず顕著に見いだされたことは、学校現場の「指示待ち」状態と地方教育行政、さらには文科省への不信感というものであった。2020年５月の緊急事態宣言のもと、文部科学省は学習活動の重点化や最終学年以外は年度をまたいだ教育課程編成も可能であるとの通知を出したが、多くの学校と教育委員会は授業時数の確保を最優先させる対応を取った。こうした事態の背景には、国の方針がいつ覆されるのか分からない、通常の基準通りにやっておいた方が安全だという意識があったという。

一見するところ、文科省は柔軟であり、地方教育行政は硬直しているかのようであるが、それは戦後文部行政が強力に地方を統制する体制を築き、地方教育行政と学校現場は国の方針を待ち、それに従うという行動習性を身に付けたからだと言えよう。つまり、文科省はコロナ対応に当たって、現場や地方に一定の柔軟な行動を期待したが、自らが地方の自主性を抑え込んできたのであり、文科省自身が招いた事態とも言える。今回のコロナ危機への対応を見ると、そこには戦後教育行政体制の構造がはっきりと浮かび上がっている。

これに対して、顕著な違いを見せているのがフランスである。園山報告によれば、フランスでも一斉休校措置が２回取られている。しかし、以前から国立

遠隔教育センターや国営放送局による教材・番組が作られ、それらのオンライン教材は豊富に用意されている。また、フランス政府は加配教員や学習支援員などの配置を行い、学校開放事業による夏季休暇の家庭支援なども推進した。日本は夏休みの短縮などにより、授業時数の確保に腐心する状況が各地で見られ、フランスとは大きな違いがある。この違いの背景として、園山氏は、教育行政の自律性や休校決定の権限の所在、専門機関のプレゼンスなどが日本とフランスでは大きく異なることを指摘する。

安倍首相による一斉休校措置の問題性がすでに指摘されているが、単にその独断性のみが問題なのではなく、戦後の教育行政体制や他分野も含めた中央地方関係のあり方があらためて問われることが２つの報告から明らかになった。

３．コロナ前後における教育政策の変化と政策主体の布置状況

上述のように戦後教育行政体制の構造は強固に残っているものの、他方で従来の公教育を大きく見直そうとする政策案も打ち出され、それがコロナ危機と相乗するような動向が見られる。児美川報告は、近年の教育改革の展開を整理し、その内容変化と政策主体の布置状況を解き明かそうとするものであった。

文科省では高大接続改革と新学習指導要領の実施を目指していた。しかし、Society5.0の実現を目指した教育改革構想が打ち出されると、教育政策形成において経済産業省が大きな影響力をもつようになり、文科省の教育政策はそれに同調するような面が見られた。しかし、続くコロナ危機によって学校の役割や少人数学級の必要性が再認識され、文科省は同構想と距離をとるようになっている。現在、令和の日本型学校教育を目指す文科省、Society5.0を進める官邸・経産省・産業界、教育再生実行会議・自民党文教族といった政策主体の布置状況が見出されるようになっている。

この経過を見れば、近年のデジタル社会への移行を背景に、教育へのICTやデジタルテクノロジーの導入が急速に進められ、それが文科省の教育政策形成に大きなインパクトをもつようになってきていることが分かる。それとともに、背後で経済界の意向を汲む経済産業省が大きく躍り出てきたことがこの間の政策主体の布置状況変化の大きな特徴である。ただ、公教育と民間教育の垣根を溶解させようとするようなSociety5.0型教育改革論はそのままストレートには進まず、コロナ禍によってむしろ公教育や学校の価値が再評価される動向も看取されている点はしっかりと確認されるべきであろう。

4．今後の議論に向けて

荒井氏は、今回のコロナ危機対応に際して多くの教育現場が指示待ちになっていたが、自律的な対応を試みた地方・現場があったことも指摘し、そうした貴重な経験を参照しながら、教育実践の自律性を支える教育政治のかたちを「調査」で探ることが教育政策研究の課題であると指摘する。園山氏は、フランスでは学校現場の自律性、教師の権限が非常に大きく、それが社会的にも了解されている状況にあると言う。コロナ危機対応の政策分析を通して、あらためて教育行政の中央地方関係や学校の自律性といったことが今後の教育政策研究の重要な論点となりうることが今回のシンポジウムで浮かび上がってきた。

学校の自律性が重要だという点は質疑でも確認されたが、果たして学校の自律性はどのようにして可能なのかはこのシンポジウムでも明らかになってはいない。それを構想する場合に、海外の学校運営協議会に倣えばよいのか、現代に構想すべきものはかつての文化的ルートによる学校自治論などの議論とどのような異同関係にあるものなのか、議論が必要である。

また、公教育そのものの存在が問われるような状況に立ち至っている中で、公教育像をどう構想するかも大きな課題である。ICT 教育や新しい教育テクノロジー EdTech の導入・推進が想定されるが、教育の新たなあり方が狭義の教育行政や学校を超えたところで構想されうる事態が生まれてきたことをどう考え、またそうしたテクノロジーにどのように向き合うべきなのか。こうしたことを考えるためにも、児美川報告が行ったような、文科省の教育政策分析を超えた教育政策形成・決定・実施の主体の布置を丁寧に解明していくことが今後も重要となる。

本シンポジウムでは、コロナ危機対応における教育行政の中央地方関係や学校の自律性の分析、そして中央における政策主体の布置状況の分析を通じて、教育は誰がどのように統治しようとしているのかという問いに迫ろうとした。２年目以降も引き続き、教育政策／統治の構造を明らかにできるよう取り組みたい。

（北海道大学、東京学芸大学）

Ⅳ

投稿論文

［投稿論文］

アイルランド子ども地方議会（Comhairle na nÓg）に関する研究

―子どもの参加権の制度的保障に着目して―

小牧　叡司

1．課題設定

本稿は、アイルランドにおける子ども地方議会（Comhairle na nÓg、以下、CNN）の制度を概観しつつ、近年の動向を分析する。それにより、全国的な子どもの参加権保障のための仕組みの運営及び実践の諸相を明らかにすることを目的とする。

日本では、子どもの参加の機会を創出することが求められている。それは、子どもの権利委員会から「自己に関わるあらゆる事柄について自由に意見を表明する子どもの権利が尊重されていないことを依然として深刻に懸念する。」と指摘されたところである[(1)]。このような指摘にもかかわらず、一部市町村で取組が見られるにとどり、全国的な仕組みはない。

一方で、欧州諸国では子どもの意見表明のための参加の仕組みが設計・実施されている。2021年の欧州委員会の報告によれば、「政治生活及び民主的な生活における子どもの参加の主要な仕組みは、子ども・若者議会のように、常設の（政府主導であることが多い）機関や仕組みを通じて促進される」（European Commission 2021, p.11）。同報告では、CNN が全国的に各地方に設置されていることから「ユニークな事例」として評価されている。くわえて、後述するように CNN は子どもの権利条約を受け2000年以降に新たに創設された。このため、日本のように子どもの権利条約を批准しているが、子ども議会を有さない国に対して示唆に富む先駆的な事例であると考えられる。

子どもの参加に関する先行研究において、原田（2018）が「日本では、子ども・若者の参加は、社会教育における青少年教育やユースワーク、そして学校参加の文脈において関心がもたれてきた。」と述べ、「『青少年の社会参加』論」、「教育方法としての子どもの参加」、「『権利としての参加』の概念の視点」（原田2018, p.117）に言及している。また、川崎市の子ども会議について論じた長橋（2002）からは、子ども会議が意見表明の権利を保障する場として、それ自体機能していること、そこでは、人権について学べること、主体的市民参加という態度の形成につながることが理解できる。長橋（2002）の他に、安部(2005)、安宅（2021）など個別具体的な市町村レベルでの子ども参加の事例検証が蓄積されつつある。このように、子どもの参加権という視点から、理論・実践が明らかにされてきた。一方で、それを全国的な仕組みとして、学校参加とは異なる形で、どのように制度的に支えていくのかには検討の余地がある。この問いに、先駆的に全国的な仕組みを有するアイルランドの知見を明らかにすることで応じうると考える。

アイルランドではCNNに関する調査研究が蓄積されてきた。たとえば、一連の事例調査（Murphy 2005, McEvoy 2009, 2011など）がある。これらの調査では、CNNごとの差異と課題が明らかにされ、後述するCNNの展開に寄与してきた。近年の研究として代表的なものに、子どもの権利条約第12条に規定される参加権を「エージェンシー権」として捉え、その保障の実態を明らかにしたO'Donnell（2016）及びCNNの展開を明らかにし、市民参加の形態として定義したAdshead（2019）がある。これら研究によれば、CNNの活動は実生活に変化を及ぼす点を肯定的に評価されてきた（O' Donnell 2016, p68、Adshead 2019, p.14)。さらに、議論への参加を通じた身近な問題への気づき、民主主義精神、コミュニケーションスキルの向上（Adshead 2019, pp.14-17）といった子どもの能力への影響についても報告されている。教育との関連では、青少年の教育とウェルビーイングの支援制度について検討し、CNNの実践を「子ども・若者による制度改革」として分析した研究がある(Downes, 2018)。このような参加制度としてのCNNは、子どもの権利条約における参加と子どもの影響力の重要性を強調し、参加モデルを確立した理論研究（Lundy, 2007）にも支えられる。

一方で、本稿のように全国的に子どもの参加の仕組みを設置した事例としてCNNに着目し、その制度分析を試みた研究は管見の限りは見当たらない。他国への示唆を前提にするのであれば、全国的な子どもの参加制度がどのように保障されているのか、その諸相を詳細に分析する必要があると考える。そこで本稿では、冒頭の目的を設定した。このため、本稿の意義は、第1に子どもの参加権の文脈において、その全国レベルでの制度的保障について検討する点、第2に子どもの能力への影響を踏まえて子どもの参加権を検討する点、第3に日本においてCNNを扱う新規性、第4にアイルランドの最新の動向も含め検討している点にあると考える。

2．CNNの展開

そもそも“Comhairle”とは、英語の“Council”に近い意味で、「評議会、協議会、地方議会」を指す。また、“nÓg”は英語の“young”に近い意味で、「子ども、青少年」を指す。このため、CNNを英語に翻訳すると“Local Youth Councils”と表現される(2)。

CNNは、「子どもの権利条約への取組に応答し、アイルランドの地方及び全国レベルでの意思決定に対して、若者の声を代表する常設の組織」(Department of Children, Equality, Disability, Integration and Youth, DCEDIY 2021, p.5) として設置された。それは、アイルランドにおいて省庁横断的に子ども政策を推進していく契機となった2000年の全国子ども戦略 (National Children's Strategy) まで遡る。同戦略では、3つのゴールを設定しており、その第1は「子どもは自身に影響する事柄についての声と視点を持つ」であった(3)。この背景として平塚 (2009) が欧州における若者政策について論じているように、EUにおいて1990年代後半から子ども・若者に対する施策に取り組まれている。アイルランドもその文脈に位置づくと考えられ、欧州統合による影響の他にアイルランド経済の発展を背景とした移民受入の増大によって困難を有する子どもが増加した影響が看取される。

全国子ども戦略の第1ゴールを具体化する手立ての一つとして、2001年に子ども国会 (Dail na nÓg) が設置された。子ども国会は、「子どもが関心を持つ問題に対して意識を高め、討論できる定期的な全国フォーラム」(Department of Health and Children 2000, p.32) を旨としており、今日も機能している。翌年の2002年には、「全国的な同等の仕組みである子ども国会を反映して」(National Children's Office, NCO 2003, p.12) CNNが地方自治体に設置された。2002年には34のうち27の地方自治体において (NCO 2003)、2004年には全ての地方自治体において (NCO 2005) CNNの会議が実施された。ただし、当初から十全に機能していたわけではなく、たとえば2002年には、各CNNで1度の会議が開催されるにとどまった (Adshead 2019)。また、2007年-08年度でも年に1回の会議にとどまる事例があったことも報告されている (McEvoy 2009, p.14)。このような状況に対し、現在は各CNNにおいて月1

表１　2019年度及び2020年度各 CNN の平均決算額

単位：ユーロ

項目	2019年	2020年
1．CNN運営委員会の維持・促進	48.45	12.56
2．CNN運営経費	2,888.34	2,017.95
3．地方戦略におけるCNNの地位向上	117.22	20.24
4．年次総会	2,856.20	2,155.00
5．キートピック関連	2,008.65	1,220.52
6．CNNの意識向上とプロモーション	697.56	790.64
7．職員	10,427.60	10,058.44
8．運営支援	904.80	986.59
合計	19,948.82	17,261.94

出典：Department of Children and Youth Affairs（DCYA）（2020）及び DCYA（2021）をもとに筆者作成。

回程度の定例会議と年に１回の年次総会が行われており、状況は改善してきたと言える。以下。O'Donnell（2016）を参考に、CNN の展開に主要な影響を与えたと思われる３点を挙げる。

第１に、2007年に CNN 発展基金が設置された（O' Donnell 2016, pp. 37-40）。この基金によって、それ以前は各 CNN に対して2,500ユーロであった国からの出資が、20,000ユーロまで拡大され、各 CNN に対する報告義務も課されたことによって、より強固な仕組みとして機能するようになった。今日でも、各地方に対して20,000ユーロが拠出されている。この使途としては、表１の通り「7. 職員」が最も大きい額を占めており、約10,000ユーロが後述のコーディネーターを中心とした職員の雇用に充てられている。

第２に、2011年に CNN ツールキットが出版されたことで、運営方針が示された。この内容は、「新たなスタッフ向けの CNN 運営ガイド」、「効果的な CNN 年次総会の運営ガイド」、「CNN のトピックの進め方のガイド」から構成されており、CNN の運営が分かりやすくまとめられている。2016年には第２版が出版されており、「CNN を支援する仕組み」、「CNN のワークプログラム」、「CNN のワークアレンジメント」が記載されている。

第３に、2015年の「子ども・若者の意思決定への参加に関する全国戦略」（National Strategy on Children and Young People's Particip ation in

Decision-Making）以降、CNN における参加を下支えする理論的枠組みとして、ランディ（Lundy）の参加モデルが採用された（DCEDIY 2021)。この内容は、「視点を表現できる空間、声の効果的な支援、声の聴き手、子どもの視点が影響を与えること」（Adshead 2019, p.10）の４側面から子どもの参加を捉える枠組みである。特に、ランディの問題意識は、「声だけでは不十分」（Voice is not enough）という論文題目に表れているように、参加の仕組みを実質化する点にあった。したがって、ランディの参加モデルは、意見を表明することだけでなく、そのための支援や、聴き手、さらには現実への影響力まで含みこんでいる点が特徴的である。今日では、CNN の「参加の仕組みの継続性は、ランディモデルなどの強力な科学的証拠によってサポートされている」（European Commission, 2021）として、ランディの参加モデルをもとにした取組の一貫性が評価されている。

CNN は近年でも、子どもの意見表明の施策に位置付けられている。たとえば、先述の「子ども・若者の意思決定への参加に関する全国戦略」では、地方における仕組みの筆頭とされている。この事実からは、2011年の政権交代以降も一貫して CNN が機能してきたと評価できよう。2021年には「CNN の５ヶ年計画」（Comhairle na nÓg Five year Development Plan）が策定され、「CNN の構造を高め、より多くの子ども・若者にたどりつき、より多くの意思決定者に影響を及ぼし、子どもの権利条約第12条に基づいて、若者の生活に真の変化を生み出す」（DCEDIY 2021, p.8）として、より一層 CNN を強化していく動向が看取できる。

３．CNN の運営

本章では、CNN に関する政策文書及び先行研究に基づいて運営の基礎的な構成要素として（１）設置状況と根拠、（２）参加方法、（３）コーディネーターの役割の３点を整理し、検討する。

（１）設置状況と根拠

CNN は各地方自治体によって設置される。なお、2002年時点での政府の所管は、全国子ども戦略のために新設された子ども事務局（NCO）であったが、その後の行政再編に伴って、現在は子ども・平等・障害・統合・若者省（DCEDIY）となっている。

現在、アイルランドには31の地方自治体（26カウンティと５自治区）が存在しており、全てに CNN がある。1カウンティの広さは最小約820 km^{2}から最大約7,457 km^{2}であるが、半数以上は2,000 km^{2}前後であり、日本の自治体でいえば東京都の広さ（約2,194 km^2）に近い。つまり、カウンティによっては1つの CNN がある程度の広域をカバーしている。このため、アクセスの問題や参加する子どもの性質に偏りが生じやすい。

CNN の制度的意図として、市民によるエンゲージメントとして考えられている（Adshead 2019, p.4)。これは、パーティシペーションとの対比で用いられており、両者の違いは、前者が政府によって定型的にトップダウンで進められるのに対し、後者が市民主導のボトムアップで進められる点にあるとされる（Adshead 2019, p.5)。アイルランドの伝統的な青少年による社会活動としてユースワークがあるが、ユースワークは市民主導かつボトムアップで進められるため、パーティシペーションとして捉えられる。つまり、CNN の特質として、ユースワークとは異なるトップダウンの仕組みである点が挙げられよう。ただし、先述した理論的根拠となっているランディの参加モデルの「参加」はパーティシペーションであり、後述するように職員がユースワーカーである場合もあるため、厳密な区別ではなく実態としてはむしろこの両立によって CNN が運営されている。

なお、ユースワークとは「インフォーマルな経験」、「若者の参加とパートナーシップに基づくこと」、「若者中心」、「自主的な関与」、「経験的学習に基づくこと」を原則とする活動である（Hilary 2000, p.110)。法律（Youth Work Act 2001）では「若者の人格的・社会的な発達を支援・促進することを目的とした計画的な教育プログラム」と規定されている（Section 3)。これと比して、CNN について明記した法律は存在しない。このため、「子ども国会の役割を基礎づけ、地位を向上させる『法的な基盤（statutory footing)』が必要である」（Leahy et al 2011, p.13）という指摘もある。ただし、法律に基づいたガイドラインという形で地方自治体に対し CNN に関する責任が課されている。

各地方自治体には、地域コミュニティ発展委員会（Local Community Development Committee, LCDC）という組織がある。LCDC は、「それぞれのカウンティ / シティ・カウンシル地域での地域やコミュニティの発展サービスがより一貫したアプローチになるように、2014年地方政府改革法の下でそれぞれの地方自治体により設立された。」（キャラナン 2020, p.238）LCDC には、2014年地方政府改革法に基づく運営ガイドラインがあり、その中で「関連する地方の仕組み」としてCNNが挙げられている。当該ガイドラインにおいて、LCDCは「法令上の地方の仕組みあるいは委員会を特定し、連携しなければならない」と明記されており、このガイドラインがCNNの直接的な設置根拠と考えられる。

（2）参加方法

CNNの実践は、年次総会と定例会議に大別できる。毎年9月から11月に開催される年次総会において、委員が立候補・選出される。つまり新たに委員としてCNNに参加を望む場合、年次総会への参加が第一歩となる。各CNNでは、年次総会に向けて毎年テーマとなるトピックを最大3つ設定し、委員を中心に月約1回の頻度で行われる定例会議においてその準備を進めていく。年次総会では、政策の意思決定に関わるアクターの参加が一般化しており、子どもに関わる施策に対する実質的な影響も報告されている。

2020年度は全国でのべ2,615人が年次総会に参加し、最も少ないCNNで35人、最も多いCNNで266人の参加であった（DCYA 2021）。なお、参加総数は2018年に3,730人、2019年に3,988人であったのに比して2020年度に減少している。これは、Covid-19の影響による（DCYA, 2021）。

2020年度の委員の数は全国で951人であったが、会議に普段から参加していたのは632人であった（DCYA, 2021）。平均すると1CNNあたり約20人の委員が参加していた。その任期は2年間とされているが、2008年時点では、全国のCNNのうち「29％だけが2年の任期を設けていた」（O'Donnell 2019, p. 59）。しかし、2010年では、52％に増加し、2015年にはすべてのCNNが2年間運営された（O'Donnell 2019, p.47）。任期を2年とすることによって作業の引継ぎが円滑になるが、2年任期制はCNNの設置から10年以上経てようやく達成されたと言える。

具体的な参加者としては、女子比率が高く（European Commission 2021）、12歳以上を対象とした取組であるが、15歳以上の参加割合が高いこれに対しては、幅広い子どもの参加を促進するよう対策が打たれている（O'Donnell 2016）。さらに2011年報告書（McEvoy 2011）以降は、意見を聞かれにくい（Seldom-heard）子どもについても焦点化されており、障害者等マイノリティへの配慮がうかがえる。

（3）コーディネーターの役割

活動を支援するコーディネーターが各CNNに配置されている。「CNNツールキット第２版」（DCYA 2016）では、コーディネーターの役割は22点挙げられている。その中にはたとえば、「若者の十全な参加（エンゲージ）を支援し、可能にし、エンパワーすること」をはじめ、「若者の地方の意思決定への関与をファシリテートする」、「CNN のメンバー及び運営委員会との協働で、CNN 年次総会を開催し出席する」等がある。「運営委員会」とは、CNN コーディネーターへの助言及び支援を趣旨に各 CNN に設置される委員会である。その委員は、CNN の委員、地方当局の代表、CNN コーディネーター、ユースサービスを中核としている。運営委員会は、CNN のトピックが地方の意思決定者と関連を持つことや、地方自治体へ影響を与える機会を確保するために開催される。

このように、コーディネーターの役割は CNN の運営に関わる事務や他機関との協働、子どもへのエンパワメント及び支援等多岐にわたる。コーディネーターの存在によって、子どもが「やりたいことをなんでもできている」と述べた事例（O'Donnell 2016, p.73）や、外部への宣伝が円滑化した事例（O'Donnell 2016, p.74）が報告されている。それゆえ、コーディネーターの役割は CNN の運営において不可欠であると考えられる。

コーディネーターの雇用は、ユースワークに関連する団体による場合が複数ある。たとえば、ロングフォード CNN ではユースワークを管理する団体である Foroige の職員としてコーディネーターが雇用される(4)。つまり、先述のように CNN はユースワークとは異なる仕組みとして構想されているが、実質的にはユースワークと密接に関わっている。

４．近年の CNN の実践

子どもの参加権を保障する機会がどのように確保されているのか、CNN の具体的な実践からその一端を明らかにする。まず、活動内容を把握するため、2020年度 CNN のトピックを表２に示す。

表２から明らかなように、気候変動という国際的な課題から観光のように地元の良さを見出す議論まで、多岐にわたるトピックが CNN ごとに設定されている。この中で、特に気候変動とメンタルヘルスが半数以上の CNN でトピックとされている。そこで、次に具体的にどのような議論があったのか、この２点に着目して検討していく。

気候変動は、近年、国連における主要なテーマの１つであり、各国に影響を

表２　2020年度 CNN のトピック

キートピック	第１優先事項としたCNN	第１優先事項とした割合	トピックとしたCNNの合計※	トピックとした割合
気候変動	11	35%	22	71%
メンタルヘルス	11	35%	19	61%
Covid-19支援	0	–	7	13%
差別と平等	4	13%	5	16%
薬物使用と飲酒	2	6%	4	13%
教育	1	3%	2	6%
健康とウェルビーイング	1	3%	2	6%
観光	1	3%	0	–
安全なコミュニティ	0	–	2	6%
若者の労働	0	–	1	3%
ホームレス	0	–	1	3%

※原注：３つの優先事項のうち、同じトピックを１つ以上選ぶこともある
出典：DCYA（2021）p.25, Table 4.1 *Key topics selected by Comhairli in 2020* を筆者が邦訳した。

与えている。日本でも、2021年５月から８月に開催された「日本版気候若者会議」において、若者世代による政策提言が行われた。

各 CNN から１名の代表者によって構成される全国委員会があり、2019年以降、気候変動がテーマとされていたため、70％を超える CNN でトピックとされた（DCYA 2021, p.24）。2020-21年度の全国委員会では、「気候への懸念と交通手段」と題し若者の公共交通機関の利用に関する調査が実施された（DCYA 2021, p.7）。この成果が反映される形で、2021年10月に23歳までの若者全員の公共交通機関の利用料を50％割り引くユーストラベルカードの発行が政府によって決定された。これにより、公共交通機関の活用を増やし、環境問題に対応するという意図がある。ユーストラベルカードの発表について、たとえば、ロスコモン CNN の代表メンバーは「これまで若者は見守られるべきものであり、耳を傾けられるべきではないと考えられてきました。この取組が国内全域の若者をエンパワーし、取り組んでいけば物事を成し遂げることができると思ってくれるようになると期待しています」とコメントしている[(5)]。このことから、子どもの参加が萌芽的に認識されつつあり、CNN は子どもの声を政策へと反映させる実質的な影響力を有していると言える。

個別の CNN を見ると、環境汚染のインフォグラフィックを作成したダブ

リンシティ CNN や、気候変動に関する意識啓発ワークショップを実施したラウス CNN の事例が報告されている（DCYA 2021, p.61-62）。このようなインフォグラフィック、ブックレットの作成.広報や、ワークショップの実施が他のトピックにおいても中心的な活動となっており、これらを通じた情報伝達や意識啓発が行われている。これは、Adshead が指摘した、身近な問題への気づき、民主主義精神の徹底、コミュニケーションスキルの向上（Adshead 2019, pp.14-17）ともつながる。

メンタルヘルスについては、昨年度は６件であったのに比して19件と大幅に上昇している。その理由は Covid-19のパンデミックを通じて、若者のメンタルヘルス向上の意識が高まったためであると分析されている（DCYA 2021, p. 24）。この点からは、Covid-19が子どもにとって重要なものと捉えられ、その対応が図られたと考えられる。

Covid-19に関連したトピック数は表２中では７件である。しかし、筆者独自に各 CNN のウェブサイトを調査した(6)ところ、31件中28件の CNN が Covid-19に対して明確に言及し対応していた。最も多いのは、ソーシャルメディアを用いた情報共有である。主に、動画やポスター、インフォグラフィックが共有されていた。このようなソーシャルメディアの活用は、ロックダウン中の代替手段であるだけでなく、情報化が進んでいる中で子どもにとって身近で使いやすい方法であると考えられる。

伝達される情報の内容としては、ロックダウン中にできることの動画の共有、メンタルヘルスを促進するためのインフォグラフィックの作成、マスクの作り方などの役に立つ情報の共有等であった。

以上のように、CNN を通じて子どもが参加することによって、意見を取り上げられるだけでなく、自身の生活に影響を与える成果へと結びついたり、知識が深まったりする様が確認できる。

５．結論と今後の課題

CNN の知見から子どもの参加権の制度的保障への示唆を、特に次の４点から考察する。すなわち、第１に子どもの権利条約への応答、第２に財政的支援と運営方針の明確化、第３に参加による実質的な影響とその理論的基盤の整備、第４に内容に関連した子どもの能力への影響と全国的な実践についてである。

第１に、CNN は子どもの権利条約に依拠して展開してきた。ただし、2000

年全国子ども戦略の策定では、子どもの権利条約を単に取り込むだけでなく、子どもへの意見を聞き取るプロセスを経て、施策が展開された（小牧 2020, pp.22-25）。この点を踏まえれば、子どもの権利条約への応答に取り組みつつ、その実質化のために国内の状況を精査することが肝要である。

第２に、CNN 発展基金とツールキットからは、資金の安定的調達、コーディネーターをはじめとする運営に必要な仕組みの明確化の重要性が理解できる。アイルランドの場合、その全国的な枠組みが CNN の展開過程で発展してきた。

第３に、ランディの参加モデルが子どもの意見が現実的な実行力を有するべきことを明確化しており、実態として現実への影響が報告されている（O' Donnell 2016, p.68）。この点は、子どもの意見表明を現実的な意義を持たせる試みとして評価できるだけでなく、活動を下支えする理論を明確化しつつ、LCDC のように地方政治の意思決定制度に CNN を位置付ける必要性が示唆される。

第４に、CNN の具体的な実践として、気候変動への取組に顕著だったように、全国委員会を通じた取組があることも CNN の全国的な仕組みを支えていると考えられる。それだけでなく、CNN の取組を通じて実際にユーストラベルカードが発行されるなど実質的な影響力も有する。くわえて、多岐にわたるトピックが選択され、それぞれについてブックレット等を作成・活用した情報伝達が行われることで、当該トピックに関する知識が身についたり、手続きを通じた参加学習が行われたりした様も観察された。

上記４点を総合すると、アイルランドにおける参加権は、全国レベルで CNN が設置されているという形式的な保障だけでなく、理論・制度に支えられ、社会的な影響力を有するよう実質的な保障が試みられていると考えれる。ただし、このように豊富な取組がある一方で、コーディネーターの離職率の高さや、「多くの場合、若者は彼らが関わっている大人に真剣に受け止められていないので、大人の意志決定者との取組が必要である」という課題（O'Donnell 2016, p.72）、「全ての子どもを代表すること及び子ども主導のプロセスの確保には問題がある」（European Commission 2021, 96）といった課題も指摘される。アイルランドも理想と現実とのはざまで、発展途上にあると考えるのが妥当であろう。

本稿の残された課題として、現地でのインタビュー調査による実態の把握が挙げられる。本稿ではCNNの制度的特徴を中心に検討したため、報告書をもとに実態を明らかにした。しかし、より立体的にCNNの実態を明らかにするためには、Covid-19の影響によって困難な側面もあるが、現地での声の収集によってリアルな状況を踏まえ考察することが今後の課題となる。

注

（1）国連子どもの権利委員会による2019年第4－5回最終見解（CRC/C/JPN/CO/4-5）第21パラグラフ。なお、日本語訳は平野裕二のウェブサイトから引用した。「ARC 平野裕二の子どもの権利・国際情報サイト」（2021年11月29日アクセス確認。）
https://w.atwiki.jp/childrights/pages/319.html

（2）国連子どもの権利委員会への第3・4回アイルランド政府報告（CRC/C/IRL/3-4）より。

（3）全国子ども戦略の背景及び内容については小牧（2020）に詳しいので、ここでは言及しない。

（4）ロングフォードの求人広告による。
https://www.foroige.ie/sites/default/files/public-attachments/frgjob_124_comhairle_na_nog_longford_coordinator_job_spec. pdf（2021年11月29日アクセス確認。）

（5）2021年10月14日アイルランド政府プレスリリースより。https://www.gov.ie/en/press-release/ba6c1-comhairle-na-nog-members-welcome-the-announcement-of-the-youth-travel-card/（2022年2月23日アクセス確認。）

（6）各CNNのウェブサイトをもとに、コロナ禍における活動を整理した。なお、CNNのウェブサイトでは、コーディネーター、メールアドレス、住所、電話番号、代表者、各SNSへのリンクに加えて、年度ごとのトピックや近年の情報が更新されている。

引用文献一覧

・安部芳絵（2005）「子ども参加の自治体施策づくり一埼玉県鶴ヶ島市教育大綱策定を事例として一」、『日本教育政策学会年報』、12、pp.147-156。

・Adshead, Maura（2019）*Comhairle na nÓg Engagement Case Study,* Department of Public Expenditure and Reform.

・安宅仁人（2021）「人口減少時代における総合的な子育て支援の意義と可能性—自治体における住民参加と子どもにやさしいまちづくりを事例として—」、『教育学の研究と実践』、15、pp.23-30。

・キャラナン、マーク（2020）『アイルランドの地方政府—自治体ガバナンスの基本体』、藤井誠一郎（訳）、明石書店。
・Department of Children, Equality, Disability, Integration and Youth（2021）*Comhairle na nÓg Five Year Development Plan*.
・Department of Children and Youth Affairs（2015）*National Strategy on Children and Young people's Participation in Decision-Making 2015-2020*.
・Department of Children and Youth Affairs（2016）*Comhairle na nÓg Toolkit Second Edition*.
・Department of Children and Youth Affairs（2020）*Comhairle na nÓg Development Fund Annual Report 2019*.
・Department of Children and Youth Affairs（2021）*Comhairle na nÓg Development Fund Annual Report 2020*.
・Department of Health and Children（2000）*National Children's Strategy*.
・Downes, Paul（2018）"An Emerging Paradigm of Structural Indicators to Examine System Supports for Children's and Adolescents' Education and Wellbeing", *Child Ind Res*, 11, pp.1445-1464.
・European Commission（2021）*Study on child participation in EU political and democratic life: Final Report*.
・原田亜紀子（2018）「子ども・若者の参加に関する研究動向」、『東京大学大学院教育学研究科紀要』、58、pp.111-119。
・平塚眞樹（2009）「欧州における若者政策をめぐる論争軸」、『人間と教育』、64、pp.98-105。
・Hilary, Jenkinson（2000）Youth work in Ireland: the struggle for identity, *Irish Journal of Applied Social Studies*, 2（2）, pp.106-124.
・小牧叡司（2020）「アイルランドにおける『全国子ども戦略』に関する一考察：子どもの権利条約への対応と『ホールチャイルド』の理念に着目して」、『筑波大学教育学系論集』、45（1）、pp.17-28。
・Leahy, Pat and Burgess, Paul（2011）*Youth Participation in the Republic of Ireland, Department of Applied Social Studies*, University College Cork.
・Lundy, Laura（2007）'Voice'Is not Enough: Conceptualising Article 12 of the United Nations Convention on the Rights of the Child, British Educational Research Journal, 33（6）, pp.927-942.
・McEvoy, O.（2009）. Comhairle na nÓg Development Fund 2007-2008: Evaluation Report. Office of the Minister for Children and Youth Affairs. Dublin: Government Publications.
・McEvoy, Olivia（2011）*Evaluation report: Comhairle na nÓg develop-*

ment fund 2009-2010.

・Murphy, Tony（2005）*Review of Comhairle na nÓg and Dáil na nÓg,* National Children's Office.

・長橋彰（2002）「教育参加制度の研究（二）―川崎市における教育参加の事例―」、『現代社会文化研究』、25、pp.213-230。

・National Children's Office（2003）*National Children's Office Annual Report 2002: making Ireland and better place for children.* National Children's Office（2005）*National Children's Office Annual Report 2004: making a difference for children and young people.*

・O' Donnell, Anne（2016）*Child parti cipation structures on Ireland: implementation of agency righ ts in the UNCRC,* Master of Advanced Studies in Children's Right（2015-2016）, Centre for Children's Rights Studies.

（筑波大学・大学院生）

V

研究ノート

［研究ノート］

スーパーサイエンスハイスクール事業の形成過程に関する研究

—旧文部省と旧科学技術庁の統合・再編を中心として—

小野まどか

1．はじめに—課題設定

本研究の目的は、旧文部省と旧科学技術庁（以下、旧科技庁）の統合・再編を契機として実現したスーパーサイエンスハイスクール（以下、SSH）事業の形成過程を検討することによって、SSH 実現が文部科学省（以下、文科省）にとってどのような意味をもたらすのかを明らかにすることである。

2001年1月6日に行われた省庁再編は、効率的かつ機動的な行政組織体制を構築することを目的として行われたとされる。これに対し、行政学では省庁再編による「省庁共同体」の変化（森田・金井ら2012）や省庁再編の効果（真渕2008）を明らかにしようとする試みが行われてきた。また、文科省成立による変化を捉えるものとして、青木ら（2019）は行政学で用いられた官僚サーベイを文科省調査に用いて人事面の変化が起きていること等を明らかにしている。ただし、執務空間に関しては「大部屋を共有してはいるものの、実際には分割されている状況（青木ら2019：164）」であることを指摘している。以上のことから、先行研究において、省庁の「組み換え」以上の変化は見られないということが共通して指摘されてきたといえる。

一方で、省庁再編を契機として実現した個別の政策・事業に対し、旧省庁が形成過程にどのように関与したのかという分析は行われておらず、個別の政策・事業形成による統合後の省庁への影響については見過ごされてきた。文科省への統合・再編においては SSH の実現が挙げられるが(1)、その形成過程における旧文部省と旧科技庁の関わりやその後の文科省の政策・事業展開への影響は明らかにされていない。それでは、SSH の実現は文科省にとって何を意味するのだろうか。この問いを明らかにするためには、①旧文部省と旧科技庁における行動様式(2)の差異を示し、その差異を考慮した上で② SSH 形成過程を取り上げ、旧文部省側から見た SSH と旧科技庁側から見た SSH についてそれぞれどのように捉えられているのかを考察していく必要がある。これらの作業を通して、SSH の実現が文科省にもたらす意味を明らかにすることを試みる。

2．調査対象・研究の方法

（1）旧文部省及び旧科技庁の位置づけ

旧文部省の政策について、先行研究では現行制度の維持を重視することや新たな政策案があっても漸進主義的に進められていくことが指摘されてきた（前川 2002、Schoppa 2005等）。一方で、比較的新しい行政組織である旧科技庁では、他省庁で取り扱われない未開拓の新技術開発（原子力や宇宙開発等）と研究施設への予算調整を行うことに注力してきた（新技術振興渡辺記念会編 2009）。この役割に起因して、旧科技庁の姿勢は旧文部省とは対照的に、新しい取り組みに対して予算配分を行うことで新技術の開拓を積極的に行う組織といえる。

（2）SSH の概要

SSH は省庁再編を契機に検討が開始され、2002年度から実施開始となった事業である。2021年度現在も継続しており、2002年度時点で26校だった指定校は現在では200校以上まで増加している(3)。旧文部省における初等中等教育局教育課程課（以下、初等中等教育局を初中局、教育課程課を課程課）と、旧科技庁における科学技術・学術政策局基盤政策課（以下、科学技術・学術政策局を科政局、基盤政策課を基盤課。なお、SSH に関する業務は現在、同局人材政策課に引き継がれている）の両者によって実現に至った。

この事業は文科省の政策「科学技術・理科大好きプラン」の一つに位置付けられ、「科学技術、理科・数学教育を重点的に行う学校をスーパーサイエンスハイスクールとして指定し、高等学校及び中高一貫教育校における理科・数学に重点を置いたカリキュラムの開発、大学や研究機関等との効果的な連携方策についての研究を推進し、将来有為な科学技術系人材の育成に資する」ものとして実施開始となった(4)。なお、SSH は旧文部省時代から実施されている研究開発学校制度と同様、学校教育法施行規則第55条等に基づいて実施されており、SSH 指定校に学習指導要領によらない教育課程の編成が認められている。これは SSH 実現以前には研究開発学校制度のみが認められていた特例である。

（3）研究の方法

本稿で取り上げる旧文部省と旧科技庁は成り立ちが大きく異なっており、SSH に対する考え方も異なっている可能性がある。このような状況を考慮して前節で述べた①及び②の作業について、次節以降、旧文部省及び旧科技庁の白書や文献、省庁再編や SSH に関わる議事録等を収集するとともに、2001年当時の SSH 担当者へ行ったヒアリング結果（科政局基盤課所属 A 氏（2014年２月28日メールでのヒアリング、2017年９月１日対面でのヒアリング）、初中局課程課所属 B 氏（2017年10月26日対面でのヒアリング））を用いた。なお、ヒアリング結果を引用する際には、文末に対象者、ヒアリング年を［科 A 氏 2014年］（科政局基盤課所属 A 氏に行った2014年のヒアリングの意）と記す。

3．旧文部省・旧科技庁の行動様式の差異と SSH 形成過程

（1）省庁再編前の旧文部省と旧科技庁の行動様式の差異

両者は異なる設立経緯をもっているが、一方で共通する政策として旧文部省管轄下では大学における研究に関するものがあり、旧科技庁管轄下では宇宙や原子力等新しい科学技術の促進に関するものがある。前者は学術行政、後者は科学技術行政とも称され、それぞれの政策は一見同一のようにも捉えられる。ここでは両者の行動様式に差異があったのかを確認していきたい。

省庁再編に関する検討は、1996年11月21日から1998年６月30日にかけて、総理府に設置された「行政改革会議」によって行われている(5)。この間、第14回行政改革会議（1997年５月21日）では各省庁ヒアリングが行われ、「科学技術行政と大学・学術行政の関係及び組織の在り方についてどう考えるか」という問いに対して、旧文部省・旧科技庁が次のように見解を提示している。

まず、「文部省説明資料（平成９年５月21日）」において、旧文部省側は「大学を中心として、研究者の自由な発想に基づき、人文・社会科学から自然科学までのあらゆる学問分野にわたる学術研究を人材養成と一体的に推進している」とする一方、旧科技庁に対する見解は「科学技術（人文科学のみにかかわるもの、大学における研究にかかわるものを除く）に関する行政の総合的推進のため、関係省庁の総合調整を行うとともに、国立試験研究機関等において特定分野の研究及び試験を実施している」と位置付けている(6)。その上で、「再編問題については大学を基盤として全体を整備すべきであ」ると回答している(7)。

旧科技庁側は、同日に配布された「科学技術庁説明資料（平成９年５月21日）」において、「大学等における研究は研究者個人の自由な発想を第一として行っていくものである」とし、「科学技術行政は、新しい知識を創出していく基礎研究や社会的・経済的ニーズに対応した研究開発を企画、立案、推進するとともに、その成果の活用を図るもので、両者の行政への取組みの基本的考え方及び手法が大きく異なっている」ことに言及している(8)。

このように、学術行政としての旧文部省と、科学技術行政としての旧科技庁の考え方は異なっていることが議事録からも示されていることがわかる。

（２）SSH 形成過程

1999年１月26日に中央省庁改革推進本部によって「中央省庁等改革に係る大綱」が示されると、旧文部省と旧科技庁は統合・再編による各局の新名称等を含めた検討と準備が進められる(9)。準備を進めるにあたって旧文部省側（初中局課程課長）と旧科技庁側（科政局基盤課長）は顔を合わせる機会があり、これを契機として科政局基盤課長から事業アイディアを持ちかけている［科Ａ氏2017年］。それは「文部科学省として何かできないか」という考えから出された、大学や研究機関での最先端の科学技術を中学生・高校生へ伝えるというものだった［初Ｂ氏2017年］。また、予算は旧科技庁枠で行うことを提案していた。

旧科技庁が予算枠を確保できたのは、旧科技庁特有の状況が起因している。総理府の外局に位置する旧科技庁は、同じく総理府内に設置された科学技術会議（後の総合科学技術会議）の事務局でもあった(10)。事務局として科学技術会議に関与することで、旧科技庁は科学技術基本計画の方針に沿った実施を担い、同時に予算の内訳も調整することが可能だった（新技術振興渡辺記念会編2009)。なお、SSH の予算は、自民党文部科学部会科学技術・理科離れ対策小委員会（以下、自民党小委）の報告書をもとに科政局基盤課から「構造改革特別要求」として出されている(11)。2002年度予算の「構造改革特別要求」は総合科学技術会議での調整を経て優先順位や配分を決定することになっており(12)、この決定を経たのちに、最終的に７億円が2002年度 SSH 指定校（20校）の予算や SSH 事業の運営に計上されている(13)。

省庁再編直後の教育の状況について、初中局課程課も科政局基盤課も「理科離れ」を課題として認識していた［科Ａ氏2017年及び、初Ｂ氏2017年］(14)。この課題を共有し、文科省としての新規事業を打ち出すため、科政局基盤課では自民党小委を開催し、当時衆議院議員の田野瀬良太郎を委員長に検討を行う。自民党小委は2001年6月27日に報告書をまとめ(15)、ここで初めて「『スーパーサイエンスハイスクール』の創設」が明文化される。また、この時のSSHは「科学技術教育、理科・数学教育を重点的に行い、将来有為な科学技術者の人材の育成に資する学校を『スーパーサイエンスハイスクール』として位置付け、特に大学・研究機関等との連携を重視した取組等の推進を支援する」ことが示されている(16)。報告書提出後、同日に開催された衆議院文部科学委員会では田野瀬良太郎より自民党小委の立ち上げの経緯を述べた上で、「科学技術者、研究者、優秀な科学技術者、研究者をつくる、そういったところに資する高等学校、こういう高等学校をスーパー・サイエンス・スクール（ママ）なるものに指定をして、そして一層支援していくというような方法を、科学技術、理科の、あるいは数学の教育と同時に、その進路にも照準を合わせた、そういう施策が非常に大事ではないか」とSSHの創設について提案している(17)。また、同会議に出席していた矢野重典初中局長により「文部科学省といたしましては、今後、この御提言の構想を踏まえまして、我が国の科学技術、理科教育振興策の一つとして、その教育内容等具体的な内容につきまして積極的に検討してまいりたいと考えているところでございます」と実施に向けた検討を開始する旨を示している(18)。このような報告書の提出と国会での議論に関して、実際に報告書を書くにあたっては科政局基盤課が事務局として携わっているが、SSHの名称を決める際には初中局課程課も関わっており［初B氏2017年］、以下に取り上げるように報告書作成と同時並行に初中局課程課側でも検討が行われている。

旧文部省側にとってSSH構想を具体化するにあたって懸案だったのは、教育の機会均等が重視される教育制度において、どのようにしてSSHを実現させるかだった。科政局基盤課長からの打診に対し、初中局課程課からは「学校として特別な（学習）指導要領の枠を超える仕組みとしては研究開発学校しかなかったので、それを現実としては使った（括弧内、筆者加筆）」と述べている［初B氏2017年］。つまり、従来は学校教育法施行規則第55条等に基づく特例が研究開発学校制度のみに認められていたが、SSH形成過程において初めて研究開発学校制度以外の事業にも適用されたことになる。

科政局基盤課長からの提案に対して、初中局課程課が対応できた背景にはSSHを旧科技庁側の予算枠からの実施として提案されたことも挙げられる。

2000年度時点での旧文部省予算のうち政策的経費は全体の１割未満となっており[19]、当時の初中局担当者はSSHの提案に対して「それだけの二桁も違う財政的な支援をして頂けるなら有効活用させてもらった方がいいんじゃないか」と述べている［初Ｂ氏2017年］。旧文部省側の政策的経費の枠が限られる中で、旧科技庁側からの予算枠の提供は不可欠だった。

（３）SSH実施開始以降の旧文部省と旧科技庁との関わり

以上のような経緯を経て、2002年１月にはSSH指定校の募集が行われ[20]、５月より指定校の決定と各学校の取り組みが実施開始となった［科Ａ氏2017年］。SSHは2021年現在まで実施されており、両課での役割分担が継続されている。初中局課程課ではSSH指定校の選定、科政局人材政策課ではSSHの予算運営やSSH指定校との直接やり取りを行う科学技術振興機構（JST）との調整等を行っている[21]。SSHは実施開始後も旧文部省側と旧科技庁側の両課が関わる事業になったといえる。

４．考察

前節まで、省庁再編時の議論から旧文部省と旧科技庁の行動様式の差異を示し、その差異を考慮した上で、SSH形成過程を取り上げてきた。ここでは、旧文部省側と旧科技庁側のそれぞれからSSHがどのように捉えられるのかを考察し、SSHの実現が文科省にもたらす意味を述べたい。

旧文部省と旧科技庁はそれぞれ異なる設立経緯をもつが、前者は学術行政、後者は科学技術行政であるという共通点が存在していた。しかし、一見同一に捉えられる政策への両行政の行動様式の違いから、次のような示唆を得られる。

まず、旧文部省の行動様式は、大学という現場に重きが置かれていた点が挙げられる。大学の他、幼稚園から高等学校までの学校教育も管轄しており、各学校段階の教育は現場の取り組みに大きく依存するという文部行政の構造的な特徴がある。このような構造的な特徴によって、旧文部省は学校現場に大きな変化をもたらすような改革を極力避け、漸進主義的な姿勢になるといえる。

一方、旧科技庁の行動様式は、実社会におけるニーズに対応することに重きが置かれていた点が挙げられる。原子力や宇宙、海洋分野の大型プロジェクトの企画や国立試験研究機関の整備等に取り組んでおり、国の政策として特定の科学技術を推し進めるという姿勢を醸成したといえる。その結果、旧科技庁は国が進めるべき実社会に必要となる科学技術を特定すれば、それを研究開発することや活用するという新規事業の開拓に積極的になるといえる。

このような両者の違いは、SSH 形成過程における両者の関わり方にも影響している。実際に、SSH に関わる新規事業アイディアを持ち掛けたのは科政局基盤課長からだった。また、旧科技庁が国の科学技術政策における予算配分方針に関わる第２期科学技術基本計画の策定に関与しており、SSH のための予算枠を確保することが可能だったことも、旧科技庁の新規事業アイディアの企画に積極的だった要因となっている。以上のことから、旧科技庁側にとって SSH の実現は科学技術に関する教育分野への新規事業の開拓を意味していたといえる。

一方、旧文部省は旧科技庁の提案に対して予算枠の提供も後押ししたことから、新規事業アイディアの実現に向けて検討作業を進めている。また、検討においては現行の教育制度や法令を確認した上で、研究開発学校制度の根拠となる条文を利用している。このように、旧文部省では現行制度に影響をもたらすような事業の企画を避け、特定の学校が指定され研究開発を行う研究開発学校制度を援用することによって SSH を実現させていた。SSH 形成過程におけるこのような関与からも、学校現場への影響を最小限にしつつ新たな事業を実施していく旧文部省の姿勢が窺える。以上のことから、旧文部省側にとって SSH の実現は従来研究開発学校制度にしか認められなかった学校教育法施行規則第55条等が適用される事業対象の拡張を意味していたといえる。

以上の過程を経て実現した SSH は統合・再編後の文科省にとってどのような意味をもたらすのだろうか。旧科技庁側の科学技術に関する教育分野への新規開拓と旧文部省側の事業対象の拡張は、その後の文科省の政策展開から次のように述べることができる。まず、前者については科学の甲子園やグローバルサイエンスキャンパス等の「初等中等教育段階における科学技術人材育成支援」への展開である(22)。また、後者については2002年度以降、教育課程特例校制度や「目指せスペシャリスト（「スーパー専門高校」）」等 SSH 以外の教育課程編成の特例を認める事業の実現である(23)。以上のことから、現在の文科省にとって SSH の実現は科学技術に関する教育政策の実現の余地と既存法令の限定的な適用から他事業への援用を可能にしたといえる。

５．まとめにかえて―今後の課題

以上、旧文部省と旧科技庁の行動様式の差異をもとに SSH 形成過程を取り上げ、SSH が教育分野への新規開拓と既存法令の援用を可能にし、文科省としての政策形成の対象範囲を拡張したことを示した。先行研究では「組み換え」以上の変化は見られないとされてきたが、省庁再編を契機とした新規事業の形成過程に着目することで両省庁の関わりを取り上げ、文科省としての政策形成への変化を明らかにした。省庁再編以後の中央教育政策研究において、旧科技庁側の部署の動向も把握しながら検討することも今後必要になるだろう。

ただし、本稿の課題として次のようなことが挙げられる。本稿では旧文部省と旧科技庁の統合・再編を契機とした新規事業である SSH 形成過程を考察対象とした。そのため、旧文部省と他省庁とで連携・実施している教育政策に関しては取り上げていない。文科省成立によって、これらの教育政策にも影響を及ぼしている可能性があり、これらの課題に関しては今後議論を継続したい。

注

（1）SSH 実施の成果に関して小倉・科学技術振興機構（2005）等が挙げられるが、SSH 形成過程において旧文部省や旧科技庁との関係性に焦点を当てて分析したものは管見の限り見られない。

（2）本稿では各省庁の作法や考え方を表す用語として行動様式を用いる。各省庁の「行動様式」について、城山・鈴木・細野ら（1999：3-4）は「政策立案、すなわち、いかに課題が認識され、共有され、政策案が作成されていくのかという局面に関心の重点をお」き、政策形成過程における行動様式を４つに類型している。本稿においては、後述するように学術・科学技術の政策に対する旧文部省・旧科技庁の（それまで培ってきた行動様式に基づいて導き出される）見解の違いを示すため、両者の見解を含めた行動様式として用語を用いる。

（3）科学技術振興機構 HP「指定校一覧」（https://www.jst.go.jp/cpse/ssh/school/list.html）2021年11月27日確認。

（4）文部科学省 HP「（参考）スーパーサイエンスハイスクール（新規）平成14年度予予算 727,144千円【構造改帛革別別求】」（https://warp.da.ndl.go.jp/info:ndljp/pid/283151/www.mext.go.jp/b_menu/houdou/14/04/020416a.htm）2021年11月27日確認。

（5）行政改革会議 HP「行政改革会議」（https://www.kantei.go.jp/jp/gyokaku/index.html#gaiyou）2021年11月24日確認。

（6）行政改革会議 HP「文部省説明資料（平成９年５月21日）」（https://www.kantei.go.jp/jp/gyokaku/0730monbu.html）2021年11月23日確認。

（7）行政改革会議 HP「行政改革会議第14回議事概要」（https://www.kantei.go.jp/jp/gyokaku/0526dai14.html）2021年11月23日確認。

（8）行政改革会議 HP「科学技術庁説明資料（平成９年５月21日）」（https://www.kantei.go.jp/jp/gyokaku/0730kagitho.html）2021年11月23日確認。
（9）1999年２月26日「『中央省庁等改革に係る大綱』が正式に決定」『文部広報』15頁。
（10）科学技術会議 HP「構成及び組織」（https://www.mext.go.jp/b_menu/shingi/kagaku/kousei.htm）2020年11月24日確認。
（11）文部科学省 HP「科学技術・理科、数学教育等推進のための主な施策　平成14年度予算額（平成13年度予算額）」（https://www.mext.go.jp/b_menu/shingi/chousa/kokusai/002/shiryou/020801ea. htm#5）2021年11月26日確認。
（12）2001年９月21日「第10回総合科学技術会議配布資料4-1 平成14年度予算に係る『構造改革特別要求』予定施策（科学技術の振興）について」、及び2001年９月21日「第10回総合科学技術会議配布資料4-2『平成14年度の科学技術に関する予算、人材等の資源配分の方針』と構造改革特別要求の主な予定施策」。
（13）文部科学省 HP「科学技術・理科、数学教育等推進のための主な施策　平成14年度予算額（平成13年度予算額）」（https://www.mext.go.jp/b_menu/shingi/chousa/kokusai/002/shiryou/020801ea. htm#5）2021年11月26日確認、及び2002年１月30日「競争的研究環境の整備と科学技術振興基盤の強化」『文部科学広報』６頁。
（14）1995年５月14日「若い世代ほど『理科離れ』『関心ある』43%総理府調査」『朝日新聞』３頁。
（15）2001年６月27日「科学技術・理科離れ対策について～科学技術創造立国へ!!夢・チャレンジ21～ 自由民主党文部科学部会 科学技術・理科離れ対策小委員会」。
（16）同上書、４頁。
（17）2001年６月27日「第151回国会 衆議院 文部科学委員会議録第22号」3-4頁。
（18）2001年６月27日「第151回国会 衆議院 文部科学委員会議録第22号」3-4頁。
（19）2000年１月25日「21世紀に向けた文教施策の総合的推進―教育改革の推進と学術研究の振興―」『文部広報』１頁。
（20）文部科学省 HP「2002年１月15日平成14年度『スーパーサイエンスハイスクール』に関する教育研究開発実施希望調査について」（https://warp.da.ndl.go.jp/info:ndljp/pid/283151/www.mext.go.jp/b_menu/houdou/14/01/020114.htm）2022年２月23日確認。
（21）文部科学省 HP「令和３年度スーパーサイエンスハイスクール（SSH）指定校の内定等について　令和３年３月23日」（https://www.mext.go.jp/b_menu/houdou/2020/mext_00065.html）2022年２月23日確認、及び文部科学省 HP「令和２年度スーパーサイエンスハイスクール生徒研究発表会表彰校の決定について　令和２年８月28日」（https://www.mext.go.jp/b_menu/houdou/31/08/1419945_00001.htm）2021年11月25日確認。

(22) 文部科学省 HP「初等中等教育段階における科学技術人材育成支援」（https://www.mext.go.jp/a_menu/jinzai/gakkou/1309861.htm）2022年２月23日。

(23) 文部科学省 HP「学習指導要領等によらない教育課程編成を認める制度等について」（https://www.mext.go.jp/a_menu/shotou/kenkyu/htm-/06_ref/_icsFiles/afieldfile/2011/07/26/1236383_1.pdf）2022年２月23日確認。

参考文献

・青木栄一編（2019）『文部科学省の解剖』東信堂。

・小倉康・科学技術振興機構（2005）「科学への学習意欲に関する実態調査：スーパーサイエンスハイスクール・理科大好きスクール対象調査結果報告書」。

・城山英明・鈴木寛・細野助博編著（1999）『中央省庁の政策形成過程―日本官僚制の解剖―』中央大学出版部。

・新技術振興渡辺記念会編（2009）『科学技術庁政策史―その成立と発展』科学新聞社。

・前川喜平（2002）「第６章 文部省の政策形成過程」城山英明・細野助博編著『続・中央省庁の政策形成過程―その持続と変容―』中央大学出版部、167-208頁。

・真渕 勝（2008）「日本における中央省庁再編の効果―融合か？混合か？―」『レヴァイアサン』第43号、木鐸社、7-21頁。

・森田 朗・金井利之（2012）『MINERVA 人文・社会科学叢書179 政策変容と制度設計―政界・省庁再編前後の行政―』ミネルヴァ書房。

・Schoppa, Leonard J.／小川正人監修訳（2005）『日本の教育政策過程―1970～80年代教育改革の政治システム―』三省堂。

（植草学園大学）

Ⅵ

内外の教育政策・研究動向

［内外の教育政策研究動向 2021］

国内の教育政策研究動向

橘　孝昌

昨今の教育政策を振り返るとき、新型コロナウイルス（COVID-19）の感染拡大による影響は無視すべくもない。事実、2021年の研究動向において特に蓄積が目立つのは、2020年の３月から５月にかけて実施された全国一斉休校を題材とする研究である。その経緯を述べれば、２月27日の新型コロナウイルス感染症対策本部において、安倍晋三首相は専門家による助言を待たず、３月２日から春休みまでの一斉休業を全国の学校に「要請」した。この時点では学校を休業するか否かの最終判断は市町村教育委員会が行うとされたが、その後の感染者数の増加を受け、４月７日には７都府県を対象に緊急事態宣言が発令され、当該自治体では学校の臨時休業の要請期間が５月６日まで延長されると同時に、学校休業要請等は都道府県知事の所管となった。さらに感染状況が悪化の一途を辿ったことで４月16日には全都道府県が宣言の対象となり、５月中旬以降25日までに順次解除されたものの、結果として多数の自治体で4-5月に新学期を開始できないという事態に陥った。

一斉休校を含めコロナ禍の教育政策に関する研究は未だ蓄積の途上にあるが、現段階の知見を整理しておくことは、なお急迫した現在の社会状況においてこそ求められよう。そこで本稿は2021年の国内の教育政策研究動向を、（１）国内の教育政策決定構造、（２）コロナ禍における世界の教育政策、（３）コロナ禍の教育政策の効果検証という３点に纏める。上記の理由から全国一斉休校に関する研究がほとんどを占めること、また限られた紙幅と筆者の能力の制約により網羅的な紹介とは到底なりえないことを予めご容赦願いたい。

（１）国内の教育政策決定構造

コロナ禍における教育政策決定構造については、全国一斉休校の政策決定のあり方をめぐって数多の議論が重ねられている。その動向としては第一に、デュー・プロセスや子どもの権利保障の観点からその問題を批判的に論じたものが大勢を占める。例えば朝岡・岩松（2021）は、一斉休校が「危害原理」、すなわち他人に対し危害を加えることを防ぐという理由においてのみ個人の権利の制限が可能となるという原理によって正当化されるか、また他の方法に比して妥当といえるのかといった視点から上記「要請」を検討した。その結果、一斉休校による学ぶ権利の制限は、公衆衛生上の必要が高かったとは必ずしもいえず、その効果についても専門家会議や文部科学省（以下、文科省）の当時の見解に齟齬が見られ疑わしかったこと、従来の感染対策である出席停止や臨時休業で対応できた可能性があった等の理由から、妥当だったとはいえないと結論づけた。また中嶋（2021）は、地方教育行政の組織及び運営に関する法律（以下、地教行法）、学校保健安全法、地方自治法、新型インフルエンザ等対策特別措置法といった関連法令の検討の上で、上記「要請」は平時における国の地方公共団体に対する関与の方式からも、緊急時の感染症対策の枠組みからも逸脱し、法制度上の裏づけを欠くものだったとした。さらに土屋（2021）は感染症対策における意思決定について、国家による科学及び医療への積極的支援のもと、学校設置者が地域の状況に応じて医療機関と連携しつつ実施することが必要であり、かつ教育活動が制約される場合でも子どもの権利が蔑ろにされぬよう状況に応じた保障・補償が講じられるべきだと述べる。その上で全国一斉休校は「地域や学校の意思を反映させる双方向的な対策形成を実現困難なものにしている」（同：576）とし、「中長期的な視点に立った政策的な保障・補償を示すことがなく実施された」（同：577）と批判する。またその結果、子ども不在の意思決定となったことを批判し、代えて災害時に脆弱な位置に置かれる子どもたちに根ざした「教育における災害リスク・ガバナンス」を論じている。

第二に、政策決定過程のあり方を規定した要因に踏み込んで検討した研究も見られる。髙橋（2021）は休校の決定過程において、保健所や教員・保護者らとの適切な協業を経ず、首相の「要請」に全国の教育委員会が追随したと述べ、さらに教育委員会によらず教育長の専決処分や臨時代理によって意思決定がなされ、多くの場合は首長の実質的判断があったと述べる。また学校再開後のカリキュラムについても、文科省の通知により教育課程の柔軟な編成が阻まれ画一的な対応が生まれたと論じている。その上でこれらの要因として、保健所の縮小・統合という公衆衛生行政の脆弱化、2014年地教行法改正、教育課程行政のあり方、学校における労使自治の不在と教員組合の軽視という４点を挙げている。また松本（2021）は「第一波」に対する初動対応から安倍首相が一斉休校要請について会見を行った2020年２月29日までの経緯につき、キングダンの「政策の窓」モデルを援用し全国一斉休校に至った政策決定要因の検討を行った。それによれば、コロナ禍以前から季節性インフルエンザ等の感染症対策としての休校に一定の効果が認められ前例があり比較的受け入れられやすかったこと、特に「リスク」に敏感な場と考えられる学校の開放に国民の「不安」が高まっていたことを挙げ、さらに一部自治体で既に休校が実施されたという先行事例が政府に伝播したのではないかとの見立てを示している。

以上は共通して、コロナ禍において強力な権利制限を伴う教育政策が強権的に決定されたとの見方を共有し、その問題点を論じている。無論これらの議論は緊急事態下の教育政策決定のあり方に関する基礎的理解及び評価として重要であるが、あえて難点を挙げれば以下に述べる全体的観点との比較考量について物足りない面がある。言わずもがな、パンデミックという国民全体の権利と利益に関わる重大かつ切迫した状況下では、たとえ子どもの権利の制約を伴う「強権的」な政策決定だとしても、それが迅速な対応を可能とする等によって一定の感染抑制効果を持つならば、なお正当化され認容される余地がある。事実、学校休校は感染抑制を目的としたNon-Pharmaceutical Intervention（非医学的介入等と訳される、以下NPI）の一つに数えられ、感染抑制効果に関する実証研究も急速に蓄積されつつある（３に後述）。先述の朝岡・岩松は先行研究の概括を行い防疫の側面にも一部言及するが、刊行時期の早さのためかこうした実証的知見への言及はない。

以上からコロナ禍の教育政策決定構造の議論においては第一に、感染対策としての一斉休校の効果に関する実証研究の蓄積を踏まえ、それが種々の不利益をおいてなお正当化されうるか改めて検討が求められる。第二に、そうした検討を踏まえた今次の教育政策及びその決定構造に関する評価が俟たれる。

（２）コロナ禍における世界の教育政策

コロナ禍における世界の学校教育に関する纏まった成果として、まず『比較教育学研究』第62号の特集が挙げられよう。全てを紹介することはかなわないが、連邦政府及び全米シンクタンクに照準し、コロナ禍におけるアメリカの教育政策及びその議論の特徴をマクロのレベルで検討した佐藤・長嶺（2021）や、全体的に法改正と強制力を伴わない対応が取られたスウェーデンにおいて、学校一斉休校をなぜ行えなかったか／行わなかったか等を検討した田平・林(2021)、さらには中国の休校をめぐる対応を整理した上で、それらの背景に90年代以来の教育の情報化政策と家庭教育の強化政策があると述べ、政策の連続性を明らかにした南部（2021）等が収録されている。他にもシンガポール、南アフリカ、ブラジルやユネスコによる対応を各論稿が取り上げている。なお佐藤・長嶺によれば、従来のアメリカ教育研究が学区に焦点化する場合、現場レベルの政策が州や学区ごとに大きく異なるために、研究対象を選ぶ際は全米の状況と比較してある学区が有する特徴に着目してきたが、コロナ禍の教育的対応については研究や情報が未だ蓄積の途上にあり、かつ今は現地調査も困難であるがゆえに、ミクロな実態とその特徴を明確に論じることには大きな限界があるという。こうした情報の不足や錯綜による限界は、多かれ少なかれアメリカ以外を対象とする研究にもあてはまるものと思われ、重要な指摘である。

他にも小島（2021）はドイツにおけるコロナ禍の教育政策の経緯を整理し、その特質や教育課題を纏めている。さらに先述の髙橋は、学校一斉休業をめぐる日本の政策決定構造の問題と要因を検討したが、その際にアメリカにおけるコロナ禍の対応を参照している。それによると感染症対策機関並びに国際機関のガイドラインのもと、ニューヨーク市学区において学校再開がどのように決定されたかを確認し、これを「あるべき協業モデル」として提示している。その上でこのようなモデルとの比較において、先述のような日本の政策決定の課題を提示したのであった。なお組合の役割についてはシカゴ市を中心的な事例として取り上げた山本（2021）も論じており、シカゴ教育当局による対面授業再開への段階的計画に対し、シカゴ教員組合が保護者らのサポートを後ろ盾に粘り強く抵抗・交渉し、多くの要求を実現したことを紹介している。

これらの研究は少なからず、対象とした国・地域における制度的・社会的分脈や固有の課題を取り上げ、それらがいかにコロナ禍において顕在化し、あるいはどのようにコロナ禍における特定の教育対応をもたらしたかを論じている。こうした海外事例の基本的事実の整理・発信は、教育の役割の問い直しや政策オプションの提供を通じた教育構想に貢献し、ひいては比較を通じて日本の状況を相対化し規定要因を検討することを可能にするといった意義を有するといえる。特に非専門家にとって情報のアクセスが通常以上に困難なコロナ禍において、その意義はいっそう際立つといえ今後の研究蓄積が俟たれるところである。

（3）コロナ禍における教育政策の効果検証

最後に、コロナ禍の教育政策の帰結や効果に関する検討もなされている。まず、当該措置が子どもの学びや心理的・身体的健康並びにこれらの地域差・階層差に与えた影響については、既に多数検討がなされている。文科省においても「新型コロナウイルス感染症と学校等における学びの保障のための取組等による児童生徒の学習面、心理面等への影響に関する調査研究」という調査が実施されている。これは２時点のパネル調査を予定するが委託期間終了を待たず調査分析結果を公表しており、例えば2021年７月８日の第131回中央教育審議会初等中等教育分科会では、中村ほか（2021）が速報値に基づく現時点の分析結果を示している。それによると長期一斉休校中の家庭学習で課された宿題について「よく分からなかった」と答えた子どもの割合が非大卒の親が多い家庭ほど高く、親がシングルマザーで非大卒の世帯ではさらに高くなる傾向にあったこと等から、長期休校が教育格差拡大を帰結したとの報告が行われた。

加えて先述の通りNPIの関連からも効果検証が取り組まれている。以前から季節性インフルエンザの感染抑止に与える学校閉鎖の効果は論じられることがあったが（日本を対象とした最近の研究としてEndo et al. 2021）、日本の全国一斉休校に関する感染抑止効果を検討した研究としては、Fukumoto et al.（2021）が存在する。彼らは市町村を分析単位とし、学校閉鎖の実施の有無が、10万人あたり新規確定症例数／日に与える効果を検討した。利用したのは４月６日から６月１日にかけて複数回実施された休校状況に関する文科省の調査であり、統制変数として調査日以前の学校閉鎖の有無、総患者数・過去７日間の症例数、都道府県ダミー等、数十の社会的・経済的・政治的変数を用いた。加えて交絡の問題に対処するため共変量によりマッチングを行った上で、学校閉鎖に関する平均処置効果を求めた。結論としてFukumoto et al.は、学校一斉休校が感染者数を有意に減少させたとの知見を得られなかったとした。

上記の研究は方法論的に洗練されているといってよいが、それでもなお複数の課題が挙げられている。例えばEndo（2021）も述べる通り、彼らが対象とした期間はその後に比すればまだまだ症例数が少ない時期であり、かつマッチングの過程で標本サイズがさらに縮小することを踏まえると、彼らの研究が十分な標本サイズを確保できていたかは疑問が残る。Endoは他にも、Fukumotoらの研究デザインでは学校閉鎖が仮に50-80％の感染抑制効果を有したとしても有意な結果が出なかった可能性があると述べる等、テクニカルな課題を複数指摘している。ただしEndoによればこれらの原因は、無作為化等のデザインを欠いて行われた大規模な介入の効果を事後的に分析すること自体によるという。このことはNPIとしての休校に関する効果検証の限界を示すだけでなく、今後のNPIや教育政策それ自体のデザインに対しても課題を提示しているといえる。

なお海外では対面か休校かという単純な二択に止まらず、例えばErtem et al.（2021）は対面授業に比してハイブリッド授業やリモート登校の持つ感染抑制効果を分析し、概して効果は無いか、あっても低いと結論づけている。他にもLessler et al.（2021）は、対面授業は確かに感染リスクの増大に有意な影響を与えるとしつつ、学校が日々の健康チェックやマスク着用、課外活動の停止といった対策を講じている場合、その影響は有意でなくなるとした。これらも無作為化を経ない点では上記の課題を共有するものの、現場に有用な指針を下支えしうる点では一定の意義が認められよう。ただ海外の知見を含めてもなお、コロナ禍における教育政策の効果については結論を見ず、知見も未だ錯綜しているということは確かである。

参考文献・資料

・朝岡幸彦・岩松真紀（2021）「第１章　学校一斉休校は正しかったのか」水谷哲也・朝岡幸彦編、阿部治・朝岡幸彦監修『学校一斉休校は正しかったのか？―検証・新型コロナと教育―』筑波書房：29-39。
・小島智子（2021）「ドイツにおけるコロナ禍と教育」『コロナパンデミックと教育（民主教育研究所年報2021）』(21)：222-231。
・佐藤仁・長嶺宏作（2021）「コロナ禍におけるアメリカ合衆国の教育政策―連邦政府の姿勢とシンクタンクの議論―」『比較教育学研究』(62)：23-40。
・髙橋哲（2021）「教育政策決定におけるセクター／アクター間連携に関する日米比較―コロナ禍において教育行政は誰と協業したのか―」『教育制度学研究』(28)：38-54。
・田平修・林寛平（2021）「コロナ禍におけるスウェーデンの学校教育」『比較教育学研究』(62)：41-58。
・土屋明広（2021）「教育における災害リスク・ガバナンス」『教育学研究』88(4)：573-584。
・中嶋哲彦（2021）「コロナ禍での教育実践と教育の課題を考える―教育制度と

行政を捉える視点から―」『コロナパンデミックと教育（民主教育研究所年報2021）』（21）：20-29。
・中村高康・松岡亮二・苅谷剛彦（2021）「コロナ休校時における教育委員会の対応―地域差と階層差に注目して―」中央教育審議会初等中等教育分科会（第131回）会議資料（https://www.mext.go.jp/kaigisiryo/content/20210708-mxt_syoto02-000016642_16.pdf、2022年２月26日最終閲覧）。
・南部広孝（2021）「コロナ禍における中国の学校教育―政策の連続性に着目して―」『比較教育学研究』（62）：59-76。
・松本一紗（2021）「新型コロナウイルス感染症（COVID-19）拡大下における一斉休校要請の教育政策過程の特質と課題―キングダンの『政策の窓』モデルを使った分析を通じて―」『研究論叢』神戸大学教育学会（27）：41-59。
・山本由美（2021）「コロナ禍、アメリカの組合教師たちはいかに学校再開を迎えたのか」『季刊　人間と教育』（109）：34-41。
・Endo, A., Uchida, M., Hayashi, N., Liu, Y., Atkins, K.E., Kucharski, A.J. and Funk, S.（2021）. Within and between classroom transmission patterns of seasonal influenza among primary school students in Matsumoto city, Japan. *Proceedings of the National Academy of Sciences*, 118（46）.
・Endo, A.（2021）. 'Not finding causal effect' is not 'finding no causal effect' of school closure on COVID-19, preprint（https://www.researchsquare.com/article/rs-1103935/v1、2022年２月26日最終閲覧）.
・Ertem, Z., Schechter-Perkins, E.M., Oster, E., van den Berg, P., Epshtein, I., Chaiyakunapruk, N., Wilson, F.A., Perencevich, E., Pettey, W.B.P., Branch-Elliman, W. and Nelson, R.E.（2021）The impact of school opening model on SARS-CoV-2 community incidence and mortality. *Nature Medicine*, 27（12）: 2120-2126.
・Lessler, J., Grabowski, M. K., Grantz, K. H., Badillo-Goicoechea, E., Metcalf, C.J., Lupton-Smith, C., Azman, A.S. and Stuart, E.A.（2021）. Household COVID-19 risk and in-person schooling. *Science*, 372（6546）: 1092-1097.
・Fukumoto, K., McClean, C.T. and Nakagawa, K.（2021）. No causal effect of school closures in Japan on the spread of COVID-19 in spring 2020. *Nature Medicine*, 27（12）: 2111-2119.

（東京大学・大学院生、日本学術振興会特別研究員）

［政策動向］

政府・文部科学省・中央諸団体の教育政策動向（2021）

阿内　春生

本稿は2021年の教育政策、特に中央政府の教育政策について論述するものである。本稿に与えられている課題は政府・文部科学省・中央諸団体の教育政策動向だが、すべての政策についての浅薄な議論を展開するよりも、論点を絞った記述を心がける。具体的には「１．中央教育審議会答申『令和の日本型学校教育』」「２．義務教育標準法の改正」「３．教員免許更新制の実質的廃止」「４．『こども家庭庁』の設立」の４点である。

また、2019年に中華人民共和国武漢で発生したとされる新型コロナウィルス感染症のパンデミックは2021年も継続し、学校現場や教育行政機関にも多大な影響を与えている。このパンデミックも大きな課題であり取り上げるべきものだが、多くの教育政策に陰に陽に影響を与えており、特別な一つ項目とせず、それぞれのトピックの中で必要に応じて触れる。なお、2021年の政策動向を論述する中で、政策の期限や経過において前後の動向に一部論及することをご了承いただきたい。

１．中央教育審議会答申「令和の日本型学校教育」

中央教育審議会は2021年１月26日「『令和の日本型学校教育』の構築を目指して～全ての子供たちの可能性を引き出す、個別最適な学びと、協働的な学びの実現～」（中央教育審議会 2021）を文部科学大臣に答申した。

この答申に関わっては2019年４月17日文部科学大臣は中央教育審議会に対して、「新しい時代の初等中等教育の在り方について」諮問している。中央教育審議会では委員12名、臨時委員16人からなる「新しい時代の初等中等教育の在り方特別部会」を初等中等教育分科会のもとに設置した。この特別部会を中心に初等中等教育分科会の教育課程部会、教員養成部会を含めた横断的な議論がなされた（文部科学省 2021a：13）。

できあがった答申では個別最適な学びと協働的な学びと主体的・対話的で深い学びの充実を目指すとされる一方で、教員関係政策、特別支援教育、ICTの活用など、今後の方向性としても多様な論点が盛り込まれ、初等中等教育の改革方向を示す総合的な答申となっている（中央教育審議会2021）。

今後の政策の方向性として答申では「『令和の日本型学校教育』の構築に向けた今後の方向性」（中央教育審議会 2021：23-30）に６点を掲げている。すなわち「（１）学校教育の質と多様性、包摂性を高め、教育の機会均等を実現する」「（２）連携・分担による学校マネジメントを実現する」「（３）これまでの実践と ICT との最適な組み合わせを実現する」「（４）履修主義・習得主義等を適切に組み合わせる」「（５）感染症や災害の発生等を乗り越えて学びを保障する」「（６）社会構造の変化の中で、持続的で魅力ある学校教育を実現する」の６項目である。また、「学校教育の基盤的なツール」（中央教育審議会 2021：30）として ICT の活用はさらに別項目で掲げられている。

これらの今後の方向性を示す各項目は、項目の抽象度の高さ故にそれぞれの内容が広範囲にわたっており、例えば「（１）学校教育の質と多様性、包摂性を高め、教育の機会均等を実現する」では「多様な教育的ニーズ」「生徒指導上の課題」「外国人児童生徒」「性同一性障害や性的指向・性自認（性同一性）に悩みを抱える子供」「学校教育に馴染めないでいる子供」「離島、中山間地域」「新型コロナウイルス」「課程の社会経済的背景」「教育の無償化・負担軽減」（中央教育審議会 2021：23および24）など、多種多様なキーワードが一つの項目の中に盛り込まれている。今後この答申を契機として、種々の初等中等教育改革が進められていくと考えられるが、後述するように教員免許制度の在り方について教員免許更新制度の実質的な廃止が決定されるなど、一部の政策は既に実施されつつある。

２．義務教育標準法の改正

1980年の公立義務教育諸学校の学級編制及び教職員定数の標準に関する法律（以下、義務教育標準法）の改正（第５次教職員定数改善計画の策定）以来、約40年ぶりに学年進行により一律に学級編制基準を引き下げる法改正がなされた。この改正によって小学校[(1)]のすべての学年で学級編制基準が35人以下と改められた。文部科学省に依れば「Society5.0時代の到来や子供たちの多様化の一層の進展」（文部科学省 2021b）が背景にあるとされるが、自民党が政権に戻った翌年の2013年に、自民党の意向により少人数学級の推進を断念したことを考えれば（朝日新聞 2013.1.26）、その自民党が教育再生実行本部において「30人学級」を推進するよう求める決議（９月24日）をしていたこと（朝日新聞 2020.9.25）[(2)]が直接の起動因となったとみられる[(3)]。

法改正にあたっては学年進行で小学校２年生から順次35人以下の定数となるため、小学校全学年が35人以下の定員とされるのは2025年になる見込みである（文部科学省 2021b）。さらに、15道県が学年進行を先取りして上の学年にも適用する、中学生にも35人以下の標準を適用する、などの方法で、国の政策を超えた独自政策により少人数学級の拡充を進めている（しんぶん赤旗 WEB 版 2021.2.28）。

例えば高知県では中学校の全学年で35人学級の実施を「学校組織体制の改善・強化」策として、2022年度予算案に盛り込んでいる（高知県教育委員会 2022）。これによって中学校２、３年生分の教員30人程度の増員分として、約２億円が必要となるが、これまで独自に進めてきた小中学校での少人数学級の拡充とあわせ、小中学校全学年で35人以下の学級編制になる見込みであるという（教育新聞 WEB 版 2022.2.18）。高知県の少人数学級の小中学校全学年への適用は典型的な上乗せ政策であるが、中央政府の政策が教育条件の改善に転換する方向で改革された際に、地方政府である都道府県（教員任用政策という意味では政令指定都市も）がどのように対応するかの一つの事例となっている。

少人数学級編制は多くの団体や政党が継続的に要望してきた政策であり、それが一部実現したことになる。その背景には文部科学省が指摘する社会・教育政策の変化に加え、巷間指摘されてきた新型コロナウィルスのパンデミックに伴う教育改善要望の高まり、政府与党の政策方針の転換など、複合的な要因を観察することができる。

３．教員免許更新制の実質的廃止

2021年７月教員免許更新制の廃止を伝える報道があった（朝日新聞 2021.7.13など）。2021年４月に中央教育審議会のもとに置かれた「『令和の日本型学校』を担う教師の在り方特別部会」の決定として教員免許更新制小委員会が設置されることとなり６回にわたって議論が行われた。先の報道はこの小委員会の第３回会議を経て審議まとめ案を作成するにあたり、文部科学省内で検討が進んでいた段階で出たものである。第３、４回小委員会では、「免許更新制高度化のための調査研究事業」によるアンケート結果（みずほリサーチ&テクノロジーズ株式会社 2021）も提出されており、こうした議論が教員免許更新制の実質的な廃止の議論を推し進めたと考えられる。

11月にとりまとめられた「審議まとめ」（中央教育審議会「令和の日本型学校教育」を担う教師の在り方特別部会 2021）（以下、特別部会 2021）においては、教員免許更新制の実質的な廃止を含む、今後の教員の学びが示され、それを実現する方策が提示されている。項目を示すと「ｉ）公立学校教師に対する学びの契機と機会の確実な提供（研修受講履歴の記録管理、履歴を活用した受講の奨励の義務づけ）」「ⅱ）国公私立学校の教師を通じて資質能力を向上する機会の充実」「ⅲ）教員免許状を保有するものの、教職には就いていない者の資質能力の確保に資する学習コンテンツの開発」「ⅳ）現職研修のさらなる充実に向けた国による指針の改正」（特別部会 2021）である。

この中では研修履修履歴の記録や活用、「任命権者や服務監督権者・学校管職等の期待する水準の研修を受けているとは到底認められない場合」（特別部会2021：20）の職務命令利用なども検討すべきことも示されている。なお、教員免許更新制の改善による改善の方策も検討されたものの、制度の課題を抜本的に解決することはできないと指摘されている（特別部会 2021）。教員免許更新制は教育職員免許法改正案が2022年の通常国会に提出され７月１日に法改正により廃止される予定である。

教員免許更新制の実質的廃止は、自民党が主導した政策を自ら転換するという意味でも大きな政策転換である。「免許更新制高度化のための調査研究事業」（みずほリサーチ&テクノロジーズ株式会社 2021）アンケートにおいて、モニターとなった現職教員からは制度に関する不満も見られており、政策転換の後押しになったと考えられる。一方で、教員免許更新講習を実施してきた各大学としても「受講した講習が現在の教育現場で役に立っているか」の満足度が低かったことや(4)、「グループワークや事例発表を取り入れた双方向・少人数の講習をはじめ、教師が最新の知識技能を修得する上で高く評価されているもの」などの「質の高い学習コンテンツ」は「『新たな教師の学びの姿』の中にあっても、中核的な役割を占めることが期待され」「例えば履修証明プログラムとして位置づけるなど」（特別部会 2021：33）の今後の期待が示されていることなど、注目すべき論点を含んでいる。

4．「こども家庭庁」の設立

自民党内では衆議院選挙に向けた公約として掲げることを目標として、2021年２月から勉強会（Children First の子ども行政のあり方勉強会）が重ねられ、３月にはこども庁創設の提言を出すなど、子ども支援を包括的に担う新省庁の設置が検討されてきた（教育新聞 WEB 版 2021.4.9）。検討初期には「こども庁」の名称が用いられていたが、子どもが成長する基盤である家庭支援することを表現すべきだという自民党内の意見に配慮し、「こども家庭庁」という名称で（教育新聞 WEB 版 2021.12.15、2021.12.17）閣議決定された（2021年12月17日「子ども政策の新たな推進体制に関する基本方針～こどもまんなか社会を目指すこども家庭庁の創設～」。以下、閣議決定）。

「こどもの最善の利益を第一に考え、こどもまんなか社会の実現」（閣議決定５頁）を目指すとされるこども家庭庁には閣議決定に基づいて、以下の３部門が設置されることになっている。妊娠出産や成育期の医療、育ちの保障、相談体制や居場所づくり、安全などを担当する①成育部門、包括支援、自立支援、貧困対策やひとり親家庭支援、障害児支援などを担当する②支援部門、政策の企画・調整、情報発信・広報、データ分析などを担当する③企画立案・総合調整部門の三つの部門である（閣議決定より）。

閣議決定に依れば2023年度の「できる限り早い時期」（閣議決定17頁）にこども家庭庁が創設されることとなり、「関係する行政機関で採用した職員を転任させるとともに」「移管する定員を大幅に上回る体制を目指す」こと、「地方自治体職員や民間人材からの積極登用」を進めることが示されている（閣議決定８頁）。なお、こども家庭庁が設置されるにあたって、内閣府こども・子育て本部、厚生労働省子ども家庭局などが廃される（閣議決定より）。こども家庭庁の職員は200名以上の規模となるとする報道もある（朝日新聞 2021.12.22）。2022年度予算には２億8000万円が計上され、年度中にこども家庭庁設置法案等準備室を中心として準備が進められる（教育新聞 WEB 版 2021.12.27）。

文部科学省からこども家庭庁に管轄が移動する部局はないものの、いじめ防止関連において学校外でのいじめを含めた防止活動を担い、文部科学省とも「重大ないじめ事案への対応について」（閣議決定13頁）情報を共有し、「地方自治体での共有を促進し、学校の設置者等が行う調査における第三者性の確保運用等についての改善などの必要な対策を文部科学省とともに講ずる」（閣議決定13-14頁）とされている。

こども家庭庁の名称については、当初こども庁との名称で議論が進んできたこともあり、「家庭」の文言の挿入について議論があった。そこでは家庭が子どもを育てるという根強い意識があること、虐待に苦しむ子どもへの配慮にかけていること（ここまで朝日新聞 2021.12.24）などの指摘があるほか、友野清文は朝日新聞のインタビューに答えて、家庭の責務の強調、いわゆる「親学」の影響、などを指摘している（朝日新聞 WEB 版 2022.2.21)。

こども家庭庁は自民党内で有志議員らが描いたこども庁構想に、党内保守派議員らの家庭観が反映されてこの庁名になったと考えられるが、同庁が所掌する業務、政策形成の在り方、などの検証を通じて教育政策形成への影響を分析していく必要があるだろう。それらが、新聞紙上（朝日新聞 2021.12.24）などで指摘されてきたように、虐待経験を持つ子どもや児童養護施設で過ごす子どもたちなどを排除せず、すべての子どもを包摂した支援が実現されていくかどうかが厳しく問われる必要がある。

注

（1）義務教育学校の前期課程を含む。以下同じ。

（2）自民党教育再生実行本部の事務局長を務める赤池誠章参議院議員（比例全国区）のブログには、９月24日に「教育団体からの要望を踏まえて」文部科学大臣に「要望書を手交」したことが記載されている。（赤池まさあきブログ2020年９月24日「自民党教育再生実行本部提言　30人学級の実現と高校生一人一台の情報端末の整備」）
(https://ameblo.jp/akaike-masaaki/entry-12627293603.html)（2022年２月19日確認）

（3）公明党も2020年10月９日に党内の教育改革推進本部、文部科学部会の長が官房長官を訪問し、小中学校の30人以下の少人数学級を求める「決議」を提出している。このように、学級編制の少人数化については政府与党内の共通した方針であった。公明党 website「小中学校を30人以下の学級に：特別支援教育改善も　公明、政府に要請」(https://www.komei.or.jp/komeinews/p123841/)（2022年２月19日確認）

（4）役に立っている＋やや役に立っている計33.4%（みずほリサーチ＆テクノロジーズ株式会社2021：37)。

引用参考文献※リストでは新聞記事は省略した。

・高知県教育委員会（2022)「令和４年度当初予算案の概要」。

・中央教育審議会（2021）「『令和の日本型学校教育』の構築を目指して～全ての子供たちの可能性を引き出す、個別最適な学びと、協働的な学びの実現～（答申）」。
・中央教育審議会「令和の日本型学校教育」を担う教師の在り方特別部会（2021）「『令和の日本型学校教育』を担う新たな教師の学びの姿の実現に向けて審議まとめ」。
・みずほリサーチ＆テクノロジーズ株式会社（2021）「文部科学省委託令和３年度免許更新制高度化のための調査研究事業事業報告書」。
・文部科学省（2021a）「審議関係参考資料」。※諮問文、背景説明の資料等が合冊されたもの。下記に答申本文などとともにリンクがある。参照されたい。（https://www.mext.go.jp/b_menu/shingi/chukyo/chukyo3/079/sonota/1412985_00002.htm）（2022年２月19日確認）
・文部科学省（2021b）「公立義務教育諸学校の学級編制および教職員定数の標準に関する法律の一部を改正する法律の概要」。

（横浜市立大学）

［内外の教育政策研究動向 2021］

地方自治体の教育政策動向

高嶋　真之

はじめに

本稿では、2021年の地方自治体における教育政策の動向を概観する。具体的には、2020年以前から継続している①学校における働き方改革、②新型コロナウイルス、③ GIGA スクール構想に関する動向と、2021年に入って新たに進展が見られた④ヤングケアラー、⑤生理の貧困に関する動向の５つのテーマを取り上げる。なお、従来と同様に、主に2021年分の『内外教育』の記事から動向を把握し、参照する際は出典を省略して日付のみを記すことにする。

１．学校における働き方改革の「進展」

2017年以降、国と自治体の両方で学校における働き方改革の取り組みが実施されており、本誌でも継続してその動向が論じられてきた。ここでは、今後さらなる議論に発展することが予想される２つの動向を追記していく。

１つ目は、一年単位の変形時間労働制である。2019年12月に「公立の義務教育諸学校等の教育職員の給与等に関する特別措置法」（以下、「給特法」と略記）が一部改正され、自治体は「休日の「まとめ取り」」を可能とする条例を整備できるようになった。2021年度までに条例を整備し終えた都道府県は９道県、政令指定都市は１市であり、これから整備予定の自治体も残っている[(1)]。

都道府県で最初に条例を整備した北海道では、2020年12月の条例改正の後、2021年３月に「学校における働き方改革 北海道アクション・プラン（第２期）」を策定した。この中で、「時間外在校等時間」を１ヶ月で45時間以内、１年間で360時間以内とする目標を掲げているが、一年単位の変形労働時間制を適用する場合には、１ヶ月で42時間以内、１年間で320時間以内としてさらなる削減を目指している。これに対して、教職員組合である道高教組と道教組は、条例改正時から北海道教育委員会に対して抗議と交渉を続けている。

給特法自体に対する批判もさることながら、この改正に対しても数多くの批判が向けられており、長時間勤務の法的容認により働き方改革を後退させるとの懸念もある。今後、法律と条例がどのように運用され、教員の働き方にどのような効果／逆効果をもたらすかを注視しなければならない。

２つ目は、部活動の地域移行である。これまでも部活動は長時間勤務の中心的な要因に挙げられ続けてきた。そのため、給特法の一部改正の際には、衆参両院で部活動を学校単位から地域単位の取り組みとする附帯決議が付された。これを受けて、スポーツ庁・文化庁・文部科学省が連名で2020年９月に「学校の働き方改革を踏まえた部活動改革について」を送付し、具体的な方策の第一に2023年度以降の「休日の部活動の段階的な地域移行」を掲げている。

こうした動きもあり、国に先行して部活動の地域移行を進める自治体が現れている。例えば、富山県朝日町では、2021年４月から中学校の部活動の一部を「朝日町型部活動コミュニティクラブ」として地域で運営し、地域住民が指導にあたっている（５月21日）。東京都渋谷区では、2021年10月に一般社団法人渋谷ユナイテッドを設立し、同年11月からシブヤ「部活動改革」プロジェクトを始めた（12月14日）。種目の中には「ボッチャ」というパラスポーツが含まれており、障害を抱える人々にも配慮している点が注目される。

1970年代以降、部活動の地域移行は度々試みられてきたが、学校教育との強固な結び付きによりなかなか実現してこなかった。果たして今回はどうだろうか。歴史と先進自治体の取り組みからその可能性と課題を分析・検討し、国で設定したスケジュールである2023年度に向けて備える必要がある。

２．With コロナ時代の教育行政判断と教育政策

「コロナ２年」とも呼べる2021年は、ウイルスの変異を伴いながら感染の拡大と縮小を繰り返し、学校と教育行政は、まさに With コロナ時代の公教育の形を模索せざるを得なくなった。以下では、その様子を記録していく。

（１）新型コロナウイルス感染症と学校・教育行政

2020年は、学校に対する全国一斉の臨時休業が首相により突然要請され、全国各地で混乱が生じた。その後の状況を考慮して2021年は、感染症対策を徹底した上で可能な限り学校教育活動を継続し、学校の休業を必要最低限の範囲に留めることが、文部科学省による基本的な考え方として周知された[(2)]。しかし、７月～９月頃に、従来のウイルスより感染力が強いデルタ株が蔓延して

「第５波」を迎え、４月23日に発出された第３回緊急事態宣言が継続していたことが重なり、自治体では特に次の２点について判断を迫られた。

１つ目は、東京オリンピック・パラリンピックの学校観戦である。大会組織委員会は、次世代を担う子ども・若者がより多く会場で競技を観戦できるように「学校連携観戦プログラム」を計画していた。しかし、千葉県や神奈川県では、新型コロナウイルスの感染拡大やマスク着用による熱中症などを理由として、学校連携観戦をキャンセルする自治体が多数あった（７月13日・16日）。また、開催都市の東京都では、都内全ての会場が無観客になったことにより、オリンピックについては中止を決めた。パラリンピックについては、予定通りの実施を強調する都知事と、感染の急拡大を理由に反対する都教委委員の間で意見の違いが見られたが、最終的に八王子市・新宿区・渋谷区・杉並区の４市区で実施することになった（９月28日）。改めて、学校安全と教育的意義という価値、首長と教育委員というアクターが鋭く対立する事例となった。

２つ目は、夏季休業後の対応である。緊急事態宣言期間が夏季休業後にも及んだため、学校設置者は休業期間の延長などの検討に入った。特筆すべきは茨城県である。茨城県では、県独自の「非常事態宣言」が８月16日～９月19日、国の緊急事態宣言が８月20日～９月30日で発出された。これに伴い、９月19日までは遠隔授業、部活動の全面禁止、学校行事の延期・中止の措置を取り、９月30日までは分散登校と遠隔授業、部活動の制限、学校行事の延期・中止の措置を取った(3)。他自治体では休業を早期に解除して学校の再開を進める中（９月７日)、９月13日時点で茨城県のみが、県内全ての小中学校・高校などを休業にしてオンラインで対応した(4)。年初めに周知された文部科学省による基本的な考え方と比較しても厳しい措置が続いていたと言える。

ところで、新型コロナウイルスの感染拡大と共に偏見や差別が社会問題になった。学校では、PCR 検査を受けた家族がいる生徒に対する暴言や、ワクチン接種の有無の挙手確認により、教員が処分を受けている（１月15日、10月１日)。その一方で、こうした偏見や差別を防止するために、缶バッジの配布、紙芝居の作製、人権学習の指導資料の作成などの取り組みが実施されている（１月８日・19日、２月５日)。国では、2021年２月に「新型インフルエンザ等対策特別措置法」が一部改正されて偏見・差別の防止規定（第13条）が設けられ、法務省が正しい知識や最新情報の普及と人権啓発活動に努めている。

本稿を執筆している現在（2022年２月)、デルタ株より感染力が強いオミクロン株が猛威を奮う「第６派」の渦中にあり、教職員や児童生徒といった学校関係者にも感染が急拡大している。すでにここで記した状況とは異なる様相を呈しており、対応の変化にも着目しながら記録し続けていくことが求められる。

（２）GIGA スクール構想と自治体―企業の連携

新型コロナウイルスの感染拡大と学校の臨時休校を契機として、GIGA スクール構想の主要事業である１人１台端末の整備が加速した。義務教育段階の整備がほぼ完了したため、課題の重点は高校段階の整備に移行している。文部科学省によれば、2021年度中に学校設置者負担で端末を整備した／する予定の都道府県は19府県である(5)。その一方で、京都府・滋賀県・東京都では、保護者負担で端末の購入を原則として、低所得世帯には端末の貸出や負担軽減策が検討されているものの、家庭の経済的状況を知られてしまうことが懸念されている（３月23日、６月25日、12月21日）。また、学校設置者ではないが高知県四万十町では、町内にある県立高校の生徒にタブレット端末の無償貸与を行っている（１月29日）。国では、2021年12月に「デジタル社会の実現に向けた重点計画」が閣議決定され、高校段階の１人１台端末の整備が明記された。今後、十分かつ継続的な教育条件整備に進展していくことを期待したい。

また、１人１台端末の普及に伴い、ソフト面における自治体と企業の連携も加速している。例えば、東京都・神奈川県・愛知県・千葉県や大阪府堺市では、日本マイクロソフト株式会社と連携協定を結んでオンライン教育の充実を図っている（２月９日、４月９日）。滋賀県・京都大学・株式会社内田洋行は AI 型デジタル教材の実証を行うために、島根県・島根県立大学・株式会社 NTT ドコモは特別支援教育の充実を図るために、それぞれ連携協定を結んでいる（２月12日、４月９日）。学習だけではなく、いじめ相談（３月９日、７月６日、12月３日）や健康観察（３月９日、10月22日）のアプリの導入、さらには、IoT 端末と位置情報データを活用した登下校の見守り（７月27日、９月３日）や、呼吸・脈拍などの生体情報から生徒の集中度を測定する実証（12月14日）までもが行われている。テクノロジーの飛躍的な発展が進む中で、公教育において何の目的でどのように利活用するか、あるいは、必要の論理を超えていかなる理由で制御していくかが、学問的・実践的に改めて問われている。

３．子ども・若者をめぐる社会問題の顕在化

これまでも国内外で子ども・若者をめぐる社会問題として指摘されていたヤ

ングケアラーと生理の貧困が、2021年に入って自治体の具体的な取り組みと共に社会的な関心を集めている。以下では、これらの動向を順に整理していく。

（1）ヤングケアラー：実態の把握と支援の模索

厚生労働省によれば、「ヤングケアラー」とは、「本来大人が担うと想定されているような家事や家族の世話などを日常的に行っている子ども」と定義されている(6)。日本で「ヤングケアラー」という言葉が広がるきっかけとなったのは2013年頃と言われており(7)、その後、新聞やテレビなどのメディアで取り上げられることで課題解決に向けた動きが進んでいった。2020年12月に厚生労働省が文部科学省と連携して開始したヤングケアラーの実態に関する調査研究によれば、「世話をしている家族がいる」と回答した中学２年生は5.7％、全日制高校２年生は4.1％であり、中高生の約20人に１人がヤングケアラーと思われる子どもと推定されている(8)。しかし、この調査では地域の詳細な実態把握までは難しいため、例えば大阪市やさいたま市では、自治体で独自のヤングケアラー実態調査を実施している（６月18日、７月２日）。

先進自治体の１つである埼玉県では、2020年３月に全国で初めて「埼玉県ケアラー支援条例」を制定し、これに基づいて2021年３月に「埼玉県ケアラー支援計画（2021～2023年度）」を策定した。この中で、全てのケアラーに対する基本目標（①ケアラーを支えるための広報啓発の推進、②③行政・地域におけるケアラー支援体制の構築、④ケアラーを支える人材の育成、⑤ヤングケアラー支援体制の構築・強化）を掲げ、具体的な施策を実行し始めている。

埼玉県に続いて、北海道栗山町・三重県名張市・茨城県・岡山県備前市でも、2021年にヤングケアラーの存在を意識したケアラー支援に関する条例が制定された(9)。条例こそ制定されていないが、山梨県や愛知県大府市では、行政内にヤングケアラーの支援のあり方を検討する部局横断的な会議を発足させたり（８月24日）、神戸市や鳥取県では、ヤングケアラーの相談・支援窓口を設置したりしている。また、ヤングケアラーに関する認知度を高め、理解を深めるために、埼玉県では学校に専門家を招いて出張授業を行ったり、福岡県古賀市では啓発ポスターを作製したりしている（８月６日、10月29日）。

これまで教育政策研究においては、福祉政策との接点として子どもの貧困に大きな関心を寄せてきたが、今後はこれにヤングケアラーも追加されるに違いない。大人が担うような過重なケア責任を緩和しながら十分な学びと休息を保障できるように、子ども・若者を社会全体で支える仕組みの構築が急務である。

（2）生理の貧困：生理用品の無償配布とジェンダーの観点

2021年３月頃から、SNS 上で「＃生理の貧困」というハッシュタグ付きの投稿が話題となって拡散されている。「生理の貧困」とは、「生理用品や衛生設備など生理を衛生的に迎えるための物理的環境および生理に関する教育に十分にアクセスできない状態のこと」を指す(10)。任意団体＃みんなの生理が実施した「日本の若者の生理に関するアンケート調査」では、20.1％の若者が経済的な理由で生理用品の入手に苦労したことがあると回答しており、他にも生理に関連する様々な困り事・悩み事が明らかにされた(11)。新型コロナウイルス感染拡大によって、これまで表出されにくかった課題が可視化されている。

こうした指摘を受けて、東京都豊島区では2021年３月にいち早く防災備蓄用の生理用品の無償配布を始め、他自治体でも同様の動きが広がっている。小中学校段階の事例として、静岡県藤枝市では、保健室での無償配布を進めており、配布をきっかけとして生活に関する相談をしやすい環境づくりにつなげている（６月８日）。香川県善通寺市では、ユニ・チャーム株式会社と連携して小学５年生の女子児童を対象に初経に関する教育を実施した（７月13日）。高校段階の事例として、神奈川県・東京都・三重県・宮崎県では、プライバシーに配慮して女子トイレに生理用品を配備することで提供方法を工夫している（６月22日、７月６日、８月３日、10月12日）。また、生理の貧困は、自治体だけではなく国においても即座に政策に組み込まれた。内閣府男女共同参画局では、2021年６月に「女性活躍・男女共同参画の重点方針2021」を策定し、その中に「「生理の貧困」への支援」を明記している。

近年、LGBTQIA ＋や SOGIE のように性の多様性についての理解が、あらゆる場面で性別に関係なく求められている。無論、学校もその一つであり、また最前線でもある。性をめぐる政策に限らず、政策過程をジェンダーの観点から捉え直し、既存の教育政策と教育実践の限界と問題点を明らかにすることは今後より一層重要になる(12)。生理の貧困に関する動向はその好例と言える。

おわりに

以上の他に、大阪市立高校の府立移管（１月22日、12月21日）、北海道旭川市女子中学生凍死事件のいじめ調査（５月14日・28日、９月７日）、東京都立高校入試の英語スピーキングテストの導入など、教育政策の観点からも今後の動向を注視すべき重要なテーマはあるが、紙幅の都合からここに挙げるだけに留める。公教育システムの「改革」が多様な観点から多様なアクターによりスピード感をもって進行する今日だからこそ、教育の原理・原則に立ち返りながら政策の過程と帰結を丹念に解明する研究の蓄積が不可欠である。

注

（1）文部科学省「令和3年度 教育委員会における学校の働き方改革のための取組状況調査結果」2021年12月、65頁・88頁。

（2）文部科学省「小学校、中学校及び高等学校等における新型コロナウイルス感染症対策の徹底について（通知）」2021年1月5日、2頁。

（3）茨城県 HP「茨城版コロナ Next Stage の推移」：https://www.pref.ibaraki.jp/1saigai/2019-ncov/stagesuii.html（最終確認日：2022年2月28日）

（4）文部科学省「新型コロナウイルスの感染症の影響を踏まえた新学期への対応等に関する状況調査（第2回）の結果について」2021年9月17日、3頁。

（5）文部科学省「高等学校における学習者用コンピュータの整備状況について（令和4年度見込み）」2022年2月、3頁。

（6）厚生労働省 HP「子どもが子どもでいられる街に。～ヤングケアラーを支える社会を目指して～」：https://www.mhlw.go.jp/young-carer/（最終確認日：2022年2月28日）

（7）澁谷智子『ヤングケアラー――介護を担う子ども・若者の現実』中公新書、2018年、16-20頁。

（8）三菱 UFJ リサーチ＆コンサルティング『ヤングケアラーの実態に関する調査研究 報告書』2021年、92頁。

（9）一般財団法人地方自治研究機構 HP「ケアラー支援に関する条例」：http://www.rilg.or.jp/htdocs/img/reiki/023_carersupport.htm（最終確認日：2022年2月28日）

（10）＃みんなの生理（福井みのり）・ヒオカ・吉沢豊予子・田中東子・田中ひかる・河野真太郎『＃生理の貧困――＃ PeriodPoverty』日本看護協会出版会、2021年、4頁。なお、生理の貧困に関する記述はこの文献を参考にした。

（11）＃みんなの生理 Official ホームページ：https://minnanoseiri.wixsite.com/website（最終確認日：2022年2月28日）

（12）ジェンダーの観点から政策過程を捉え直す試みとして以下の文献を参照。前田健太郎『女性のいない民主主義』岩波新書、2019年、103-151頁。

（藤女子大学）

［特集・投稿論文・研究ノート・政策動向・研究動向］

ユネスコの教育政策動向（2021）

—持続可能な開発のための教育（ESD）を中心として—

佐々木　織恵

本稿は、2021年のユネスコ（United Nations Educational, Scientific and Cultural Organization: UNESCO）の教育政策に関する動向のうち、主に持続可能な開発のための教育（ESD）に関連する主要な動きをまとめることを目的とする。具体的には以下の４つを取り上げることとする。

1．「ESD for 2030」と2021年５月にベルリンで出された「ベルリン宣言」

2．2021年11月～12月に韓国で開催された「5th UNESCO Forum on transformative education for sustainable development, global citizenship, health and well-being（持続可能な開発、グローバル・シティズンシップ、健康とウェルビーイングのための変容を促す教育に関する第５回ユネスコフォーラム；本稿では「第５回ユネスコフォーラム」と記述する）」

3．2021年11月に出された教育の未来の方向性を示す報告書“Reimagining our futures together: A new social contract for education”（邦題：『私たちの未来を共に再創造する：教育の新たな社会契約』

4．1974年勧告の改訂の動向

特に、３節で触れる報告書は、2050年以降の教育を見据えており、教育分野を国際的に主導するユネスコの提言を知る上で興味深い。なお、本稿は、2021年度の動向に焦点を当てているが、これまでの歴史的な経緯を踏まえながら執筆することとしたい。

1．ESD for 2030とベルリン宣言

ESD の構想は、1992年にリオデジャネイロで行われた国連環境開発会議で採択された「アジェンダ21の行動枠組み」の中で、持続可能な開発において教育が果たすべき責任と役割が認識されたことに起点するとされている。その後の ESD に関するプログラムとしては、2005年～2014年の「国連持続可能な開

発のための教育の10年（通称 DESD）」、2015年～2019年の「グローバル・アクション・プログラム（通称 GAP）」があるが、ユネスコはこうしたプログラムにおいて、国連機関の主導的役割を担ってきた。また2015年からの開発目標である「持続可能な開発目標（通称 SDGs）」のターゲット4.7に、グローバル・シティズンシップ教育（GCED）とともに ESD の推進が明示されている(1)。

2020年～2030年にかけては「ESD for 2030」という新たな国際枠組みが示されている。これは SDGs の達成に向けた教育の役割を強調するもので、残された短い期間の中で SDGs の達成に向けて ESD を加速させ、教育の目標や価値を持続可能な開発に貢献するように再考するためのものである。また、加盟国やステイクホルダ―に対して行動を求めるため、優先活動領域や具体的にどのような活動をするべきかが示された「ロードマップ」が作成されている(2)。

ここで示される優先活動領域は、１）政策の推進、２）学習環境の変革、３）教育者の能力構築、４）ユースのエンパワーメントと参加の奨励、５）地域レベルでの活動の促進である。また具体的な活動としては、１）国レベルでの ESD for 2030の実践、２）パートナーシップや協働、３）行動を促すための普及活動、４）新たな課題や傾向のモニタリング、５）資源の確保、６）実施状況のモニタリングが示されている。

ESD2030の開始にあたり、ユネスコとドイツ政府の主催による「ESD ユネスコ世界会議（UNESCO World Conference on Education for Sustainable Development）が、2021年５月にオンラインで開催され、161か国から政府関係者を含む様々なステークホルダー2,800人以上が集まった。気候変動、生物多様性、循環経済、自然との共生、テクノロジーの役割などがテーマとして取り上げられ、上記の優先活動領域や学校段階別に議論された。また同会議の最後に「ベルリン宣言(3)」が採択された。特に日本の学校教育に対しては、機関包括型アプローチ(4)、教師の役割と能力開発の重要性(5)、社会的弱者・ジェンダー・貧困に配慮した ESD の実践、十分なリソースの割り当てといった点は示唆的だと思われる。

同会議の実施後、日本では文部科学省・環境省の両事務次官が共同議長を務める「持続可能な開発のための教育に関する関係省庁連絡会議」において、第２期 ESD 国内実施計画が策定され、2016年に作成された「持続可能な開発のための教育（ESD）推進の手引」が改訂されるなど、ESD for 2030やベルリン宣言を踏まえた動きが見られた。今後、こうした流れをどのように教育現場での実践につなげていくかが注目される。

2．第5回ユネスコフォーラム

第5回ユネスコフォーラムは11月2日～12月1日にかけて、ユネスコとアジア太平洋国際理解教育センター（APCEIU）の共催で、オンラインで開催された。ユネスコフォーラムは2013年にバンコクで第1回目が開催されて以降、隔年で開催されており、2017年からはSDGsのターゲット4.7の達成を目指し、ESDとGCEDの両方を扱ってきた。2021年の第5回ユネスコフォーラムでは、ターゲット4.7のための統合的アプローチが取られ、ESDとGCED、並びに「健康とウェルビーイングのための教育」が共に「Transformative Education（変容を促す教育）」として取り上げられた。

ターゲット4.7の進捗をモニタリングしようとする研究や実践が各国内で蓄積されてきているものの、各国の現状をより客観的に把握する必要性が加盟国や関係機関から指摘されていた。そこで同会議では、政策、カリキュラム、教師の成長、学習評価、教育環境、教育方法に関するグッドプラクティスの共有とともに、教師の役割に焦点を当て、教師教育、教材や教育資源、学校やコミュニティによる教師の支援が議論された。ほかに、社会情動的スキルの測定、生涯学習におけるESDやGCEDの実践、変容を促す教育のモニタリングについても取り上げられ、ベンチマークや指標の在り方について、政策立案者、実践者、モニタリング実施者の視点から議論された。

教師の役割に関するセッションでは、ユネスコとEducation International（EI）が共同で行った、ESDとGCEDの実践における教師の現状についての国際調査の結果が示され、報告書“Teachers have their say: Motivation, skills and opportunities to teach education for sustainable development and global citizenship”（邦題『教師の声—ESDとGCEDの実践における意欲、技能、機会—』）が発表された。多くの国の教師教育において、これまでESDやGCEDは非常に限定的にしか扱われていないことが指摘されており、各国の教師のESDやGCEDの実践の実態を共通の枠組みで捉えようとする国際的な調査も存在しなかった。同調査は、ESDやGCEDを実施する教師の意欲やスキル、そしてそうしたスキルを教師が身につける機会がどの程度あるのかに関する実態を明らかにしており、我が国においても、今後の

ESD や GCED の実践における教師教育の在り方を考えるための基礎データとしての活用が期待される。

3．教育の未来に関するグローバルレポート

ユネスコは設立以来、将来的な課題を見据えて変化を促し、政策的な提言を行うために国際的な報告書を発表してきている。1972年の“Learning to Be: The World of Education Today and Tomorrow”（邦題『未来の学習』）[(6)]、1996年の“Learning: the treasure within”（邦題『学習：秘められた宝』）[(7)]、2015年の“Rethinking Education: towards a global common good?”（邦題『教育を再考する：教育はグローバルな共有財になりうるか？[(8)]』）等に続き、2021年11月に発表されたのが“Reimagining our futures together: A new social contract for education”（邦題：『私たちの未来を共に再創造する：教育の新たな社会契約』）である。

同報告書はエチオピアのサーレ・ワーク・ゼウデ大統領が取りまとめる国際委員会によってまとめられた。この国際委員会には政治、芸術、学術、科学、ビジネス、教育など各分野のオピニオンリーダーが終結しており、日本人の東京大学名誉教授である青柳正規氏もメンバーに含まれている。また２年間のグローバルなコンサルテーションプロセスを通して、世界中の100万人以上の声を反映させて作成された。

同報告書は、気候変動の加速、永続的な不平等、社会の分断、政治的権威主義の台頭、テクノロジーの進歩といった社会の変化に対応し、2050年を見据えた教育の在り方を問うものである。現在の教育では、公正で平和な社会、健全な地球、利益の公正な配分が十分に保障できていないとして警鐘を鳴らす。教育は学習者自身と世界の変容を促す役割を担うものであるが、そのためには学習と教育の在り方自体の変容が必要であるとして、「何を継続していくべきか」「何をやめるべきか」「何を創造的に再構想すべきなのか」の３点を、教育についての本質的な問いとして挙げている。

また、副題の「社会契約」にも着目してみたい。同報告書では教育を、公的な目的についての共有された展望と利益のために協力する、社会の構成員間の暗黙の合意として捉えており、単なる取引以上のものであるとしている。そして生涯を通じて質の高い教育の権利（情報や文化、科学などの知的共有資源へのアクセスや貢献も含む）の保障とともに、社会の様々な立場の人が教育につ

いての公的な議論にコミットメントするような社会全体の関与を、社会契約の基盤として捉えている。例えば同報告書は、世界中の100万人以上の声を反映させており、こうしたプロセスを経て、共通善（common good）としての教育は強化されると述べられている。

ユネスコのオードレ・アズレ事務局長は、同報告書の冒頭で、自然環境を含めた地球環境、そしてテクノロジーとの新しい関係性を、教育を通して再構築していく必要性を提起している。特に注目すべきは、主に７章で取り上げられている人間中心主義の再考である。人間は「社会的」存在であるだけでなく、「生態学的（エコロジカル）」な存在として自分自身を理解しなくてはならないとし、西洋中心に構築されてきた、環境を教育の題材とする見方に対して疑問を投げかけている。人間と地球環境を相互に関係するものとして捉え、人間を地球環境の中に位置付ける想像力（ecological imaginations）や、地球意識（consciousness of the planetary）の重要性を指摘し、人間ならざる者（non-humans）を時に教師とするような新たな関係性の構築を提案している。

具体的に教育を刷新するための提案として、教育実践は協力（cooperation）、協働（collaboration）、連帯（solidarity）の原理に基づいて組み立てられる必要があるとしている。すなわち、学習者が共感と思いやりを持って世界を変容させていくことができるよう、教育を通して知的、社会的、道徳的な能力が育まれなくてはならない。カリキュラムにおいては生態学的な学習、異文化間の学習、教科横断的な学びが強調されている。また教育的・社会的な変容における教師の役割を重視し、そのための協働、省察、裁量、教育に関する公的な議論や対話への参加が促されている。また学校は、より公正で、公平で、持続可能な未来に向けた世界の変容を促す場として再考されるべきだとされる。

報告書は「invitation to continue」という節で閉めくくられている。すなわち同報告書は上述の３つの問いに対する答えを各自で考えるためのスタート地点を示したのみであると書かれている。また世界中の各分野からの貢献を歓迎する共同研究プログラムを募っており、同報告書への提案も受け付けている。まさに、一人ひとりを「新しい契約」の主体とみなし、教育の未来の再創造へのコミットメントを求めていることが分かる。

4．1974年勧告の改訂

ユネスコでは、現在、1974年の第18回ユネスコ総会で採択された「国際理解、国際協力及び国際平和のための教育、並びに人権及び基本的自由についての教育に関する勧告」（1974年勧告）の改訂作業が行われている。1974年勧告は、平和、国際理解、人権、基本的自由などの課題に対する教育の役割がうたわれ、教育分野の大きな指針となってきたが、民主主義の後退や気候変動等の社会状況の変化を受けて、2021年11月に行われた第41回ユネスコ総会にて改訂することが承認された。改訂にあたっては教育に関する2030年のアジェンダやSDGs の目標 4、そして第 3 節で扱った“Reimagining our futures together: A new social contract for education”の内容が反映される。

なお、1974年勧告は加盟国に対し、教育政策がグローバルな視点と国際連帯へのコミットメントによって導かれることを保証するよう求めるものだが、その目的は今日推進されるSDGsのターゲット4.7（ESDやGCEDの推進）、ターゲット12.8（持続可能な開発および自然と調和したライフスタイルの促進）、ターゲット13.3（気候変動に関する教育、啓発、人的能力および制度機能の改善）、ターゲット16（持続可能な開発に向けた平和で包摂的な社会の推進）と密接にかかわるものであるとしている。74年勧告は、加盟国に対して４年ごとに勧告の実施状況報告を求めており、その結果が上記のSDGsのターゲットの達成状況を把握するために用いられている。最新の第７回実施状況調査は2020年10月～2021年３月に実施されており、その結果が公表されている。

勧告の改訂に当たっては、文献レビュー、関係諸機関との専門的な協議、加盟国との公的な協議が行われている。また、改訂に当たって、同勧告がどのように改訂され活用されるべきか、ユネスコに求める役割などについて、個人的・専門的意見を幅広く集めるためのアンケート調査がインターネット上で行われている。専門家グループが2022年３月に発表する改訂案に対して日本政府がどのようなコメントをするのか、今後注目される。

5．終わりに

以上、2021年度のユネスコの動きを、特にESDに焦点を当てて概観してきた。特に第３節でみてきたように、ユネスコは社会の変容を促す教育の役割を国際的に訴え、加盟国や関係諸機関に影響を与えてきている。近年では市民参加のプロセスを通して広く意見を募ったり、各国でのESDやGCEDに関する政策、実践の現場での実施状況をモニタリングするなどして、その着実な実施を促す取り組みがなされてきている。ユネスコの動きが日本の教育政策や実践にどのような影響力を持つか、引き続き注視していきたい。

注

（1）具体的な文言は「2030年までに、持続可能な開発と持続可能なライフスタイル、人権、ジェンダー平等、平和と非暴力の文化、グローバル市民、および文化的多様性と文化が持続可能な開発にもたらす貢献の理解などの教育を通じて、すべての学習者が持続可能な開発を推進するための知識とスキルを獲得するようにする」というものである。

（2）以下の URL を参照のこと（2022年２月28日最終アクセス）。
https://unesdoc.unesco.org/ark:/48223/pf0000374802

（3）以下の URL に前文の和文仮訳が掲載されている（2022年２月28日最終アクセス）。https://www.mext.go.jp/unesco/004/mext_01485.html

（4）「学校が参加、能動的市民性、公正及びジェンダー平等、健康、自然との繋がりや自然環境の尊重、エネルギー効率や持続可能な消費のための生きた実験室であり、学習が実験的、行動志向的で地域及び文化的に適応しているなど、学習者及び学校コミュニティが民主的参加を通じて持続可能な開発に有意義に参加することを学ぶためのアプローチ。」

（5）具体的な文言は以下の通り。「ESD 推進のための教師の重要な役割を認識して全ての教育段階において教師及びその他の教育人材の能力開発に投資し、必要な教育変容に向けて教育セクター全体でのアプローチが行われるよう保証する。」

（6）通称、フォール報告書と呼ばれ、不平等、貧困、苦しみのリスクについて警告し、教育の機会の拡大と生涯教育を求めている。

（7）通称、ドロール報告書と呼ばれ、教育における人道的アプローチの重要性をさらに強調し、教育の総合的ビジョンとして「４つの柱（存在することを学ぶ、知ることを学ぶ、行うことを学ぶ、共に生きることを学ぶ）」を確立した。

（8）以下の URL に和文仮訳が掲載されている（2022年２月28日最終アクセス）。
https://www.mext.go.jp/component/a_menu/other/micro_detail/__icsFiles/afieldfile/2015/07/09/1359574_05.pdf

謝辞

本稿の執筆にあたり、ユネスコパリ本部 ESD 課の鈴木耕平氏に助言や資料の提供をして頂いた。深く御礼を申し上げたい。

（開智国際大学）

VII

書評・図書紹介

書評

広瀬裕子編著
『カリキュラム・学校・統治の理論
―ポストグローバル化時代の教育の枠組み』

小野　まどか

1．はじめに

本書は、教育行政学、教育方法学、教育社会学、比較教育学、教育哲学といった各分野の論者を集め、「教育学の広い領域で『グローバル化』を論じてみること」（241頁）で、「近代社会の教育が矛盾的な要素を抱えながら再帰的に変容増殖しつづけている様子」（242頁）を描き出そうとした著書である。

本書の重要なキーワードである「グローバル化」はすでに編者らが指摘するように様々な研究者によって議論され、現実社会においても「教育や教育政策をめぐる言説に浸透してしばらく経つ」（63頁）用語である。しかしながら、それゆえに論者によって「グローバル化」の定義が異なっており、一致した概念で議論することは難しい。こうした中、本書では「『グローバル化』を近代社会（近代教育）の動向（変容の質）全体を映しだす概念として捉え」（241頁）ている。その上で、「1．世界各国で教育の構造改革が進んでいる、2．改革が想定するマクロな課題や構図がある、3．教育課題が例えば量的拡大から質保証へと変容している、4．NPM 手法が広く導入されるようになっている、5．福祉国家の後の社会の形が作られてきている」の五つをもとに意見交換を行い、「そこでだされた意見やアイデアをゆるやかな共通理解として」、各執筆者が自由にテーマ設定を行って執筆したものである（241-242頁）。

2．本書の概要

本書は、序章から９章までの10章の構成となっている。各章の執筆者が取り上げる内容はいずれも「グローバル化」によって顕在化してきた諸問題に対する考察をしており、現在の国内外の教育政策を改めて理解できる図書といえる。本書の概要は下記の通りとなる。まず、序章「成熟した近代社会が経験する避けられない理論的課題」（広瀬裕子）において、編者は「グローバル化問題を論じるには、現状を追跡把握する作業に、それらを理論的に把握する作業を並行させなければならない」（３頁）として、「本書では、グローバ化をキーワードとして近代社会が拡大成熟した段階の教育状況を考察しているわけだが、グローバル化問題を理論的に検証するということは、そうした成熟段階の近代社会そのものを理論的に総括するという意味を持つ」（10頁）とし、近代の延長上にグローバル化があり、近代という「『大きな物語』は『終焉』したというよりは再帰的に更新され続けているといったほうが正確である」（10頁）という認識を示している。この認識を示した上で、第１章以降、各執筆者によってグローバル化が顕在させる諸問題が取り上げられていく。

第１章「カリキュラムと評価の改革の世界的標準化と対抗軸の模索」（石井英真）は米国におけるカリキュラム改造運動の歴史的な展開から先進諸国で遂行されている「新自由主義」教育改革がコンピテンシー・ベース、スタンダード・ベース、エビデンス・ベースの三つの改革の複合体として展開している構造的背景や時代的特殊性を読み解いている。

第２章「ガバナンス改革と教職の専門職性」（大桃敏行）は国際機関や国内政策で求められている人間像と地方レベルでのガバナンス論の人間像が親和性を有している一方で、現在の教職像がかつての専門職像とは大きく異なるものとなり、国レベル・地方レベルのガバナンス構造の中での教師の専門的自律性を制約することを指摘する。

第３章「グローバル化という幻影と追いつき型近代化の陰影―教育における〈欠如〉言説の分析」（苅谷剛彦）は西欧先進国からの遅れや欠如によって日本の問題を構築するという日本に長年底流をなしてきた習性を見出し、日本の教育にグローバル化への対応を迫る政治的な力が行使される背景を明らかにしている。

第４章「アジアにおける『持続可能な開発のための教育（ESD）』」（北村友人）はアジア諸国の ESD の政策・制度化の状況を三つのグループに分け、それぞれの動向を取り上げるとともに各国の多様性を尊重し合いより持続可能な世界を作り上げるためにも ESD の推進が求められることを指摘する。

第５章「可能世界としての学校」（小玉重夫）は18歳選挙権の実現によって、学校では扱いにくかったナマの政治・ナマの現実が、学校と相互浸透し始めていることを指摘し、可能世界としての学校における政治教育の条件について言及する。

第６章「グローバル化と英国の公教育政策―1980年代教育改革の含意」（清

田夏代）は世界の工業生産の主導的地位にあった英国が19世紀後半にはすでに他国の発展によって陰りが見え始め、危機が認識された20世紀後半になってようやくサッチャー政権による教育改革が推し進められる流れを明らかにしている。

第７章「アメリカにおける新自由主義とガバナンスの関係」（長嶺宏作）は米国における保守主義、自由主義、社会主義（福祉自由主義）の概念整理をした上で、学校選択制と連邦政府の介入政策について取り上げている。

第８章「グローバル化が照射した国内の困窮問題―自律しない主体の自律性修復に関する理論問題」（広瀬裕子）は、英国における二つの事例をもとにアクターが自律しない状況は近代原則の変質あるいは修正によって出現したものではないことを論じている。

最後に、第９章「近代公教育の統治形態を論じるための論理枠の構築について―宗像誠也を持田栄一で展開する黒崎勲の設計図」（広瀬裕子）では、第８章で取り上げた「異彩事例を含めた教育の統治に関する諸事象を、包括的整合的に把握するための教育行政学のグランド・セオリーがない」（207頁）と指摘し、黒崎勲が取り組んだ「新たな主題による教育行政研究」に着目する。その上で、黒崎勲が成し得なかった持田理論第１期・第２期と第３期との整合的な把握作業を経て、持田理論をベースとする理論枠の有効性を主張している。

３．本書の意義と残された課題

本書は、「グローバル化」によって生じている様々な教育の諸問題を教育行政学だけでなく各分野から論じている。変化が著しく、一つ一つの要素が複雑に絡み合って生じている現代の教育を理解するためにも、改めて歴史的背景を整理することや他分野の視点を取り入れることに役立つ著書である。

以下では、本書を読み進めていく中で気付いた課題を二点述べていきたい。

まず、一点目に挙げられるのは、「グローバル化」や「ポストグローバル化時代」の定義についてである。本書のサブタイトルには「ポストグローバル化時代」とあり、本文中にも「グローバル化」をキーワードに各章が論じられているところから、「グローバル化」とは何か、時代をどのように捉えるのか、社会が現在どの段階にあるのかを把握し通読することが重要な起点になると思われる。本書における「グローバル化」や時代、社会の位置付けは、「『グローバル化』を近代社会（近代教育）の動向（変容の質）全体を映しだす概念として捉え」て論じているように「グローバル化」は近代の延長上に生じているものであり、近代という「大きな物語」は終焉していないとする。

ここで生じる課題は、近代が終焉していないとすれば「グローバル化」はいつ始まり、いつ終わったのかを示さなければ、サブタイトルにある「ポストグローバル化時代」は何を指すのかが不明確になる点である。また、本書が前提としている、近代が教育界においてまさに終焉しておらず、「グローバル化」は近代という時代の部分的なものにすぎないのだとしたら、その前提を証明する記述が無ければ読者が同じ前提に立って本書を読み進めることは難しいのではないだろうか。本書では敢えて各章に共通する「グローバル化」の明確な定義をしていないが、それによって各章の「グローバル化」の認識にズレが生じ、全体的には教育の近現代史的なまとめ方になっている印象が否めない。

二点目の課題として挙げられるのが、同じくサブタイトルにあるポストグローバル化時代の「教育の枠組み」である。「グローバル化」によって生じる様々な教育の諸事象を捉えるための「教育行政学のグランド・セオリーがない」という点に関しては、教育行政学研究の系譜から考えても賛同するところではある。教育行政学研究として今後検討するべきところであるだろうし、その必要性を提起するものとして本書は意義があるといえる。

ただし、課題となるのは、本書が「教育の枠組み」としている以上、教育行政学に限られたグランド・セオリーに留まって良いのだろうか、という点である。本書は教育行政学のみならず、各分野からの多角的な視点によって執筆された章で構成されている。であるならば、是非、教育行政学に留まらず、教育学のグランド・セオリーの構築を検討してほしいところである。なお、本書のあとがきには「…教育学の体系的な蓄積に資することを考えるならば、そろそろ戦後の教育と教育学の全体を包括的にマッピングするための手法を考えるべき時期なのではないか」（244頁）と編者自身が投げかけており、教育学界全体が検討すべき課題として提起されているともいえる。教育学界においてどのようなグランド・セオリーを構築していくのかを検討することは学問としての存在意義を確立する上で必須と言えよう。

以上、二つの課題を指摘してきたが、本書を契機として教育学における研究がさらに蓄積されていくことを期待したい。

〔世織書房、2021年５月発行・本体価格2,200円〕

（植草学園大学）

書評

山下　絢著
『学校選択制の政策評価
―教育における選択と競争の魅惑』

濱元　伸彦

本書は、山下絢氏（日本女子大学）が、東京都の特別区の学校選択制に関して行ってきた量的研究の集大成とも言える本である。筆者もこれまで、大阪市の学校選択制の政策分析に取り組んできたが、本書における山下氏の実証研究の知見は大変参考になると感じていた。そんな折、本書の書評を書かせていただく機会を頂き、誠に光栄である。

日本の教育政策研究の課題として筆者が感じてきたことの一つは、個別の教育政策や教育改革に関する実証的な分析、とりわけ計量的な分析の蓄積に乏しい点である。本書が焦点を当てる学校選択制については、2000年代初期にかなり注目されるテーマであっただけに、当時、比較的多くの実証研究が生みだされた。しかし、同テーマにおける欧米の政策研究と比べるとその数自体、相当に少ないと感じられる。また、日本における学校選択制の研究を振り返ってみると、2010年前後に刊行された佐貫浩氏の『品川の学校で何が起こっているのか―学校選択制・小中一貫校・教育改革フロンティアの実像』（花伝社）や嶺井正也氏の編著書『転換点にきた学校選択制』（八月書館）などの後、「研究書」としては約10年もの間、研究成果が途絶えていた。そうした中、本書は、扱っているデータそのものは2000年代ものだが、学校選択制の実態について新たな理論的パースペクティブに基づきアプローチするものであり、上のような研究界の状況に波紋を投げかける貴重な研究成果だと言える。

本書では、課題設定を行う序章の後、保護者対象の調査を扱う第Ⅰ部（第１章～第３章）と教師対象の調査を扱う第Ⅱ部（第４章～第６章）と続き、これらが本書の中心部となっている。第Ⅲ部には、米国におけるチャータースクールの政策動向を扱う第６章、本書全体の結論を扱う終章、そして、品川区の教育改革の成果と課題を扱った補論が含まれている。以下、本書の知見を、日本の学校選択制の研究に対する貢献が特に大きいと思われる二点に絞り紹介する。

第一は、保護者の社会階層・教育意識と学校選択行動の関係の解明に取り組んだ点である。筆者は米国の大学院に留学中、授業の課題として、欧米の学校選択制に関する実証研究を整理する機会をもったが、その中で、欧米の学校選択制研究で特に関心が向けられていると感じたのがクリーム・スキミング（上澄み掬い）と呼ばれる現象である。しばしば、学校選択制やバウチャー制度は、質の高い教育へのアクセスを全ての子どもに平等に与えるという目標が掲げられる。しかし、実際には、クリーム・スキミングとして捉えられる現象、すなわち、低所得層や人種的マイノリティの人々の中でも学歴が高く、子どもの教育へのアスピレーションが高い保護者が学校選択制を利用する傾向の存在が指摘されてきた。その結果、選択制において「選ばれない」学校は、そうした教育熱心な保護者とその子どもが抜けることとなり、学校間の教育格差がより拡大することになる。

欧米で指摘されるこの問題については、日本でも文献を通して知られていたし、日本の論者が学校選択制による学校の序列化や格差の拡大を批判する際にも上のようなメカニズムが念頭に置かれていたはずである。ただ、日本の学校選択制の研究ではクリーム・スキミングの検証にはほぼ踏み込めていなかった。というのも、その分析には保護者の学歴や教育意識など背景的データも組み込んだ独自のデータ収集が不可欠になるが、それらの変数を組み込んだデータ収集を自治体と連携して行うことが困難であったと思われる。

前置きが長くなったが、本書における山下氏の分析は、これまでの日本の学校選択制に関する調査研究では数少ない、保護者の社会階層や教育意識を含んだ貴重なデータセットを駆使し、保護者の選択行動の分析を行っている。前述のクリーム・スキミングの現象、および、藤田英典氏の「(学校選択制による)均質化と差異化のメカニズム」の検証をねらいとした第１章では、2004年に東京都の２区で実施された小学校６年生の保護者対象の調査データを用い、中学校段階における学校選択の意思決定について分析を行っている。その結果によれば、学歴など社会階層の変数の有意な影響は確認されなかったが、保護者の教育意識（アスピレーション）の高さが、学校選択制の利用の意思決定に統計的に有意な影響を与えていることを示している。また、これに続く、第２章では、品川区教育委員会が実施した保護者アンケート調査の再分析を提示している。第１章と問題意識は同じではあるが、アプローチを変え、学校選択制において選択希望申請が多い学校（つまり「人気校」）とそうでない学校とで、保護者の構成にどのような違いが見いだされるかを検討している。その結果では、

「人気校」において学校外教育費支出に積極的で、教育熱心な保護者の子どもが多い傾向が確認されている。以上の分析結果は、分析上一定の制約はあるものの、学校選択制において「人気校」に教育熱心な家庭の児童が集まっていく傾向、要するに、クリーム・スキミングの現象を支持する結果であり、日本のこれまでの学校選択制の研究の流れから考えても重要な知見である。

もう一つ、本書の学校選択制研究に対する重要な貢献と考えられるのが、学校選択制の教員への影響を分析している点である。学校選択制は、特に東京都特別区の施策としては、学校の教育改善を促進する手法として位置付けられてきた。あるいは、学校選択制の推進論者であった黒崎勲氏の理論では、選択制の導入は、教職員の専門的自由と親の学校参加の間に有機的な関係を構築し、自主的・自律的な学校づくりを機能させる「触媒」になると説明されている。また、社会経済生産性本部が1999年に出した提言『選択・責任・連帯の教育改革』も学校選択制の必要性を訴えたものだが、選択制の導入により、教員と子ども・保護者がお互いに選び合う関係を築くことで信頼と連帯感が醸成されると主張した。しかし、実際に学校選択制が実施された自治体で教員がどのような意識をもっているのかについては、十分なデータや分析がなく、上のような推進論者の主張が正しいのかどうか検証できていなかった。それゆえ、本書における教員対象の調査データの分析は貴重である。

著者は、第４章、第５章において、品川区で実施された教員対象の質問紙調査のデータの再分析を行っている。第４章の分析結果からは、学校選択制において選択希望申請が多い学校（人気校）に所属していることは、教員間、教員と保護者、教員と地域住民の関係的信頼に対する教員の評価にマイナスの影響を及ぼしていることを確認している。つまり学校選択制の「人気校」であることは教員をとりまく「関係的信頼」の醸成をより難しくしていることを示唆する結果である。ちなみに、少し戻るが、第３章は、保護者の立場から学校選択制の利用が学校との間のソーシャル・キャピタルが醸成されるかを検討する内容だったが、保護者においても、選択制利用者に学校に対する責任の向上が一定見られる以外は、ソーシャル・キャピタルの向上を支持する結果は確認されなかった。つまり、学校選択制の導入が教員・保護者らの「関係的信頼」ないしは「連帯」を新たに生み出すとの見方に、本書の分析結果は異を唱えるものである。

また、同じく品川区における学校選択制と教員の職務満足度の関係の分析

（第５章）からは、選択希望申請の少ない（人気が低い）学校への所属は、教員の職務満足度にマイナスの影響を及ぼしていた。他方で、希望申請の割合が高い学校においても、教員の職務満足度が低くなる傾向があることが指摘されている。以上の結果は、学校選択制の推進論者が主張するような、学校選択制の導入が学校間の「切磋琢磨」の環境をつくり、教員の教育改善に対する自主性を高めるという見方に疑問を投げかけるものである。

以上のように、本書は、学校選択制の実態に関する実証研究として、非常に重要な理論的貢献をもたらす研究成果であり、筆者もその研究成果を自身の研究の中で積極的に活かしていきたいと考えている。しかし、以上のように評価した上で、筆者として、本書の内容について、今ひとつ物足りないと感じる点もあるので、最後にそれについて述べたい。

その点とは、やはり本書で分析に扱われているデータが全て2000年代のものであり、東京都などの学校選択制の実態の「今」に向き合っていないことである。東京都特別区で学校選択制を2000年代に始めた区は、20年近くこの制度を続けており、本書が解明したような選択制の学校に与える影響が累積すれば、その20年間で学校教育は大きく変質した可能性があるだろう。学校選択制が学校をどのように変えてきたのかという現状分析にふれる内容が、一章でも置かれてほしかったと筆者は思う。

もう一つ「今」という点で付け足したいのは、都市の構造や人口動態の変化と、学校選択制の利用の関係である。本誌第27号で、大阪市の学校選択制を扱った拙稿が掲載されたが、同稿が示唆するように大都市における子育て世帯の「都心回帰」は、学校選択制そのものを一部地域で機能不全に陥らせている。そうした機能不全を受け、学校選択制の仕組みを見直す動きも東京都の一部にあると2021年に新聞記事（毎日新聞・東京・2021年12月20日）で報じられた（実際、著者の山下氏も学校選択制の専門家としてコメントされていた）。こうした都市構造や人口動態の変化との関係も、学校選択制をめぐる「今」の一側面であり、前述の側面とあわせて、学校選択制の現状を見つめる分析が少しでも本書の中にあればよかったのにと思う次第である。あるいは、筆者のこの僅かな不満箇所について、山下氏の今後の研究で取り組んでいただけたら幸いである。

学校選択制導入のブームは2000年代で一度収束したものの、大阪市の事例が示すようにリバイバルが起こる可能性がないとは言えない。コロナ禍の様々な行政措置による国・自治体の財政逼迫の状況の中、学校教育の費用対効果を上げようと学校選択制やバウチャー制が再び解決策として浮上するおそれもある。筆者は、学校選択制の導入が公立学校の教育改善を公平に促すとの見方に批判的な立場で研究を行っているが、実証研究に基づくエビデンスの蓄積なくしては、政策をめぐる論争は、抽象的な批判の応酬に留まることになる。山下氏によるこの研究書が刺激となり、現代の学校選択制の実態やその学校・地域への影響に関する実証分析がさらに増えていくことを期待する。

〔勁草書房、2021年３月発行・本体価格3800円〕

（関西学院大学）

書評

青木　栄一著
『文部科学省』

栗原　崚・宮盛　邦友

文部科学省がコロナ禍への対応や大学入試改革において遅れと混乱を生じたのは記憶に新しい。なぜ文科省は制度設計において失態を繰り返し続けるのだろうか。本書は、文科省の政策における力学がいかに作動しているのか、その実態を文科省の組織と周辺の関係を解剖しながら描き出している。

以下、本書の概要を紹介する。

「序章「三流官庁」論を超えて」では、文科省を「三流官庁」論として捉えてはみえてこない、そのブラックボックス解明のための論点が整理されている。まず著者は、文科省が官邸や他省庁に対して脆弱ながら、教育委員会や国立大学には強い姿勢を示しているという二面性を「間接統治」という概念で提出している。安倍政権より暗躍してきた官邸主導の教育改革も、著者によればそれは安倍政権特有の現象ではなく、「平成の30年間の行われた政治改革の帰結」として理解される。

「第１章 組織の解剖」では、文科省の「機関哲学」の揺らぎを組織編成とその変遷から解説している。文科省は文部省と科技庁との統合により誕生したが、旧組織の「学術」をめぐる係争地によって内部にポリティカルな緊張関係が生じている。

著者によると、文科省の「機関哲学」である義務教育における機会均等は、文科省が社会の期待に応えようとするがために各自治体や学校任せとなり、結果として格差が生じるという「逆機能」が働いているという。機会均等のために規制や統制を図るものの、それが結果として機関均等を破壊するというポピュリズムの皮肉な顛末ではあるが、ここにあるダブルバインドこそ本書の重要な論点である。

「第２章 職員たちの実像」では、文部省と科技庁の流れを汲む文科省のキャリアパスを描きながら、科技系が幹部人事において存在感を強めていることを説明している。さらに、この科技系の持つ省庁間の調整力が文科省の「間接統治」において優位に働くことを示唆する。

「第３章 文科省予算はなぜ減り続けるのか」では、文科省のアイデンティティでもある義務教育費国庫負担金と国立大学法人運営費交付金をめぐる政策の変遷とその力学を浮き彫りにしている。文科省は義務教育費国庫負担金をめぐる改革には徹底抗戦したが、いずれの予算も文科省にとっては所与のものに過ぎなかった。上記２つの予算は文科省の「機関哲学」の内実であり、全国一律同水準の教育を提供する原基でもあったが、著者は「その成功体験が文科省を閉じた世界に押し込めてきた」と、それら予算の削減と格差や競争を助長する「逆機能」を説明する。

「第４章 世界トップレベルの学力を維持するために」では、文科省の政策背景から「間接統治」の実態とも呼べるポリティクスを描写している。PISA ショック等の外圧によって変革を求められるカリキュラムだが、文科省の対応は後手後手の「自衛戦」である。「ゆとり」か「詰め込み」かというこれまでの学習指導要領の変遷もその証左であろう。教員の労働時間の実態も TALIS という「黒船」によって突き動かされている。著者は、文科省と同居している国立教育政策研究所の活用を提起しているが、文科省が政策の目的やその推進力を発揮するためにも省内外と連携しながら説得力あるデータを収集し分析しなければならないだろう。無論、省内外の連携も、ともすれば「間接統治」として利用される陥穽を持つ。たとえば教員の労働時間の問題是正について著者は「関係者の要望に唯々諾々と従うのではなく、教員の仕事を本当に必要な教育活動に思い切って絞り込む姿勢が重要だ」と指摘するが、文科省が「本当に必要な教育活動」をどのように線引きするのかは文科省の固有の論理や領域が必要となってくるだろう。その固有の論理や領域がなければ、いかに文科省が外に対して対等に渡り歩いても「間接統治」は強化される一方である。

「第５章 失われる大学の人材育成機能」では、大学入試改革、大学改革を中心に文科省の制度設計の粗さを構造的に指摘している。大学入試改革では共通テストで民間委託と記述式の導入が提起されていたが、受験生の経済的負担や地理的配慮等の声があがり断念されている。制度設計の杜撰さはもちろん、そもそも試験が民間委託となった際の影響について文科省がどれほど想像力を働かせていたかは相当にあやしい。どういう関係構造のなかで制度について議論し論点整理されているのか、今回の大学入試改革の事例から学ばねばならないだろう。

大学改革では経済界を筆頭に「間接統治」によって異質なものへと変容していく姿が描かれている。著者は、官邸主導の教育政策づくりが大学改革を駆り立てていることを指摘しているが、ここでも文科省の「間接統治」が機能していることがわかる。本章で紹介されている国立大学のグローバル化の対応も、「外」に弱い文科省が「内」にことをなすり付ける姿が明らかになっている。サポートもお金もないなかでどのように大学は世界とたたかえばよいのだろうか。文科省の制度設計の杜撰さと支援体制の構築の弱さが大学改革に如実に現れている。

「終章 日本の教育・学術・科学技術のゆくえ」では、本書において文科省の力学を捉える「間接統治」について総括されている。「間接統治」とは、文科省という組織の二面性を捉えたものであり、それによって制度の「逆機能」や官邸に利用されることを説明する概念であるが、その問題は「責任主体がみえにくく誰も責任をとらないこと」にある。教育の問題が具体的には大学や学校現場等に押し付けられるが、それらはその「間接統治」という構造のなかで捉えなければならないだろう。

著者は、「間接統治」の構造打破のためにも、文科省に対して予算獲得や政治から逃げないことを提起している。内側に閉じこもるのではなく、外にも開いていき、各主体が大学院等で再教育を受け足腰を鍛えること、そして研究を基盤とした政策議論のフォーラムをつくっていくことを指摘している。

本書の意義と論点について以下二点示す。

本書は、文科省における政策決定のプロセスを「間接統治」という概念で分析し、そのポリティクスを文科省の組織を解剖することによって描いている。無論、一般向けの書物として文科省という組織や政策の背景を知るのに十分に役立つものである。

文科省の「機関哲学」とも呼べる機会均等は義務教育費国庫負担金や国立大学法人運営費交付金にみられるが、これが文科省にとって所与のものに過ぎなかったというのは重要である。筆者は、そもそも文科省は著者のいう「機関哲学」の論理を語る領域がなかったのではないかと仮説的に持っていた。つまり、機会均等のために必要な予算が時の政権によって削減されることや、カリキュラムの改革が現場任せとなり却って格差が生じるという「逆機能」は、文科省の教育政策の内実を構成する論理が存在しなかったからではないかというものである。よって、著者が指摘する「間接統治」も固有の論理や領域を持たなかったための帰結であったと理解していた。その点において、文科省のポリティクスを内側から描き出している本書は教育政策の構造的問題を提起しており、その視座に学ぶところが多い。

その上で本書における論点を、教育と市場原理の観点から以下に提起する。

著者は、文科省が戦後教育改革の原則の一つである開放制の教員養成が実質的に閉鎖制へと舵を切っていることに批判を向けている。それは、著者が本書で指摘するように教員養成を通じた学校教育における統制として理解される。たしかに、たとえば「教職課程コア・カリキュラム」や課程認定も全国レベルでの水準確保として提起されているものの、それが大学における学問の自由や自治といった観点からみたときには重大な疑義が生じる。しかし問題はさらに深刻化し、近年大学における教員養成が学生誘致のためとして経営主義的に利用されているのではないかという指摘がある（村澤昌崇「小学校教員養成を担う大学の特性」小方直幸・村澤昌崇・高旗浩志・渡邊隆信『大学教育の組織的実践―小学校教員養成を事例に―』（高等教育研究叢書 129）広島大学高等教育研究開発センター、2015年）。

そのような関係で統制を捉えると、文科省が大学の経営主義的な教員養成を官僚的統制によって守るほかないというのは、構造としては理解可能だろう。

その位相で政策を捉えたときに、文科省は統制にしても緩和にしても批判の的となるダブルバインドのような状況に陥っているとみることができるのではないだろうか。そしてここで重要となる論点が、文科省が策定する基準や標準といったスタンダードをどのようにして教育政策は捉えればよいのかということではないか。そしてその作業のなかに、本書で描写されている文科省のポリティクスを組み換えていく準備がされていると考えられる。

本書は文科省をその内部構造から分析し、政治力学的観点から教育政策の関係を描いている。しかしながら、実際に生成される教育という営みとの関係については描写が少ない。本書が「単位」とする議論の射程には、必ずしも政策に還元されない教育の営みがあると考えられる。それと同時に、国会レベルの教育の議論や国民からの教育への声というのは所与のものではなく、現実の社会関係から出てくるものである。その多層的な構造のなかで文科省を捉えたとき、文科省と教育という営みの関係が浮き彫りとなってくるのではないか。その点においても、教育政策が基準や標準といったスタンダードの言説を捉え直す契機があると考えられる。

たとえば、教師の専門性の議論も、どのように政策との距離と関係を捉えればそのサポート体制が構築できるのかというのも、スタンダードとの関係で考えなくてはならない。目指すべき教師像や育成指標が設定されることと、教師の学びが多元的かつ複数性を持つこととの関係も、政策と実践の関係で問われなければならない課題であるだろう。

本来であれば経産省が「「未来の教室」ビジョン」(2019年)で提起している教師に求められる専門性や子どもの学びについて、文科省は強気に抵抗しなければならないはずである。それを語る論理と領域が今の文科省にあるのかは疑問だが、統制を越えた議論を文科省の内外で展開していく必要があるだろう。

〔中央公論新社、2021年３月発行・本体価格900円〕

(学習院大学助教、学習院大学准教授)

図書紹介

村上祐介・橋野晶寛著
『教育政策・行政の考え方』

小早川　倫美

本書は、教育政策・行政における選択肢や対立軸に焦点を当てながら、それらの方向性や違いがもたらす帰結は何かについて考察されている。序章では本書の特徴として、第１に「個別の教育政策領域や『トピック型』の教科書ではなく、理論的な概念や政策選択の対立軸を章構成のベース」としていること、第２に「制度の違いや特定の政策選択がもたらす帰結に関して、実証的な研究の知見をできるだけ参照するよう」にしていること、第３に「規範的な議論や理想的な教育を考えるだけではなく、現実の資源や条件の制約をふまえながら議論を進める」こととしている（3-4頁）。この３つ特徴を踏まえた本書全体の問題関心について、第１は「教育において望ましいか価値や帰結は何か、という規範的な問い」、第２は「望ましい帰結や価値があるとして、それをどのように効率的に実現するのか、という問い」、第３は「望ましい価値・帰結やそれを実現するための政策はそもそも誰がどのように決めるのか」とする３つの理論的な問いが示されている（5-6頁）。

本書は２部から構成されており、第１部「価値の選択」は本書における第１・２の問いを中心としている。第１章は教育における自由と規制について、自由はどこまで可能か、また教育者および学習者に対しての政府の規制や計画はどのようなものがあるか、その根拠について述べられている。第２章は教育に対する政府の関与としての助成作用について、戦後における教育の量的拡充の過程から、それらがどのような政策や制度によって可能となったか、さらには量的拡充に伴う教育機会の拡大と教育条件の整備にかかわる政策選択について概観している。第３章は高等教育と就学前教育における教育費の費用負担について、教育費負担にかかわる政治・経済状況をもとに費用負担をめぐる論点が提示されている。第４章は教員養成・採用・研修といった一連の教員政策を取り上げ、選抜と育成の視点から教員の資質能力をめぐる改革論議や課題を整理した上で、諸外国の教員政策との比較から日本における教員政策の論点が紹介されている。第５章は、教育の自由と平等にかかわる概念を整理した後、教育政策・行政における自由と平等、規範原理としての機会均等の実現に向けた現代的課題について検討している。第６章は、投入と成果の観点から成果を基準とした評価手法の可能性と限界性について指摘し、教育機会の保障を検討する上での重要な問題について触れられている。

第２部「価値の実現」は、本書における第３の問いを中心として構成されている。第７章は、教育の質保証にかかわる仕組みである事前統制（入口管理）と事後統制（出口管理）について、2000年代の日本の教育行政における「新公共管理」の進展から今日の質保証の在り方を問うている。第８章は国の教育政策過程と各アクターを概観し、日本における権力の集中と分散の国際的な位置づけ、権力の集中・分散の違いが教育政策にもたらす帰結について検討している。第９章は日本の教育における集中と分権について、国と自治体の関係の違いがもたらす帰結とその影響から、現代における国と自治体の問題について考察している。第10章は日本の教育行政制度の統合と分立について、教育委員会制度改革をめぐる統合と分立の意義と変遷から、教育委員会制度にみる統合と分立の実態とその影響について国際比較の視点から検討している。第11章は、教育において民主性と専門性をどのように両立させるか、教育分野における民主性と専門性にかかわる議論や課題、論点が提示されている。第12章は、近年の教育状況の複雑化に伴う教育行政と他分野との連携の必要性から、教育行政と総合行政の関係について国レベル・自治体レベルにおける連携とその課題や行政の総合化の進展について考察している。最後の終章では、本書で提示された各章の論点を探求するための視点が提示され、今後の教育政策・行政について展望している。

以上のように、本書は教育政策・行政を考える上での概念や対立軸から、その帰結や政策選択について丁寧に記述されていることに大きな特徴がある。さらに、現代の教育政策・行政と関連して検討されていることにより、教育政策・行政をめぐる前提やその在り方に関する論点を確認することができる。このような点からも、教育政策・行政の学習者だけではなく、教育政策研究者においても、日本の教育政策・行政にかかわる議論や動向を多様な視座から捉える上で有益な図書となろう。

〔有斐閣、2020年12月発行・本体価格2,100円〕

（島根大学）

図書紹介

川上泰彦編著
『教員の職場適応と職能形成―教員縦断調査の分析とフィードバック』

青木　純一

教員が自身の力量を高めるにはまずその職場に溶け込むことが大切である。つまり、職能形成と職場適応は切り離すことのできない一体的なものといえる。そこで本書は教員が「職場適応」するために必要な要因や「職能形成」を助けるための職場環境上の要因などを様々な角度から分析した。

本書がこうした課題に着目した背景に公立学校の教員人事制度がある。新卒一括採用や長期雇用を特徴とする日本の教員人事制度は、結果としてアンバランスな年齢構成や教員間の質のばらつきをもたらした。さらに、少子化で学校規模が縮小する近年にあって、増え続ける若手教員を限られたベテラン教員がいかにサポートするか、学校にとっては切実な課題である。教員の職場への定着から成長にいたる過程を様々な要因から分析し、得た情報をもとに効率的かつ効果的な教員政策を生み出すことが喫緊の課題として求められている。

まず本書の特長として３つを挙げる。第１が、特定の教員を追跡したパネル調査であること。パネル調査は、同一の対象者に時間をあけて同じ質問を繰り返す調査方法で、対象者の変化を時系列で把握しやすいことから、たとえばストレスを生む職場環境の変化を特定しやすいなどの利点がある。しかし、特定の協力者への継続的な調査は、お互いの信頼関係の構築がなによりも大切になる。そこで第２の特長は、協力者の納得と同意を得るために配慮すべき事項を、調査の準備段階から結果のフィードバックにいたるまで詳細にまとめたことだ。多忙化する最近の学校では外部からの調査依頼は厳しく制限され、また個人情報保護の観点から調査そのものの実施が困難なケースもある。よって、調査に向けた協力者のインセンティブを高めることはとても重要で、本書でまとめた様々な情報は、パネル調査のみならずあらゆる調査に通ずる極めて重要な指摘である。

特長の第３が、参加した多くの研究者が「職場適応と職能形成」を促進すると思われる要因とその効果を様々な角度から分析したところにある。各章の分析結果をみると、当初から予想できる内容から意外と思われるような結果まで幅広く示されている。言うまでもないが、取組のひとつひとつを地道に積み上げる以外に、有効な施策を打ち出す手掛かりはない。最後に、分析内容を中心に各章の概要を以下にまとめた。

本書は４つに区分できる。第１が、本書全体をレビューする序章と、米国における職場適応・職能形成の研究成果をまとめた第１章、本研究が扱うデータの概要を示した第２章である。とくに序章は「職場適応と職能形成」を研究テーマとしたその背景となる公立学校の人事制度や施策の流れを丁寧にまとめたことで、第３章から第11章までの分析のベースが明瞭に伝わる。

第２が、初任および初任期（１～３年）教員を対象に職場適応と職能成長を分析した第３章～第６章である。初任期教員の勤務実態と３年間の追跡調査をまとめた第３章、初任期教員のストレスを抑制する観点から有効だと思われる方策を分析した第４章、第５章では、長時間労働が初任教員の健康に及ぼす影響を分析する。そして第６章が第３章から第５章までの小括となる。

第３が、特定地域のすべての教員を調査対象にした第７章から第11章の分析である。学校への新規参入者が組織に適応するためにはどんな配慮が必要か、その取組内容を分析した第７章、中堅教員の職能開発を校長のリーダーシップと職場環境とを関連させて分析した第８章、教員が職場に主体的に関わろうとすることで働き方自体が変わるかどうかを分析した第９章、第10章では各種研修への参加が教員の自信や自己肯定感に繋がるかどうかを分析している。そして第７章～第10章までの小括となる第11章からなる。

第４が、パネルデータの収集・分析・活用をまとめた第12章、第13章、さらに補論と続き、最後が本書を総括する終章である。とくに「フィードバックの実践と課題」と題する第12章では、「電話等による依頼のみならず、現地に直接出向いて、調査の目的や趣旨を丁寧に説明し、理解と協力を得るための努力を続けることが肝要」と述べるように、時間を惜しまず手間暇をかけることが、なによりも調査者と協力者の信頼関係を築く最良の方法であることを強く指摘する。

統計の知識がないと難解な箇所も少なくないが、導き出された結果を拾うだけでも読み手は新たな発見に辿り着く、そんな良書だといえよう。

〔ジアース教育新社、2021年１月発行・本体価格2400円〕

（日本女子体育大学）

図書紹介

クリスティ・クルツ著　仲田康一(監修, 翻訳)・濱元伸彦(翻訳)『学力工場の社会学―英国の新自由主義的教育改革による不平等の再生産』

浜野　隆

本書の原題を直訳すると、「学習のための工場：新自由主義的なアカデミーにおける人種・階級・不平等の生成」となる。著者がフィールドワークを行った学校（アカデミー）では、学力をつけた生徒を「生産」するために厳しい規律や特定の価値観が強制され、厄介な生徒たちはベルトコンベアから取り除かれていく。学校で奨励される価値や態度は白人中産階級に適合的なものであり、それ以外の生徒たちはなじみにくい。それによって「工場」では、人種・階級による不平等も「生産」されていく、というのが本書の大筋である。

「アカデミー」とは、訳者解説によれば、中央政府が資金を提供し、民間団体によって独立した運営が認められている学校である。アカデミーには様々な規制によって縛られた従来の公立学校では対処が難しいとされてきた教育問題の革新的な解決が期待されており、いまや、イングランドの中等教育機関の半数以上はアカデミーになっているという。アカデミーは「突然変異的」に登場したものではなく、英国の新自由主義的教育改革の「到達点」として現れてきたものである。その意味で、本書は一つのアカデミー（ドリームフィールズ校）の事例研究ではあるが、新自由主義的教育改革の「行き着く先」はどのようなものになる可能性があるかを示唆しており、教育政策研究としても興味深い。

ドリームフィールズ校は、「規律は自由への道」との理念を掲げ、服装や日常的な振る舞いなど、様々な面で厳しい規制を行っている。学校内では教師による監視が行き届いており、逸脱者に対しては強い叱責がある。校内のみならず、校外でも教師によるパトロールがされている。生徒たちの学習成果は測定・数値化され、ランキングより管理されている。また、同校にはビジネス的な文化が張り巡らされている。「スマートな」中産階級の専門職的なふるまいや身なり、話し方、服装が要請される。個人の未来に対する利益を押し出すことで厳格な規律も正当化される。ビジネス的な文化は成功のための「普遍」的な価値として押し付けられるが、それは白人中産階級の生徒にとって最も達成しやすい「特殊」なものにすぎず、白人中産階級の生徒の有利につながっている。

白人中産階級の生徒は学校にとって貴重な「財産」であり、学校内でも特権的な地位が与えられている。その一方で、それ以外の生徒に対しては陰に陽に差別・排除が横行している。規律は形式的にはすべての生徒に平等に適用されてはいるが、エスニックマイノリティや労働者階級の生徒たち厳重に取り締まられ、懲罰の対象も明らかにそれらのグループの生徒に偏っているという。

生徒たちは厳しい規律や統制に反発を感じてはいる。学校に異議申し立てや交渉をしようとする生徒もいるが、しだいに沈黙と従順さを受け入れるようになっていく。生徒のみならず教師もまた監視される対象であり、常に「あと1マイル」の頑張りが要求される。生徒の親代わりの役割をも期待される教師たちは疲弊し、燃え尽きたり、離職したりする教師も少なからずいる。生徒たちは、批判的にならないこと（そう振る舞うこと）、良い「小さなロボット」になることが良しとされる。このように、新自由主義的な学校では、批判的思考や創造性が育つことはあまりなく、代わりに「従順さ」が再生産されていく。

ドリームフィールズ校は、その進学実績の高さから保護者や地域からの評判は良い。地域の保護者たちから教育方針は支持されている。しかし、一方では、数字が上がらない面倒な生徒をベルトコンベアから間引き（退学させ）、その代わりに地元地域の内外から白人中産階級をシックスス・フォームに新たに入学させている。そのことが、進学実績を生んでいる可能性も示唆されている。

人種、階級、不平等の（再）生産に立ち向かうために、筆者は、人種差別や貧困が社会の基礎構造をいかに損なうかを認識すること、そして、「教育のわざ」に重点を置き、批判的なペダゴジーを促進することを結論部で提言している。

本書で注目すべきは、著者クルツ氏が執筆した「日本語版への序文」であろう。クルツ氏は、日本とイングランドの間には、①同一性の推奨、身体の規律によって扱いやすい生徒を作り出そうとすること、②教育を国家経済に奉仕するものとして位置づける傾向、③他のOECD諸国と比べて教員の長時間労働が際立っていることなど、いくつかの共通点があるとし、新自由主義の教育改革は英国にくらべ日本はまだ期間が浅く、日本での新自由主義の影響は「これから大きくなっていく」とみている。日本にも、学力至上主義、厳格規律主義は多くの教育現場に浸透している。日本の今後を見据えるうえでも本書の意義は大きいといえよう。

〔明石書店、2020年12月発行・本体価格3,800円〕

（お茶の水女子大学）

図書紹介

耳塚寛明・浜野隆・冨士原紀絵
『学力格差への処方箋』

長嶺　宏作

本書は、「全国学力・学習状況調査」とともに「全国学力・学習状況調査における保護者に対する調査（2013年度、2017年度）」に基づき、学力格差の実態を示すとともに、学力格差を克服している家庭・学校の特徴を明らかにすることで、学力格差是正に向けた道筋を示すものである。

この数年の間に「エビデンスの基づく政策」という言葉が注目を集める中で、本書の筆者らが「全国学力・学習状況調査」に基づく研究を精力的に発表し、この分野を切り開いてきた。本書は、「エビデンスをつくる」「エビデンスを分析する」「エビデンスを活用する」という３つの段階でいえば、いよいよ「エビデンスを活用する」段階の成果であり、「全国学力・学習状況調査」が始まってから15年経過した現在、そのデータを活用した研究の学術的な到達点の一つである。

本書の特徴は、序章でも説明されているとおり３点ある。１点目は「全国学力・学習状況調査」に紐づけることで全国的なデータサンプルに基づく分析である点、２点目は得られたデータから言及できる範囲で平等への処方箋を示した点、３点目は、そのためにも量的調査だけではなく、質問紙調査や事例研究などの質的調査を行い、学校現場の固有の文脈にも即して分析する点にある。

本書は３部構成となっており、第Ⅰ部で「家庭環境と学力格差」、第Ⅱ部で「学力格差克服に向けた学校の取組：統計分析」、第Ⅲ部で「学力格差克服に向けた学校の取組：事例分析」を扱い、分析対象と方法により整理されている。

第Ⅰ部では、家庭の社会経済的背景が学歴期待と教育戦略の違いを生み、学力に影響をあたえること（第１章）、大都市において「経済的不利」を克服している家庭の特徴として、基本的な生活習慣、読書の習慣などの文字文化へ触れることが重要であること（第２章）、大都市と地方では、大都市では家族構成が学力へ影響を与え、地方では保護者がもつ社会的関係が学力へ影響を与えていること（第３章）、努力の成果は限界があるものの社会経済的背景からの制約を一定程度補償することができること（４章)、社会関係資本は社会経済的背景の厳しい家庭ほど影響を受けること（５章)、そのためには不利な状況を下支えする制度的な支援が必要である（６章）と指摘している。

以上の全体像を把握したうえで、第Ⅱ部では、学校を単位とした５年間のパネルデータから学力格差を克服する学校の特質を明らかにする。

学校を単位としたデータから格差を克服する学校は「落ち着いた学習環境」がある学校が学力向上にとって非常に重要であり（第７章)、「教師からの承認」「分かるまで教える指導」に効果があると指摘する（第８章)。以上の考察を踏まえ、「格差を克服している学校」の特徴は、カリキュラムマネジメント、指導方法、学習規律、教員研修、地域との連携を取り組んでいる学校であることを明らかにした。

第Ⅲ部では、「高い成果を上げている学校」を抽出して、学校へのインタビュー調査などの質的調査に基づき分析がされている。この事例研究では各学校の文脈にしたがった具体的な実践例が小学校（11章）と中学校（12章）で例示されている。また、ジム・ハッティの研究の成果を参照しながら、国際的な比較から類似の発見が見いだされることを指摘する（13章)。第Ⅲ部の調査結果は一般的な原則としては根拠が弱いものもあるが、第Ⅱ部の結果とともに、各学校の文脈にあわせた処方箋を示している。

さらに、インタビュー調査の過程で興味深い点は、学校の社会経済的背景のデータから予測された全教科の平均正答率を上まわる学校を調査対象校として選んでいるが、教育委員会と対象校に、「優れた学校」であると伝えたときに、その認識がなかった点にある。エビデンスが、注目されない教育実践を評価できるという積極的な一面であり、「エビデンスの活用」を考える時に、意義ある知見の一つであると考える。

本書での処方箋は抑制的に書かれつつも、その実践的な意味を見出そうとするものであり、アメリカのコールマンレポートにまつわる誤読や影響を考えれば、その立場に敬意を表する。もちろん評者の要約自体も多くの条件を割愛して結果のみをあげており、誤読の可能性がある。是非、本書を手に取り、読んでいただければと思う。本書が目新しい発見としてではなく、地道な教育実践に光をあてるものとなり、熟慮された議論の基盤になればと願う。

〔勁草書房、2021年５月発行・本体価格2900円〕

（帝京科学大学）

Ⅷ

英文摘要

Annual Bulletin of JASEP NO.29
Education/Learning Space Creating Publicness and Collaboration

CONTENTS

COVID-19 Era

Education Policy and Local Autonomy Under the Corona Crisis — A Form of Educational Politics that Supports Educational Autonomy

By ARAI Fumiaki

New Educational Reform Concept and Governance in the Period of COVID-19: "Future Classroom" or "Japanese-Style School Education in the Era of Reiwa?"

By KOMIKAWA Koichiro

International Comparison of Education Policy in the COVID-19 Crisis：From the Situation of French Primary and Secondary Education

By SONOYAMA Daisuke

IV Research Papers

A Study on Comhairle na nÓg（Irish Youth Council）: Focusing on the Systems for Ensuring the Child' s Rights to Participation

By KOMAKI Eishi

The Policy-Making Process of the Super Science High School: Focusing on the Reorganization of MESSC（Mombusho）and STA（Kagakugijutsucho）

By ONO Madoka

V Education Policy Trends and Research Trends within and outside Japan

Trends in Education Policy Research in 2021

Trends in Education Policy Research in Japan

By TACHIBANA Takamasa

Trends in Education Policies in 2021

Trends in Education Policies at the Level of the Japanese Government（Ministry of Education, Science, Sports, Culture and Technology）, and Selected Central Organizations

By AUCHI Haruo

Trends in Education Policy at the Local Government Level

By TAKASHIMA Masayuki

Trends in Education Policy at the United Nations Educational, Scientific and Cultural Organization（UNESCO）

By SASAKI Orie

VI Book Reviews

HIROSE Hiroko（eds.）, Theory on Curriculum, School and Educational Governance: How Reflexive Modernity Functions at its Globalization Stage

Reviewed by ONO Madoka

YAMASHITA Jun, Policy Evaluation in School Choice: Fascination with Choice and Competition in Education

Reviewed by HAMAMOTO Nobuhiko

AOKI Eiichi, Ministry of Education, Culture, Sports, Science and Technology: Policy and Politics of Education and Science in Japan

Reviewed by KURIHARA Ryo, MIYAMORI Kunitomo

MURAKAMI Yusuke, HASHINO Akihiro, Perspectives on Educational Policy and Administration

Reviewed by KOBAYAKAWA Tomomi

Annual Bulletin of JASEP NO.29
Education/Learning Space Creating Publicness and Collaboration

I Special Papers: Education/Learning Space Creating Publicness and Collaboration

Environmental Planning and Settings of School Facilities to Facilitate and Support the Educational Innovation

By YOKOYAMA Shunsuke

The transformation of educational content and methods based on individually optimal, proactive, and collaborative learning is progressing. Hardware planning can be an element of learning media because space has the power to communicate the intention of its use to people and guide their actions (affordance). With this power, it is required to inspire and embrace transformation and new learning in schools. The basic requirements of the space are diversity of form, openness and continuity, common use, functional and territorial overlap, and flexibility. In addition to spatial planning, it is essential to provide learning media, such as furniture and teaching materials, to implement new learning practices. The entire school should become a ubiquitous learning space with a network of learning media. Furthermore, in planning school-community collaborative activities, integrated schools, and compulsory education schools, it is necessary to have unique plans based on the expansion of people, things, and services related to schools.

Keywords: Affordance, Ubiquitous space, Diversity, Openness and Flexibility, Continuity, Functional and Territorial overlap

The Potential of Digital Citizenship as an Educational Policy:Thinking about Publicness and Collaboration in Digital Space

By SAKAMOTO Jun

First, digital citizenship should be seen as a digital inclusion initiative to reduce the digital divide. The GIGA (Global and Innovation Gateway for All) School Initiative (1 : 1 PC program) needs to be understood as a social policy from this perspective. Second, digital citizenship should address the online participatory culture of young people. This will lead to an expansion of the concept of digital citizenship, as illustrated by the concept called Digital Citizenship Plus. Digital citizenship has the potential for a variety of socially connected practices, the realization of which depends on the awareness and capabilities of educational practitioners. Digital citizenship includes an educational ideal that acknowledges a new publicness and collaboration. It is linked to social movements for democracy and human emancipation.

Keywords: digital citizenship, digital divide, digital inclusion, media literacy, 1 : 1 PC program

Challenges and Prospects for Policies to Promote the Reorganizing of the Relationship between the School and Local Community: The Realization of Local

Communities Supporting Deliberation

By OGINO Ryogo

This paper examines the challenges and prospects of policies that promote the reorganization relationship between the school and local community from the adult and community education perspectives. Specifically, this paper considers various policies, such as the school management committee as a movement to promote educational restructuring at the local community level, and presents the challenges and future direction of the policies from the perspective of deliberation.

First, by tracing the evolution of discussions on the relationship between schools and local communities, we clarify that the emphasis has shifted from the macro-level debate on the restructuring of the education system to the discussion of the relationship between schools and local communities. In recent years, the debate has extended to the politics in the operation of the system. Next, we organize the current policy challenges into three issues: exclusion in the deliberative process, the construction of complementary relationships between "participation" and "collaboration," and the transformation of community organizations. Based on this problem arrangement, we present strategies for enhancing deliberations at the micro and local community levels from the perspective of the deliberation system. Finally, we present a framework of community empowerment to realize these strategies.

Keywords: relationship between school and community, deliberation, local community, school management committee, community organization

Position of Private Enterprises in the Expanding Educational Space: A Focus Study of Free School as a Safety Net

By TAKEI Tetsuro, YANO Yoshiaki, HASHIMOTO Akane, TAKENAKA Takeshi, SONG Miran

The need for collaboration among multiple professions and institutions has been indicated to include children at high risk of being excluded from society and schools. However, it is necessary to carefully assess the merits and demerits of expanding the educational space while blurring the boundary between the public and private sectors. In this paper, we examine the characteristics of a private enterprise that serves as a safety net for children at high risk, based on the case study of a free school. The results suggest the importance of: (1) paying attention to the needs that their own organizations are missing while facing the dilemma of business and inclusiveness, (2) making efforts to improve the internal and external environments of the organization, such as increasing the quality of the practice and community-based networking, and (3) having an orientation toward institutional change. It should be noted that the entry of private enterprises into public education poses the risk of bringing "politics," and the shifting boundary between the public and private sectors is connected to the shifting boundary between education and politics.

Keywords: children facing difficulties, non-profit organization, dilemma of business and inclusiveness, networking, advocacy

II Symposium: Building a Framework for Educational Practice and Institutional Reform in the EBPM Era: How to Create a Framework for Reform Support for Public Schools

Formulating Distinctive Education in an Area with a Declining Population: Building of System Aiming at Sustainable School

By YAMASHITA Hitoshi, WATANABE Tetsuya

In 2017, we (Kawanehon-town) had a conference regarding low birth rates. The conference had two purposes: (1) to consider the rationalization of a public school establishment and (2) to consider the educational improvement of public schools.

In 2018, the conference concluded, "Kawanehon-town has to establish two compulsory educational schools, which will serve as the community schools." Furthermore, our school reorganization plan has been proposed to make the community as sustainable as possible.

To make a school the core of a revitalized community, we must promote our holistic plan to achieve our goal and increase the consciousness that stakeholders are spontaneous.

Therefore, we made a "Logic Model" (LM) based on the idea of Evidence-Based Policy- Making (EBPM). Currently, a compulsory educational school decision project is progressing based on an LM. We will further report on reorganizing a sustainable school in an area with a declining population.

Keywords: sustainable community school, logic model, compulsory education school

Creating a Sustainable Educational Foundation "Educational Reform of Nanto Reiwa" :Supporting School Independence and Diversity

By MATSUMOTO Ken-ichi

Although Nanto City, which was created 16 years ago through the merger of the former four towns and four villages, aims to become a "first-class countryside" as an "future sustainable development goals (SDGs) city," its population is still declining rapidly. The City Board of Education has indicated that all schools should be compulsory education schools, the opposite of school integration, as it aims to solve and improve the problem. We launched the "Educational Reform of Nanto in Reiwa era" to promote the independence and diversity of each school from the perspectives of "reviewing the natural (rethinking present school norms) for 74 years after the war" and "breaking away from the uniformity of schools" while considering the current situation. Specifically, under this reform each school takes the initiative (such as "team teacher system"), each region takes the initiative (such as community-based elementary and junior high school integrated education), and the Board of Education leads in involving schools in the city (such as redesigning club activities moving to a region).

Key words: Question school norms, school independence / diversity, team teacher system, community-based elementary and junior high school integrated education, making club activity base school

Linking Public School to Holistic Reform through the Intrinsic Teacher Practice: Report of SDGs Project 1

By SAKURAI Naoki, SASAKI Orie

This paper reports on some of the results of the project, "Development of a Model Organization and Curriculum as a Basis for ESD Practice," commissioned by the Ministry of Education, Culture, Sports, Science and Technology (MEXT). Our goal is to create a framework that will allow teachers to work on actual educational/school reforms as their own issues while enhancing their own expertise. The activities for FY2020 were as follows: (1) having study sessions inviting resource persons, (2) discussing the effects and challenges of the logic model in educational policy and school education with boards of education, (3) having a meeting between the Kawanehoncho Town Board of Education (KTBE), Nanto City Board of Education (NCBE), and our research group, named "A framework study group that links public schools to holistic reform through the intrinsic teacher practice of ESD" (ESD HoRIP), to share the current situation, challenges, and future prospects, (4) organizing some workshops for creating the logic model with the KTBE and the NCBE, and (5) having a symposium to share the result and challenges. From this perspective, in FY2021, we are planning to conduct observation and interview research based on the ETA model in the Nanto City. In addition, for the KTBE and schools, we plan to support the creation of a logic model that reflects teachers' opinions and hold workshops and training sessions to encourage teachers' systems thinking.

Keywords: logic model, ESD, Ecological teacher agency, intrinsic teacher practice, holistic reform of public school

The System of EBPM for Education Policy at the Japanese Central Government Level: Directions for Improvement

By SADAHIRO Saiko

This paper first provides an overview of EBPM at the Japanese central government level, with a particular focus on logic models. Furthermore, we will review the characteristics of the education policy and actual situation, which are difficult to improve the quality of policy making even with the policy evaluation systems and the refinement of logic. For EBPM to function, it is necessary to: (1) gather data with strategic and exhaustive approaches, (2) allow for retreat and "trial and error" based on policy failures and disproving, (3) focus on components that establish causal relationships, (4) doubt the linear causal structure, and (5) train and assign analysts of evidence (educational data scientists). EBPM without these elements may contribute to the change of mindset, but the reverse function is likely to prevail overall.

Keywords: EBPM (Evidence Based Policy Making), Policy evaluation systems, Logic models, Reverse function

Methodology for Supporting School Transformation in the Era of EBPM: Encouraging Vision-driven Intrinsic Reform

By ISHII Terumasa

In this paper, I have shown the importance of starting with a concrete, whole student image (vision) and then returning to the vision (leading to a deeper understanding of the student image) in order to mitigate the negative aspects of the scientific rational management approaches, such as EBPM and logic models (partial optimization due to linear and analytical cause-and-effect models, and externalization due to the imposition of indicators and models). In addition, this paper proposed a methodology for vision-driven, intrinsic, and sustainable school reform that connects the PDCA (Plan-Do-Check-Action) cycle to the creation of a learning organization. This paper also suggested that it is effective to be aware of the responsive triadic relationship (joint attention) in which the various actors involved in the school look at the children together. Finally, the need for empowering school sites by reconstructing the logic of PDCA and accountability as a value inquiry and responsibility to structural transformation in school governance and management was raised.

Keywords: EBPM, vision, joint attention, intrinsic reform, accountability and responsibility

---

III Project Study: Education and Education Policy/Governance in the with/after COVID-19 Era

Education Policy and Local Autonomy Under the Corona Crisis — A Form of Educational Politics that Supports Educational Autonomy

By ARAI Fumiaki

This paper discusses the following three points regarding the form of educational politics that can support the autonomy of education.

The first point is the problem regarding the board of education, which lacks "fair public opinion." The board of education system was changed in 2014, narrowing the on-site discretion of educational institutions. Under these circumstances, each school had to face the corona crisis.

The second point is the importance of learning to monitor public authority. Even during the corona crisis, it is important not only to save lives but also to realize learning, especially learning to monitor public authority. For that purpose, it is necessary to create a mechanism that can make autonomous decisions at each educational site.

The third point is that the ideal form of democracy that can support the autonomy of education should be an issue in educational politics that needs to be clarified.

Keywords: educational politics, pandemics, educational autonomy, educational institutions, boards of education

New Educational Reform Concept and Governance in the Period of COVID-19 : "Future Classroom" or "Japanese-Style School Education in the Era of Reiwa?"

By KOMIKAWA Koichiro

In 2018, the Ministry of Education, Culture, Sports, Science and Technology (MECSST) began to implement a new educational reform, even though the new Course of Study was just announced. The MECSST's ministerial round-table conference and task force's report "Human Resources Development for Society 5.0" (June 2018) symbolized such a policy shift. This report aimed to respond to the EdTech strategy and "future classroom" project of the Ministry of Economy, Trade, and Industry (METI), which modifies public education through educational innovation by private companies under the national strategy of Society5.0.

The MECSST was basically following METI until the end of 2019, when the "GIGA School" was issued. However, after 2020, when the COVID-19 whirlpool struck society, the MECSST began to seek its own position. The January 2021 report of the Central Council for Education "Aiming to build a Japanese-style school education in the Reiwa era" symbolized this situation.

In this paper, I explored the process of exploring the education policy from two viewpoints. One is changes of the platform in which the contents of educational policy stands, and the other is the placement of actors in a broad sense involved in the planning and implementation of education policy and the dynamics of power relations.

Keywords: Society5.0, EdTech, "Future classroom" project, Japanese-style school education in the era of Reiwa

International Comparison of Education Policy in the COVID-19 Crisis: From the Situation of French Primary and Secondary Education

By SONOYAMA Daisuke

School closures due to COVID-19 have reminded us that schools are having a serious impact on children's lives. Even a year and a half after the start of COVID-19, many countries still have closures. School closures had an immediate and serious impact on the way of living, working, and the function of schools, which has been self-evident until now. It was decided to be asked concretely in a specific way.

On the other hand, there are many differences among countries in their responses to COVID-19. This is also due to the differences in the characteristics of compulsory education. Since France is a country that is not obliged to attend school but is obliged to educate, digital education and distance learning prepared for school absenteeism and home education vary by national distance education center, state-owned television, and radio broadcasting. Due to the abundance of programs and teaching materials from national institutions, they were able to quickly move online after the pandemic. However, at the same time, many parents reaffirmed the importance of direct dialogue for the growth of their children and professionalism of teachers who are essential workers even during online learning.

Keywords: COVID-19, France, digital education, distance learning, school closures

---

IV　Research Papers

A Study on Comhairle na nÓg (Irish Youth Council): Focusing on the Systems for

Ensuring the Child¡s Rights to Participation

By KOMAKI Eishi

The purpose of this paper is to examine some features of Comhairle na nÓg (which is the Irish participation and engagement system of children to represent their voice and view).

In Japan, it is required to build a mechanism to represent the children's perspective, such as youth council. However, there is no national institution to listen to children's voice but only a few local institutions. The significance of this paper is to explore the possibility of a mechanism for children's rights to participation.

In this paper, the following three points were clarified. The first is the development of CNN. The second is the operation of CNN. The third is the practice of CNN and its evaluation. As a result, we gave suggestions about the: (1) response to the UNCRC, (2) financial support and management policies, (3) system and theoretical framework for influence on children's lives, (4) impact on children's abilities and nationwide practices. On the other hand, there are multiple challenges even in Ireland.

Keywords: Right to Participation, Participation of Children, Youth Council, Ireland

The Policy-Making Process of the Super Science High School: Focusing on the Reorganization of MESSC (Mombusho) and STA (Kagakugijutsucho)

By ONO Madoka

The purpose of this paper is to clarify the meaning of realization regarding the Super Science High School (SSH) as Ministry of Education, Culture, Sports, Science and Technology (MEXT/Mombukagakusho), by focusing on the involvement of the Ministry of Education, Science, Sports and Culture (MESSC/Mombusho) and Science and Technology Agency (STA/Kagakugijutsucho) during the policy-making process of SSH.

In Japan, the Central Government was reformed in January 2001, and MESSC and STA were reorganized to MEXT. In previous research, as the outcome of the Central Government Reform, it was shown that different organizations remain in the same building, including the case of MEXT.

However, this paper indicates the difference of involvement and behavior patterns between MESSC and STA, moreover the meaning of realization regarding the SSH as MEXT. That is, the acknowledgement of SSH means the pioneering of the new policy regarding education about science for STA and the expansion of applied policy by laws that was recognized only by the Experimental School System for MESSC.

Keywords: Educational Policy Making Process, Central Government Reform, Central Educational Administration, Super Science High School

We would like to thank Editage (www.editage.com) for English language editing.

IX

学会記事

第28回学会大会記事

大会テーマ：教育実践と制度改革の枠組みの構築
日時：2021年７月10日（土）～11日（日）
会場：静岡大学（オンライン開催）

【シンポジウム】2021年７月10日（土）
テーマ：EBPM 時代における教育実践と制度改革の枠組みの構築
～公立学校の変革支援の枠組みをどう創るか～
Ⅰ部　２つの自治体の学校改革の取組み：
（１）川根本町〈静岡県〉の教育改革の報告
　川根本町教育委員会　山下　斉氏（川根本町教育長）
　渡邉哲也氏（川根本町管理主事兼教育総務室長）
（２）南砺市〈富山県〉の教育改革の報告
　南砺市教育委員会　松本謙一氏（南砺市教育長）
（３）SDGs プロジェクト報告
　櫻井直輝会員（会津大学短期大学部）
　佐々木織恵会員（開智国際大学）

Ⅱ部　パネルディスカッション
中央政府レベルの教育政策 EBPM の制度設計：その課題と方向性
　貞広齊子会員（千葉大学）
教育実践の立場から
　石井英真氏（京都大学）

【課題研究】2021年７月11日（日）
テーマ：With ／ After コロナ時代の教育と教育政策／統治
報告１：コロナ危機下の教育政策と地方自治：教育の自立性を支える教育政治のかたち
　荒井文昭会員（東京都立大学）
報告２：with コロナ期の新たな改革構想と教育統治

児美川孝一郎会員（法政大学）

報告３：コロナ危機対応教育政策の国際比較：初等中等教育の授業実施状況から

園山大祐氏（大阪大学）

司会：横井敏郎会員（北海道大学）・前原健二会員（東京学芸大学）

【自由研究発表】2021年７月11日（日）

分科会１　司会：広井多鶴子（実践女子大学）阿内春生（福島大学）

報告１：教育政策研究におけるデジタル・シティズンシップ概念の可能性

坂本　旬（法政大学）

報告２：学校選択制は学校の「切磋琢磨」をもたらすのか
―大阪市での事例研究を総括して―

濱元伸彦（関西学院大学）

報告３：第二次安倍政権における教育改革の政策形成過程はどのように分析されてきたのか

中村恵佑（東京大学・院生）
李　愛慶（東京大学・院生）
橘　孝昌（東京大学・院生）
辻優太郎（東京大学・院生）

分科会２　司会：広瀬裕子（専修大学）篠原岳司（北海道大学）

報告１：米国の教員政策の動向

成松美枝（佐賀大学）

報告２：ロシア連邦における STREAM 教育の政策構造に関する基礎的考察

黒木貴人（福山平成大学）

報告３：イギリスの学校査察の現状と課題
―Ofsted の新たな査察枠組を中心に―

白川正樹（順天堂大学）

『第28回大会プログラム』に基づき作成。ただし一部で書式・表記の統一・整理を行った。

日本教育政策学会会則

（名称）

第１条　本学会は、日本教育政策学会（The Japan Academic Society for Educational Policy）という。

（目的）

第２条　本学会は、学問の自由を尊重し、教育に関する政策（以下、「教育政策」という。）の研究の発展に寄与することを目的とする。

（事業）

第３条　本学会は、前条の目的を達成するため、次の各号の事業を行う。

一　教育政策に関する研究活動の推進

二　研究集会等の開催

三　研究委員会の設置

四　国際研究交流

五　他の学会等との研究交流

六　学会誌、学会ニュース、その他の出版物の編集・刊行

七　その他、本学会の目的を達成するために必要な事業

（会員）

第４条　本学会の会員は、本学会の目的に賛同し、教育政策又はこれに関係のある学問の研究に従事する者及び教育政策の研究に関心を有する者で、会員の推薦を受けた者とする。

２　会員は、会費を納めなければならない。

（役員および職務）

第５条　本学会の事業を運営するために次の各号の役員をおく。

一　会長

二　理事　30名以内

三　常任理事若干名

四　監査２名

２　会長は、本会を代表し、理事会を主宰する。会長に事故ある時は、理事会の推薦により常任理事の一人がその職務を代行する。

（役員の選挙及び任期）

第６条　会長及び理事は、会員の投票により会員から選出される。

２　常任理事は、理事の互選により選出し、総会の承認を受ける。

３　監査は、会長が会員より推薦し、総会の承認を受けて委嘱する。監査は、会計監査を行い、総会にその結果を報告するものとする。

４　役員の任期は３年とする。

5　役員の再任は妨げない。ただし会長は連続して3期を務めることはできない。

6　理事に欠員が生じた場合、対応する選出区分における次点者をもって繰り上げる。この場合の任期は前任者の残任期間とし、一期と数える。

（事務局）

第7条　本学会に事務局をおく。

2　本学会の事務を遂行するため、事務局長1名、幹事及び書記各若干名をおく。

3　事務局長は、理事のなかから理事会が選任する。

4　幹事及び書記は、理事会が選任する。

（総会）

第8条　総会は会員をもって構成し、本学会の事業及び運営に関する重要事項を審議決定する。

2　定例総会は毎年1回開催し、会長が招集する。

（会計）

第9条　本学会の経費は会費、入会金、寄附金、その他の収入をもって充てる。

2　会費（学会誌講読費を含む）は年間8000円（学生・院生は5000円）とする。

3　入会金は2000円とする。

4　本学会の会計年度は4月1日から翌年3月31日までとする。

（会則の改正）

第10条　本会則の改正には総会において出席会員の3分の2以上の賛成を必要とする。

（規程の制定）

第11条　本会則の実施に必要な規程は理事会が定める。

附則

1　本会則は1993年6月26日より施行する。

2　第6条の規定にかかわらず、本学会創立時の役員は総会で選出する。

附則

本会則は2000年7月1日から施行する。

附則

本会則は2002年4月1日から施行する。

附則

本会則は2014年4月1日から施行する。

日本教育政策学会会長及び理事選出規程

（目的）

第１条　本規程は、日本教育政策学会会則第６条に基づき、本学会の会長及び理事の選出方法について定める。

（会長及び理事の定数）

第２条　会長及び理事の定数は次の通りとする。

会長　　　　　　　１名
理事・全国区　　　４名
理事・地方区　　　16名
　北海道・東北２名、関東８名、甲信・東海・北陸２名、
　近畿２名、中国・四国・九州・沖縄２名

（会長及び理事の選出方法）

第３条　会長及び理事の選出は、会員の無記名郵便投票により行う。会長については１名を記入する。全国区理事については４名、所属地方区理事については定数名を連記する。ただし、定数以下の連記も有効とする。

２　会長及び理事当選者は票数順とし、同順位の場合は選挙管理委員会の行う抽選により決定する。

３　全国区と地方区の両方の当選者は、全国区の当選者とし、その場合、当該地方区の次点者を繰り上げ当選とする。

（理事の任期）

第４条　会長及び理事の任期は、会長及び理事選出直後の大会終了の翌日より３年後の大会終了日までとする。

（選挙管理委員会）

第５条　第３条に規定する会長及び理事選出事務を執行するため、会長は会員中より選挙管理委員会の委員３名を指名する。

２　選挙管理委員会は互選により委員長１名を決定する。

（選挙権者及び被選挙権者の確定等）

第６条　事務局長は、常任理事会の承認を受けて、会長及び理事選出の選挙権者及び被選挙権者（ともに投票前年度までの会費を選挙管理委員会設置前日までに納めている者）の名簿を調製しなければならない。

２　事務局長は、選挙管理委員会の承認を受けて、選挙説明書その他必要な文書を配布することができる。

（細則の委任）

第７条　本学会の会長及び理事選出に関する細則は、常任理事会の定めるところによる。

附則

この規程は、制定の日から施行する。

附則

この規程は、2001年7月2日より施行する。(2001年6月30日　第9回理事会決定)

附則

この規程は、2002年4月1日より施行する。(2002年3月26日　第44回常任理事会決定)

附則

この規程は、2005年4月1日より施行する。(2005年2月3日　第59回常任理事会決定)

附則

この規程は、2011年4月1日より施行する。ただし、第2条は、2011年4月に執行される会長及び理事選挙より適用する。(2010年7月10日　第18回理事会決定)

日本教育政策学会年報編集委員会規程

第1条　日本教育政策学会年報編集委員会（以下、「委員会」という。）は、学会誌『日本教育政策学会年報』の編集及び発行に関する事務を行う。

第2条　委員は、常任理事会が会員の中から選出し、理事会の承認を得る。

2　委員の定数は10名以上12名以下とする。ただし、うち、少なくとも2名は常任理事から選出する。

第3条　委員長及び副委員長は、常任理事会が、委員に選出された常任理事の中から選出し、理事会の承認を得る。

第4条　委員会の互選により常任委員若干名を選出する。

2　委員長、副委員長及び常任委員は、常任編集委員会を構成し、常時、編集実務に当たる。

第5条　委員の任期は3年とし、交代時期は毎年度の総会時とする。ただし、理事から選ばれた委員の任期は、理事の任期と同じものとする。

第6条　委員会は、毎年1回以上全員が出席する会議を開き、編集方針その他について協議するものとする。

第7条　編集に関する規定及び投稿に関する要領は別に定める。

第8条　編集及び頒布に関わる会計は、本学会事務局において処理し、理事会及び総会の承認を求めるものとする。

第９条　委員会は、その事務を担当する幹事若干名を置くことができる。幹事は、委員会の議を経て委員長が委嘱する。

第10条　委員会に事務局を置く。

第11条　本規定の改廃は、常任理事会が発議し、理事会で決定する。

附則

１　この規程は1993年６月26日より施行する。（1993年６月26日、第１回理事会決定）

２　第３条第１項の規定にかかわらず、改正規程施行最初の委員については、その半数の委員の任期は２年とする。（1999年６月26日改正）

附則

この規定は2018年７月７日より施行する（2018年７月７日第25回大会総会にて一部改正）。

日本教育政策学会年報編集規程

2021年６月13日編集委員会決定

１　日本数育政策学会年報（以下「年報」という）は、日本教育政策学会の機関誌であり、原則として年１回発行する。

２　年報は、本学会会員の研究論文、評論、書評、資料、学会記事、その他会員の研究活動に関する記事を編集・掲載する。

３　年報に論文等を投稿しようとする会員は、投稿・執筆要領に従い、その年度の編集委員会事務局に送付するものとする。

４　投稿原稿の採否は編集委員会の会議で決定する。その場合、編集委員会以外の会員に論文の審査を依頼することができる。採否を決定する審議を含む会議には編集幹事を参加させないものとする。

５　編集幹事の論文の審査は、編集委員会以外の会員に依頼するものとする。編集幹事の投稿に係る審議が含まれる会議には、編集幹事を参加させず、審査員の氏名を含め、審査に関する情報に触れさせない。

６　掲載予定原稿について、編集委員会は若干の変更を行うことができる。ただし内容の変更の場合は執筆者との協議による。

７　編集委員会は、特定の個人又は団体に原稿を依頼することができる。

８　原稿は原則として返還しない。

９　写真・図版等で特定の費用を要する場合、執筆者の負担とすることがある。

10　その他執筆及び構成については執筆要領を確認する。

11　抜き刷りについては入稿時に50部を単位として編集委員会に申し出る。費用は個人負担とする。

日本教育政策学会年報投稿・執筆要領

2021年６月13日編集委員会決定

１　投稿論文及び研究ノートの投稿資格

本学会会員であること。

２　論稿の種類

論稿は投稿論文及び研究ノートとする。論稿は、未発表のオリジナルのものに限る。二重投稿は認めない。ただし口頭発表及びその配布資料はこの限りではない。研究ノートは、投稿論文と並立するもので、（１）研究動向等を展望し研究上の提言をおこなったもの、（２）学術的価値のある資料紹介に重点をおきつつ考察を加えたもの、（３）その他の萌芽的研究を記すなど、提示された知見が挑戦的で新鮮さがある論述をさす。

３　投稿論文及び研究ノートの投稿手続き

（１）投稿論文及び研究ノートの投稿申し込み期限は９月30日必着とする。投稿申し込みの方法についてはその年度毎に Web および会報（News Letter）に掲載する。

（２）投稿論文及び研究ノートの原稿締め切りは11月30日とする。期限までにその年度の編集委員会事務局宛 PDF 形式の電子ファイルでメールに添付して送付する。メールによる送付が困難な場合には郵送する。サイズは A4判とする。遅延した場合は理由の如何を問わず掲載しない。電子メールによる提出の際には編集委員会事務局が受領した旨を返信する。

（３）論稿の送付にあたっては、次のものを全て添付する。サイズは A4判とする。投稿者は同封物のコピーを必ず保存する。

ａ）投稿者情報１枚

次の事項を記載する。①投稿者所属 ②投稿者氏名 ③投稿論文・研究ノートの別、④論稿題目 ⑤連絡先住所 ⑥電話番号 ⑦ FAX 番号 ⑧ e-mail アドレス

ｂ）論稿原稿

原稿４部。原稿には投稿者氏名その他投稿者が特定される情報は記さない。

ｃ）和文アブストラクト１枚

論稿題目、アブストラクト（400字以内)、キーワード（５語以内）を記載する。投稿者氏名は記載しない。

d）英文アブストラクト１枚

投稿者氏名、論稿題目、アブストラクト（200語以内)、キーワード（５語以内）を記載する。

（４）投稿する論稿が既発表または投稿中の論文等のタイトルや内容と多く重複する場合は、そのコピーを１部添付する。その際、著者名や所属がわかる記述は削除（黒塗り等）する。

（５）第２次査読の対象になった投稿者は、指定された期日までに修正原稿を PDF 形式の電子ファイルで送付する。

（６）掲載決定した投稿者は、速やかに最終原稿（A4判サイズ）をテキスト形式の電子ファイルで提出する。

４　執筆の要領

（１）論稿の形式

a）投稿論文は、横書き35字×32行のフォーマットで14枚以内とする。

b）研究ノートは、横書き35字×32行のフォーマットで10枚以内とする。

（２）執筆上の注意

a）引用文献、注は、体裁を整えて文末に一括して並べる。脚注は用いない。

b）図表は本文中に適切なスペースを確保して挿入、または挿入箇所を明示して添付する。

（３）注、引用文献等の記載に関する凡例

引用文献の記載方法は、注方式、引用文献一覧方式のいずれでもよい。ただし、注方式の場合には、引用文献一覧を論文に付すこと。

a）注方式

文献等を引用あるいは参照した箇所に注番号を入れ、論稿の最後に対応する注番号をつけて文献等の書誌情報（著者名、『書名』、出版社、出版年、該当ページなど）を示す。なお、Web サイトからの引用は、著者あるいは所有者名、タイトル、URL アドレス、確認日時を記す。

b）引用文献一覧方式

文献等を引用あるいは参照した箇所に、括弧でくくって著者名、発行年、参照ページなどを記し、引用、参考文献の書誌情報（著者名、発行年、『書名』、出版社など）は論稿の最後に著者名のアイウエオ順またはアルファベット順に一括して記す。

５　著作権等

掲載された論文等の著作権については本学会に帰属する。ただし、著作者自身が、自己の著作物を利用する場合には、本学会の許諾を必要としない。年報はその全部を CiNii 及び J-STAGE 等に公開する。

６　その他

（1） 著者校正は初稿のみとする。校正は最小限の字句の添削にとどめる。
（2） 抜刷を希望する場合は、校正時に直接出版社に申し出る。
（3） 執筆に関わる事項で不明の点はその年度の編集委員会事務局に問い合わせる。

日本教育政策学会申し合わせ事項

Ⅰ　日本教育政策学会の会費納入に関する申し合わせ

2008年６月21日　第16回理事会一部改正

１　会員は、当該年度の大会開催時までに当該年度の会費を納入するものとする。

２　大会における自由研究発表及び課題研究等の発表者は、発表申し込み時までに、当該年度までの会費を完納するものとする。

３　会長及び理事選挙における有権者または被選挙権者は、選挙前年度までの会費を前年度末までに完納している会員でなければならない。

４　会員が４月末日までに退会を届出た場合には、理事会の承認により、前年度末をもって退会を認めるものとする。

Ⅱ　長期会費未納会員に関する申し合わせ

2000年７月１日　第８回理事会

１　会費未納者に対しては、その未納会費の年度に対応する年報が送られない。

２　会費が3年以上未納となっている会員は、次の手続により退会したものとみなす。

ｉ）未納３年目の会計年度終了に先立つ相当な時期と学会事務局が認める時期において、当該会費未納会員に対し、相当の期間を定めて、会費未納状況を解消することを催告し、かつ期限内に納入されない場合には退会したものとして取り扱う。

ⅱ）学会事務局は、前項督促期間内に会費を納入しなかった会員の名簿を調製し、理事会の議を経て退会を決定する。

以上

Ⅲ　常任理事の退任にともなう取り扱いに関する申し合わせ

2013年７月20日　第21回理事会削除決定

Ⅳ　会長及び理事選挙における被選挙権辞退に関する申し合わせ

2006年７月１日　第14回理事会

2019年７月７日　第27回理事会一部改正

１　会長及び理事選挙の行われる年度内に、満70歳を迎える会員、または70歳以上の会員は、被選挙権を辞退することができる。

２　直近２期以上連続で理事をつとめた会員は、次の選挙で被選挙権を辞退することができる。

以上

V　常任理事が任期を残して退任した場合の取り扱いに関する申し合わせ

2013年７月20日　第21回理事会決定

常任理事会は、常任理事が任期を残して退任し、その補充が必要と認められる場合には、理事会にその旨を提案することができる。この申し合わせは第８期常任理事から適用する。

以上

VI　常任理事等の旅費補助に関する申し合わせ

2017年７月１日　第25回理事会決定

常任理事等の旅費補助に関しては、以下の１から８の要領で行う。

１　旅費補助は総会で議決された予算額の範囲内で支給する。

２　旅費補助の対象となるのは正規の会合に参加した遠隔地に所属する常任理事及び年報編集委員とする。

３「遠隔地」とは、役員選挙における地方区の所属において、会合の開催された地区以外の地区をさす。

４「旅費」には交通費及び宿泊費を含み、日当は含まない。

５　遠隔地から正規の会合に参加した常任理事及び年報編集委員は、旅費実費を超えない金額を、会計年度末までに事務局長に請求することができる。

６　請求を受けた事務局長は、会合への出席状況と旅費実費を精査した上で補助金額を決定し、支給し、常任理事会に報告する。

７　複数人から請求された金額の合計が予算を上回る場合には、請求額に応じて按分して支給することを原則とする。

８　本学会大会開催時に行われる理事会及び編集委員会については旅費補助の対象としない。

９　常任理事会の合議により、臨時に上記と異なる措置をとることができる。

日本教育政策学会第10期役員一覧（2020年大会～2023年大会）

会長　中嶋哲彦

理事◎貞広斎子（全国区）
　　◎佐藤修司（全国区・年報編集委員長）
　　◎広井多鶴子（全国区）
　　◎横井敏郎（全国区・課題研究担当）
　　　姉崎洋一（北海道東北）
　　　篠原岳司（北海道東北）
　　　青木純一（関東）
　　◎荒井文昭（関東）
　　　蔵原清人（関東）
　　　児美川孝一郎（関東・課題研究担当）
　　　仲田康一（関東）
　　◎広瀬裕子（関東）
　　　前原健二（関東）
　　　村上祐介（関東）
　　　坪井由実（甲信・東海・北陸）
　　　武者一弘（甲信・東海・北陸・事務局長）
　　◎尾崎公子（近畿）
　　　押田貴久（近畿）
　　　岡本　徹（中国・四国・九州・沖縄）
　　　藤澤健一（中国・四国・九州・沖縄）

（◎常任理事）

監査
　　　榎　景子
　　　葛西耕介

事務局幹事　石井拓児　川口洋誉　谷口　聡
事務局書記　服部壮一郎　広川由子　松田香南

年報編集委員会

委員長　◎佐藤修司（担当理事）
副委員長　◎尾崎公子（担当理事）
◎阿内春生
池田考司
◎梅澤　収
押田貴久
柴田聡史
白川優治
◎仲田康一
◎日永龍彦
宮盛邦友
柳林信彦
（◎常任委員）

編集幹事　中村恵佑

編集後記

年報第29号をお届けします。編集委員会が企画した特集のテーマは「公共性・協働性を支える学習／教育空間」です。空間を切り口にした特集はこれまでありませんでした。市町村合併や学校統廃合など地域や学区など地理的空間の再編、デジタル空間の進展など、学習／教育空間は大きく変容しています。そうした変容のなかで、子ども、教職員、学校と地域の公共性や協働性をいかに再構築していくのか。その視座を得ることを企図して特集を組みました。執筆いただいた論考には具体的取組みが紹介されています。批判的教育学のマイケル・W・アップルは、教育改革はあらゆるセクターの利害が重なりながら進むが、相矛盾する裂け目があることは確かだから、そこからカウンターヘゲモニーを形成していくべきだと主張しています。本特集がカウンターヘゲモニーの形成に寄与することを切に願っています。

今回の投稿論文については、11本の申込みがあり、実際に投稿されたのは論文３本、研究ノート３本でした。査読の結果、論文１本、研究ノート１本が掲載されることとなりました。昨年よりも申込み数や論文の投稿数が激減しました。COVID-19パンデミックの影響によるものでしょうか。緊急事態宣言と蔓延防止等重点措置が繰り返される１年でした。第30号には、「ようやく収束の見通しがたってきました」と書けることを念じています。

佐藤修司編集長の下で、論議をより活性化する誌面づくりに取組んでおり、年報30号からは、特集１を依頼論文だけでなく、投稿も呼びかけて、投稿論文と依頼論文から構成することになりました。また、投稿分量も増やします。多くの会員のみなさまからの投稿をお待ちしています。

末筆ながら、第29号の執筆、編集を担当してくださいました皆様に、心よりお礼申し上げます。

編集委員会副編集長　尾﨑 公子

日本教育政策学会年報　第29号
Annual Bulletin of the Japan Academic Society for Educational Policy No.29
公共性と協働性を支える学習／教育空間

発行日　2022年７月９日
編　集　日本教育政策学会年報編集委員会
発行者　日本教育政策学会 ©
　会長　中嶋　哲彦
学会事務局
　中部大学 人間力創成総合教育センター 武者一弘研究室 気付
　〒487-8501　愛知県春日井市松本町1200番地
　TEL: 0568-51-1111（代表）内線4673
　FAX: 0568-51-1957
　MAIL: jasep10th@gmail.com
発売所　学事出版株式会社
　〒101-0051　東京都千代田区神田神保町1-2-5
　TEL 03-3518-9655 FAX 03-3518-9018
装　幀　精文堂印刷デザイン室　内炭篤詞
印刷所　精文堂印刷株式会社

ISBN978-4-7619-2854-4　C3037　　2022 Printed in Japan